JN116602

定本 本田宗一郎伝

Definitive Biography of Soichiro Honda

中部 博
Hiroshi Nakabe

飽くなき挑戦 大いなる勇気

MIKI PRESS
三樹書房

定本
本田宗一郎伝

『定本　本田宗一郎伝』は二〇〇一年に初版を発行し新装二訂版をへて、二〇一七年に筆者の加筆と修正をうけて改稿し、新装三訂版を刊行しました。
そして二〇二三年に本田技研工業が創立七五周年を迎えるにあたり、著者へ原稿見直しを依頼する他、丹念な文字校正を施し、三〇〇余ヵ所に手を入れた新装四訂版を、読者のみなさまへお届けいたします。

（編集部）

目次

プロローグ

現代日本の希望の星であった本田宗一郎が天寿をまっとうしたのは、一九九一年（平成三年）八月五日であった。享年八十四だった。

自動車修理工場の丁稚から身をおこし、オートバイと自動車のメーカーを創業して、ホンダの名を世界にとどろかせた天才技術者である。

挑戦者の魂を燃やし続け、夢のような人生を実現した。豪快で明るく、愉快で、人の心をおもいやる男であった。

本田宗一郎死す。そのニュースをテレビ速報で知ったあと、三人の男たちから、思い出話を聞く機会をえた。いずれも本田宗一郎と共にすごした人生を大切にしている人たちであった。

最初は、レーシングドライバーの高橋国光である。

若き日に、ホンダのオートバイに乗り、本田宗一郎の叱咤《しった》激励《げきれい》をうけて、世界グランプリで大活躍をした。最後に見た本田宗一郎の笑顔を忘れることができない、と高橋国光は言った。

それは巨星がおちる、ひと月まえだった。一九九一年（平成三年）七月三日の水曜日である。

五十歳を過ぎても第一線のレーシングドライバーとして日本各地のサーキットを転戦する日々が続いていた高橋国光だが、その日の午後は家族を連れて東京都大田区田園調布の自宅を愛車のホンダ・レジェンドで出た。文京区の東京ドームでプロ野球を観戦するためである。用賀ランプから首都高速道路三号線にのり、そのまま環状線外回りに入り、五号線の西神田出口へ向かった。

五号線に合流すると、目の前にレジェンドを改造した黒塗りのリムジンが走っていた。

「レジェンドのリムジンなんて珍しいわね」

と助手席に乗っていた夫人が言ったときには、そのリアシートに乗っている男が誰なのか、高橋国光にはもうわかっていた。

動態視力が常人より数倍すぐれたレーシングドライバーの目は、レジェンド・リムジンのリアシートに座り、両手をフロントシートの背にのせて、あたりをキョロキョロと見まわしている小柄な老人の姿を、容易に確認することができた。

「オヤジさんだ」

リムジンのリアシートに座りながらも、ふんぞり返らずに身を起こして、無駄な時間を一瞬たりともすごしていたくないとばかりに、四方八方を見まわしているような男は本田宗一郎しかいない。

高橋は、黒いレジェンドを追いかけ、その横に並んだ。リアシートに目を走らすと、目が合った。

その瞬間、本田宗一郎は、大きく手を振って顔をくしゃくしゃにして笑った。

リア・ウインドウを開き、窓から顔を出して、叫んだ。

「おーい、元気か！」

「はい、元気でやっております」

そう大声で答えた高橋は、他のクルマの邪魔にならないように、レジェンドの後にまわった。西神田の出口を通り過ぎてしまったが、そんなことはどうでもいいと思った。ずっとこのまま後ろについて走り続けていたいような気持ちがした。

久しぶりに見た「オヤジさん」の笑顔は、真夏の太陽のように明るく輝いていた。昔とすこしも変わらない元気な笑顔だと思った。

高橋は、妻と子供たちにむかって、興奮しながら話した。

「あの人が世界の本田宗一郎なんだ。パパは昔、本田宗一郎が作ったオートバイに乗っていたんだ」

本田宗一郎は、その生涯で、たった一度だけ、ホンダのマシンに乗る日本人が世界チャンピオンになる夢をみた。

それは一九六〇年代初期、ホンダ・レーシングチームがオートバイ世界グランプリで果敢に戦っているときだった。ホンダのレーシング・バイクを駆った外国人ライダーが世界チャンピオンを獲得するようになると、世界挑戦をはじめて間もない日本人ライダーにも大きなチャンスが巡《めぐ》ってきた。チャンピオン・マシンとなった戦闘力にすぐれたホンダのオートバイに乗ることができるからである。勝ちうるマシンに乗ることは、世界チャンピオンを獲得するための鉄則だった。

そのとき、ホンダの日本人エースとして世界のサーキットを転戦していたのが、若き日の高橋国光であった。日本人チャンピオン誕生の夢を実現しようとする本田宗一郎の期待に応えるように、連戦連勝のチャンピオン・ロードを突っ走っていたのである。

まだ五十代の本田宗一郎は、みずからグランプリ・マシン開発の陣頭指揮をとり、工場で若いスタッフたちと油まみれになって奮闘《ふんとう》していた。チャンピオンをめざして、エンジニアもメカニックもライダーも、寝食を共にし一心不乱に働いた。

本田宗一郎と高橋国光は、しゃにむに戦うレーシングチームのオーナーとライダーという密度の濃い時間を共有していた。

高橋の記憶のなかに、怒鳴ったり怒ったりしている本田宗一郎はいない。

「怖い人だとは聞いていたけれど、僕の前で怒鳴ったりしたことは一度もなかった。レースが大好きで、チームの壮行会や祝賀会では、必ず僕たち選手のそばに座って、いつも豪快に笑って、女性を口説いたときの話ばかりしていた。勝てとか、速いとか遅いとか、そんなことは一度も言ったことがなかった」

輝くように明るく元気で、レースが大好きで色気のある人。それが高橋の知る本田宗一郎という男だった。

二台のレジェンドは、護国寺の出口で一般道におりると、そのまま自然に別れた。

偶然の再会から、ひと月がすぎた頃、北海道のサーキットにいた高橋は、緊急の電話連絡を受けた。

「本田宗一郎さんが亡くなりました」

あれがお別れだったのか、と高橋国光は思った。最後に素晴らしい本田宗一郎の笑顔を見ることができた自分は幸せ者だと思った。

中村良夫は、ホンダF1チームの初代監督として、F1グランプリで活躍をした人物として知られる。

東京帝国大学工学部航空機学科を卒業し中島飛行機に勤務した第二次世界大戦中に、戦闘機用のジェットエンジン開発に成功し、ホンダでは初期の自動車の開発を担《にな》ったエリート技術者である。ホンダの役員を退任したのちも、長く顧問をつとめた。七十四歳になっていたが、パリに本部を置く国際自動車技術者連盟の会長に選ばれるなど、国際会議の重要なメンバーであった。

「オヤジさんは、私にとって、たったひとりのボスでした」と、敬愛の念をこめて話す。

その日の朝は、東京都世田谷区代田の自宅にいた。

副会長をつとめている日本自動車技術会のオフィスへ出かけようとしたとき、ホンダの秘書室から電話で知らせが入った。

「いま、最高顧問が亡くなりました。葬儀は身内だけですませる予定なので、申し訳ありませんがそっとしておいてほしい」

中村は書斎に戻り、心をこめた長い弔文をしたため、本田さち夫人と長男の本田博俊あてに発送した。

本田宗一郎は、膵臓と肝臓を病んでおり、体調をひどく悪化させたことが何度かあった。二年前には脳血栓で倒れ、長期入院をしていた。そんな話を耳にしていた中村は、悲しみをかみしめて、くるべきときが来たのだと思ったが、そのような現実を認めるのは難しかった。

思い起こせば、数かぎりない思い出がある。一九六〇年代にF１マシンを製造しグランプリ・チーム活動をしたこと、軽自動車N３６０や初代シビックの開発を担当したことなど、ホンダが自動車生産の基礎を築いた時代を担ったエンジニアであったことを中村は自負している。

なかでも、何度となく繰りひろげた本田宗一郎との技術論争は、忘れようにも忘れられない、強烈な思い出であった。とりわけF1エンジンをめぐっての技術論争は激しかった。本田宗一郎の逆鱗《げきりん》にふれ、仲裁に入った幹部役員のとりなしで数年間のイギリス駐在をしながら怒りが静まるのを待った。

しかし中村は、論争はしたけれども、本田宗一郎への敬愛を失ったことは一度もない、と言いきる。

「人間的な魅力にあふれている人でした。私の人生のなかで社長と呼べるのは本田宗一郎だけだ。あんなに鋭い感覚をもった人間は、そうザラにはいない」

豊富な知識と経験をもったエリート技術者といえども、天才的なひらめきや直感に圧倒されたと言う。だから中村は、そうした過去の経緯《いきさつ》を、きれいさっぱりと整理し、本田宗一郎という素晴らしく人間臭い男とすごした年月《としつき》を、誇るべき思い出としていた。

だが、本田宗一郎の死を知らされて、ひとつだけ危惧を抱いた。それは巨大自動車企業へと成長したホンダのゆくすえだった。

本田宗一郎は、社長を引退していたとはいえ最後の最後までホンダのシンボルであり精神的支柱であり続けた。

その巨大な存在を失ったホンダは、どういう道を進むのだろうか。ホンダの企業フィロソフィやアイデンティティがゆらぐことになるのではないか――。

いったい、何が残り、何が失われるのか。そして、どう生まれ変わるのか。すでに第一線を退いている中村にできることは、心底から憂慮することだけだった。

三人目は、桜井淑敏《よしとし》だった。

ホンダのエンジニアとしてF1プロジェクトのリーダーをつとめ、一九八六年（昭和六一年）にウイリアムズ・ホンダでコンストラクターチーム・チャンピオンを獲得し、ホンダF1エンジンを、初めて世界チャンピオンに押し上げてみせた。そのときのプレス・リリースに「早く本田宗一郎の喜ぶ顔が見たい」と書いた男である。

本田宗一郎について語るとき、まるで宗教的な体験を語るかのように澄んだ表情になった。

桜井淑敏には、何の予感もなかった。主宰するレーシング・クラブ・インターナショナルのスタッフからの電話で「本田宗一郎が亡くなったとテレビのニュース速報が伝えた」と知らされ、ベッドから飛び起きた。あわててテレビのスイッチを入れ、速報を睨《にら》みつけたが、まるで夢の続きをみているような気がした。きっと誤報にちがいないと思った。

本田宗一郎は桜井が畏敬《いけい》してやまない男であった。

慶応大学工学部を卒業してホンダへ入社した一九六七年（昭和四二年）に、本田宗一郎が先頭にたって働いていた本田技術研究所に配属された。

そこで見た本田宗一郎は「やってみなければ、わからないじゃないか」とひたすらチャレンジを続け、物理原理さえも疑い、常識を覆《くつがえ》す発想をし、不可能を可能にしてしまう強烈な技術者だった。いつもピリッと精神を引き締め、苦難を前にしても逃げることを知らず、いつ、どんなときでも、あっさりと自分を捨て、勝負に出ていく。驚くべきタフな男であった。

桜井は、その人の死が信じられなかった。あんなにエネルギーがありバイタリティあふれる男は百歳を越えるまで生きるだろうと思っていた。ホンダ時代の同僚に電話をして確認すると、本人の意志で密葬となる予定だと知らされた。

まだ夢をみているようだった。まさか、あの本田宗一郎が死ぬなんて。仕事に集中できない一日をすごし、まんじりともしない夜を堪えた。しかし、翌日になると、ひと目でいいから会いたいと思った。

夕方、東京都新宿区落合の本田家を弔問にたずねると、玄関先には誰もいなかった。引き寄せられるように母家へ歩み寄ると、人気を感じた家人が出てきた。弔問の申し出が取り次がれると、本田さち夫人があらわれ、本田宗一郎の遺体が安置されている部屋へ案内してくれた。

広い庭に面した部屋に、菊の花にかこまれた白木の柩《ひつぎ》があった。

桜井は手をあわせてじっと本田宗一郎の遺体をおがんだ。とめどもなく多くの思いが蘇《よみがえ》り、気がつくと声に出して話しかけていた。だが、すぐに言葉につまってしまった。言葉ではなく魂《たましい》で、本田宗一郎と語りあうことしかできないと思った。

この三人の話を聞いた私は、ちまたに流布されている本田宗一郎の人生物語には書かれていない、その素顔をちらっと見たような気がした。

そしてこの男は、一般に知られている偉大な人物像より、もっと愉快で、もっと豪快な人間臭さをもった人物だったのではないかと思いはじめた。

その男が生まれた静岡県磐田《いわた》郡光明《こうみょう》村へ行ってみようと思った。

本田宗一郎が生まれて育った土地を、この目で見てみたかった。できることなら素顔の本田宗一郎の人生を追ってみたい。

現在は浜松市天竜区二俣《ふたまた》町と呼ばれるその小さな町に近づいたとき、ふるえるような胸騒ぎを感じた。経験したことがないような心持ちだった。

私は、たった一度だけ、本田宗一郎に面談を許されたことがあった。二時間ほどのインタビューをしたのである。しかし、ひどく緊張した三十三歳の私は、取材インタビューという仕事をこなすだけで精一杯だった。目の前に本田宗一郎がいて言葉をかわしている、という感動を感じたのは、ほんの数秒しかなかった。噂どおりの威勢のいい人物であり、その言葉は歯切れがよく、聞いているだけで元気が出てきそうな、楽しい話し手だと思うのがせいぜいであった。インタビューが終わった後に、いま、私の目の前に本田宗一郎がいたのだと、あらためて感激のような、汗ばんだ気持ちをもったことが、記憶に残っている。だが、考えてみれば、二時間などという時は、私が、本田宗一郎あるいはホンダを、遠くから見つめて憧れていた時間からすれば一瞬の出来事でしかなかった。

少年時代の私は、本田宗一郎の世界に憧れていた。

一九六〇年代にF1グランプリに挑戦したホンダ・レーシングチームの活躍は、まるで一篇の冒険活劇のようだった。F1エンジン最高のパワーを持つがゆえに複雑な勝負を展開するホンダ・レーシングチームの戦いと、スポーツマンシップを求める毅然としたその姿を記録した本や雑誌は、子供の頃の愛読書であった。それを読んで世界の大きさを知ったといっていい。あるいはまたホンダの初期の市販自動車、S800やN360やシビックは、もし運転することが許されるなら、いちばんに乗ってみたいクルマであった。ホンダのクルマは、どれもが高性能エンジンを搭載しているばかりか、古い時代から抜け出て、新しい時代を生きようとする、若さの全面肯定と自由を謳歌する気分が感じられた。ロックンロールのような夢とリズムとメッセージがあった。それらはすべて、本田宗一郎という「オヤジさん」と呼ばれた社長が陣頭指揮して作ったクルマなのである。

天竜についたとたんに感じた、私の胸騒ぎは、こんなところからきているのだった。

静岡県浜松市の中心部から、クルマで北に向かって三〇分も走ると、天竜川にかけられた吊り橋を渡る。そのとき風景が一変する。広がりのある田園風景がおわり、山岳地帯がはじまる。灰色の道と青い空だけの白っぽい風景がおわり、うっそうとした木々の緑にかこまれ、その谷間を天竜川が流れ、瑞々《みずみず》しい空気につつまれる。

ここが天竜二俣、本田宗一郎の生まれ故郷である。

山と平野の境い目となる町だ。地理的には南アルプスの西の端にあたる。

背後には日本最大級の山脈がそびえたち、目前には浜松の平野が広がり、その先は太平洋へと続いている。

本田宗一郎は、こんな自然に恵まれた土地で生まれ、幼年時代をすごしたのだった。

天竜の町のなかを、あてもなく歩き、子供の頃の本田宗一郎の姿を探した。森の木立や、河原に、かすかにその気配が感じられるような気がする。

育った家があったところに立ったとき、小柄ですばしっこい少年が、元気に走り出してくる幻想を見た。

「自動車が来た！」

坊主頭で、赤いほっぺたをした少年が、好奇心をみなぎらせた真剣な目をして、叫び、全速力で走り去った。

私の、本田宗一郎伝は、ここからはじまる。

第1章

嵐の日に生まれた男の子

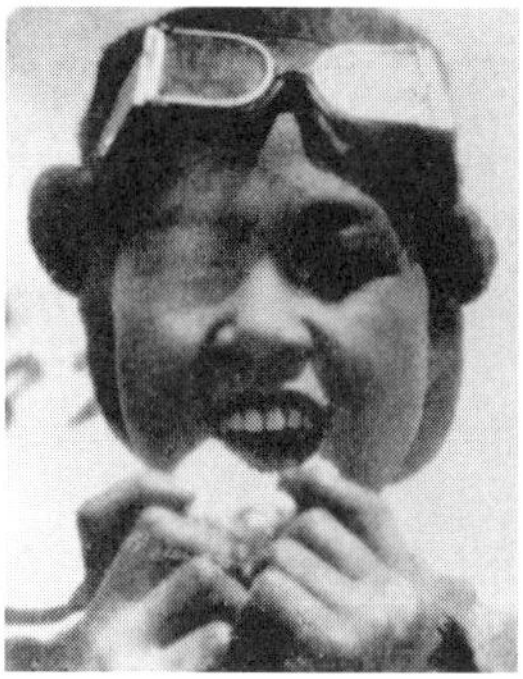

その日は、朝から激しい雨が降っていた。

一九〇六年（明治三九年）一一月一七日である。静岡県磐田《いわた》郡光明《こうみょう》村は、季節はずれの集中豪雨に襲われていた。

昼になっても雨は衰えず、午後三時を過ぎると雷雨となった。暗い空に、稲妻が走り、雷が轟《とどろ》いた。天竜川は水嵩《みずかさ》を増し、いまにもあふれんばかりの濁流と化した。

この日、光明村船明《ふなぎら》の本田家で一人の男の子が生まれた。

本田儀平《ぎへい》、本田みか夫婦の長男である。

初孫の誕生を喜んだ祖父の本田寅市《とらいち》は、その子を宗一郎と命名した。

不思議な出来事が、誕生の直後に起きたと、本田家では言い伝えられている。

産湯をつかわせていたときだ。湯のなかで祖母の本田け江が宗一郎の右手をひろげてみると、一本の古い木綿針が出てきた。

家族は驚いて顔を見合わせた。いったい、どうして、生まれたばかりの赤ん坊が、針を握っていたのだろう。

信心深い祖父の寅市は、この出来事を、特別な子供がさずけられたのだと、心から歓迎した。この年は、日本の古い暦でいえば、六〇年に一度の丙午《ひのえうま》にあたっていた。言い伝えによれば、丙午に生まれた子供は、気性が激しい。

宗一郎は、大きな病気もせずにすくすくと育った。

光明村は隣接する二俣町とともに、一般に二俣とひとくくりに呼ばれた。信州の諏訪湖から南アルプスをつきぬけて流れてくる天竜川が、最後のエネルギーをはきだすように大きく曲がりくねり、ふたつにわかれて支流の二俣川を作る。そこから二俣の呼び名がついた。

ここから天竜川は、一気に南にくだって、山脈の急流から、平野の大河へと姿を変え、浜松の平野をつらぬき、太平洋へ流れこむ。「暴れ天竜」と呼ばれて、二、三年に一度のわりあいで大きな水害を二俣一帯にもたらしていた。

二俣あたりは、夏は暑く、冬はひどく寒い。一日の温度差が激しい山岳部特有の内陸性気候で、五世紀半ばから人間が住み着いたという。

明治時代の二俣は、谷間の集落としては、旅人の行き来が多い土地柄だった。地域の中心である二俣町は木材と絹織物の集散地で、町の中心には商店や旅館、銀行や食堂が集まっていた。火の神様として有名な秋葉神社の門前町でもあった。天竜川には、浜松と二俣をむすぶ約四百艘《そう》の商業船が行き来していた。一九〇七年（明治四十年）には浜松―二俣間に、小型蒸気機関車による軽便鉄道が早くも開通している。二俣一帯は、さまざまな旅人が行きかう、ひらけた土地であった。

宗一郎が生まれた年の光明村は、七五〇戸、人口約四三〇〇人が生活する村で、村人たちは谷間の狭い土地で農業を営み、天竜川の漁で日々の食糧をまかなっていた。林業が盛んで、絹織物、商業などで現金収入を得ていた。山には熊や猪が出没し、野ウサギや野ネズミは貴重な動物性食料だった。まだ電気はなく、夜になればランプをともした。

父親の本田儀平は店をかまえる鍛冶職人であった。

それも評判の腕前で、儀平が作った鍬や鎌、鋸や鑿《のみ》は丈夫で使い勝手がよく、村人たちの山や田畑の労働などにかかせない道具として重宝がられていた。研いだ刃物は抜群の切れ味をみせたので、隣町の料理人や理容師までが包丁やカミソリを持ち込んでいた。当時は、鉄砲を使った狩猟が盛んで、儀平は鉄砲の修理も器用にこなした。

新しい物や変わったことが大好きだった。外国人が持っていたシガレット・ホルダーを真似て自作し、その日から愛用のキセルをやめて、紙巻き煙草に切り換えた。あるときは、湿地から発生するガスを竹の筒で集め、火をつけてみせ、村人たちを驚かせた。

どんな機械でも修理してしまうスーパーメカニックであった本田儀平は、曲がったことが大嫌いな男として村人のあいだで有名だった。村の寄り合いに時間厳守で出かけ、何時間でもみんなが集まるのを待っているという一本気な几帳面で、何事にもきちんと筋をとおす性格だった。無口であったが人あたりはよく、義理人情に厚い。老人を大切にして、涙もろい。だが、道理がとおらなければ仕事さえ断る。厳しい職人気質をもった親方で、丁稚たちが中途半端な仕事をすると、問答無用で「おまえなんか、やめてしまえ！」と怒鳴り、「こんな店にいてやるもんか！」と出て行こうとする丁稚を、妻のみかが慰めることがたびたびあった。

「お金のために働くのではない。よい仕事さえしていれば、自然にお金を払ってもらえるものだ」

これが儀平の職業生活者としての思想であった。

そのような頑固一徹で質実剛健なところがあり、いったん引き受けた仕事は、とことん創意工夫をこらして必ずやり遂げた。

紛争の仲裁もうまく、双方の意見をじっくり聞いては合理的に考え、解決の糸口をみつける方法だった。仲裁にたつとき、いつもこんなふうに話した。

「一尺の物差しの真ん中は五寸のところだというのは、嘘ではないか。真ん中というのは片方から四寸、もう片方から四寸、その間の二寸のことをいう。この二寸を話し合おう」

当然のことながら、儀平は、礼儀作法にやかましく、いつも背筋をピンとのばして正座していた。本田家の人びとや親戚縁者は、儀平が胡座《あぐら》をかいているのを見たことがなかった。子供たちは両親への朝晩の挨拶を、障子の外に正座して両手の平をついておこない、食事は家長の儀平を中心にして祖父母を上座におき囲炉裏《いろり》を囲んでとった。読んだ新聞はきちんとたたむ。草鞋《わらじ》をぬいだら揃えておく。子供たちはすべてにわたって厳しく躾られ、儀平もみかも、子供の躾けのためには容赦なく平手打ちをみまわせた。

この儀平の潔癖《けっぺき》なまでの質実剛健な生活思想と抜群の器用さ、そして好奇心の強さは、本田家の血統だった。

儀平の母親である本田け江は本田隣造の娘で、本田家の跡取りとなるために婿養子の寅市と光明村のはずれの船明で所帯をもった。け江は女傑といわれた男勝りで、その勝気な性格がわざわいしてか最初の夫とは離縁、その後再婚したふたりめの夫は水難事故で死亡という波瀾の人生を歩み、三度めの結婚となった寅市と安定した生活を手に入れていた。しかし寅市は病気がちで野良に出て充分に働くことができず、け江は若干の農業と行商、機織りで働き、本田家の生活を女手ひとつでささえた。

け江の父親、本田隣造は製材の名人として村人から一目おかれる存在で、け江もまた父親のゆずりの手先が器用な女性だった。「女甚五郎」と呼ばれるほどの腕前があり、家庭雑貨から農機具、織り機まで自作する。この織り機は、その後五〇年以上も本田家で使われていた。

け江は、儀平が尋常《じんじょう》小学校を四年で卒業すると、隣村の鍛冶店へ奉公に出した。当時の庶民家庭は、家業を継ぐ者以外は奉公に出て手に職をつけるのが当たり前だった。貧しい農家の長男である儀平には、家業を継ぐといっても、自給自足できるぐらいの小さな田畑しかなかった。急速に近代化していった明治の社会では、食うや食わずの生活しか営めない。け江は十歳の儀平に職人の道を歩かせることを決意した。

儀平は、住み込みで働く無給の奉公生活を無事に終え、一人前の鍛冶職人として独立を許された。一〇年間の修行生活であった。奉公を終えることを年季が明けたというが、これは一人前の職人となったあとに、もう一年、親方に労働奉仕をする「お礼奉公」をして、恩返しをはたした状態のことである。

二十歳の儀平は、船明の実家に戻り、納屋を鍛冶場にして店開きした。律儀《りちぎ》な仕事ぶりと抜群の腕前を武器にして、商売をすこしずつ広げていった。

しかし、遠州の寒村で生きる本田儀平とて、戦争の時代に突入していた世界状況と無縁ではいられなかった。一九〇四年（明治三七年）二月に日露戦争が始まり、儀平は大日本帝国陸軍に徴兵され、戦場となった中国へ送られた。この戦争ではのべ一〇八万人あまりの日本兵がロシア軍と死闘を展開し、およそ一二万人の死傷者を出した。現在の天竜地域からは四二三人が徴兵され、三七人が戦死したが、儀平は怪我ひとつおわず光明村へ帰還した。

帰還兵にたいしては村をあげて歓迎がおこなわれた。乃木希典《のぎまれすけ》が指揮する日本陸軍第三軍が、攻略不可能といわれたロシアの旅順二〇三高地要塞をおびただしい戦死者を出す無謀な作戦で攻め落とし、東郷平八郎指揮下の連合艦隊が日本海海戦で、世界にその名を知られたロシア・バルチック艦隊を全滅させる奇跡的な勝利をおさめ、日本人は日清戦争に続く世界戦争の勝利に酔った。しかし元来無口な儀平は、村人たちに手柄話をせがまれても、戦場で見聞きしたことをまったく語らなかった。

生還した本田儀平は、村の鍛冶職人にもどり、このとき所帯をもった。結婚相手は、二十歳の松井みかである。二俣から一二キロほど離れた山奥の農家の長女だった。尋常小学校を四年で卒業すると、機織りの技術を身につけて一家の労働力となった。夜は村の寺に通い裁縫を習う、しっかり者の娘だった。

「そっとしていられない性格だわね」とのちに八十六歳のみかは自分自身をふりかえっている。他人の世話になるより、何でも自分でやってみたい性格だとも言っている。みかも「キセルの首が曲がっているのも気持ちが悪い」というほど曲がったことが嫌いな生真面目な女性だった。

儀平とみかの仲をとりもったのは、け江である。毎年春になると山奥の農家へ髪飾りや生活小物の行商に出ていたけ江は、生真面目で健康な、痩《や》せ型で背が高い、黒く大きな瞳をしたこの娘に、かねてより目をつけていた。まだ当時は、個人と個人の結婚ではなく、家と家の結婚である。

松井家の父親は、儀平が腕のいい鍛冶職人だとしてこの結婚話を承諾し、みかは生活力のあるけ江の長男なら安心だろうと本田家へ嫁《とつ》ぐ覚悟を決めた。本田家はまだ貧しく、嫁いだその日から姉さんかぶりをして、鍛冶場の仕事を手伝い、機織りの労働に精をださなければならなかったが、貧農から脱出し、鍛冶の商売を広げていく儀平に、働き者の伴侶《はんりょ》ができたのである。

結婚した翌年、最初の子供に恵まれた。宗一郎の誕生である。みかは二十一歳の初産、儀平は二十五歳の父親となった。

本田儀平には向上心があった。船明の鍛冶職人としての信用をかちとると、さらに大きな市場を求めて、二俣町近くの光明村山東へと店を進出させている。

宗一郎は厳しい両親の躾《しつけ》をうけながらも、祖父の寅市に可愛いがられ、のびのびと育っていった。しかし、家庭はとても貧しかった。儀平は、その真面目で良質な仕事ぶりには定評があったが、まだビジネス・チャンスに恵まれていなかった。しかも頑固一徹、どんな小さな仕事でも手を抜かない職人で、それゆえに利益率がわるいところがあり、ときに炉にくべる炭を買う金に不自由することもあった。

宗一郎は、母親みかが織って縫った木綿の着物を着て、祖母け江があんだ藁《わら》の草鞋《ぞうり》を履いて、元気に飛びまわっていた。大好物は天竜川で獲れる川魚で、そのために儀平は暇をみては漁に出て投網《とあみ》を投げ、川魚をきらしたことがなかった。本田家は貧しかったが、自給自足、鍋や釜、着物も下駄も、何でも手作りの創意工夫の家庭であった。

寅市は、初孫が眠りにつく前に、よく戦国時代の合戦の話を語って聞かせた。祖母のけ江も『桃太郎』などのおとぎ話や民話を話してくれたが、宗一郎は寅市が語る戦国時代の物語が、ことのほか好きだった。

地元の二俣一帯は室町時代から今川義元の領地であったが、戦国時代になると武田信玄と徳川家康が二俣城をめぐる二度の戦闘をおこなっている。最初の戦いは、徳川軍の陣地であった二俣城を、武田軍が攻め落とした戦《いくさ》だった。武田軍は、天竜の急流を背にして建つ二俣城の水くみ櫓《やぐら》を、上流から大量の材木を流して破壊し、籠城する徳川軍から水を奪い、無血開城で勝利した。このとき徳川軍は城のすみずみまできれいに清掃して、武田軍に明け渡した。二俣城をめぐる攻防は戦争につきものの悲惨な大量殺戮《さつりく》がなく、知恵くらべの戦闘が多かった。しかし一方で、家康の実子信康が父親の命令によって詰め腹を切らされるなど封建社会ならではの悲劇が語りつがれている。宗一郎は、こんな寅市の合戦話を繰り返し何度も聞いては興奮し、そして眠りについた。

本田宗一郎は、三、四歳の頃の記憶がもっとも古いものだと語っている。その記憶にはふたつのシーンがあった。

「薄暗い仕事場で親父と弟子が汗にまみれて鎚《つち》をうつ。高温の火は赤くない。青白い炎が裸にちかい親父と弟子の体を照らす。その仕事場の炉に残っていた冷たくなった地金を引っ張り出して、トンカンやりながら折り曲げて、ヘンテコな玩具を作って遊んだことがある。そのとき、ごま塩頭の祖父が囲炉裏の前にどてら姿で座ってニコニコしていた」

そしてもうひとつは、光明村に電気がひかれたときの記憶である。

「電気屋が堂々たる恰好《かっこう》で腰にペンチやネジ回しをさし、電柱にぶら下がって電線工事をしているのを見ると、すっかり感心してしまいました。私の目には素晴らしい英雄に見えましてね。その魅力に取り憑《つ》かれて忘れることができず、家に帰ってから囲炉裏端に座った祖父の肩によじ登ってごま塩頭をつかみながら、わーい、電気屋だーい、とわめいたものです」

宗一郎は、おじいさん子であった。

儀平とみかは次々と子供に恵まれ、宗一郎は九人兄弟の長男となるが、寅市は昔ながらの風習どおり初孫の長男をとりわけ大切にしていた。

寅市は初孫を肩車して散歩に出るのが日課だった。たまに祖父が、ひとりで散歩に出かけると、宗一郎は悔し泣きをしながら走って追い駆け、足がもつれてころび田圃に落ちることもあった。

光明村には宗一郎の大のお気に入りの場所がふたつあった。

「ゴーゴーバンバン、ゴーゴーバンバン、行こう、行こう」

と宗一郎が寅市にせがむと、家から四キロメートルほど離れた精米屋までおんぶして連れていった。この精米屋では焼き玉エンジンを使って精米機を動かしていた。原始的な2《ツー》ストローク・エンジンは、まさにゴーゴーバンバンで、大きな爆発音を出し、もうもうと排ガスを出した。宗一郎はこの発動機を眺めていれば、それだけでご機嫌だった。あきもせず、たちこめる排気と騒音のなかで、焼き玉エンジンを無心の表情でじっと見つめていることがあった。

もうひとつのお気に入りの場所は、精米屋から一キロメートルほど離れた製材所だった。鋭い音をたてて丸太を威勢よく真っ二つに切る、丸ノコギリが大好きだった。この丸ノコギリは水車を動力としていた。

日本は、江戸から明治へ、文明開化、富国強兵、脱亜入欧のスローガンをかかげて急ぎ足で近代国家の体裁をととのえていった。工業化が始まり、それは義務教育や戸籍制度と同じく全国へと広がっていった。明治末期には、光明村にも電気、エンジンと近代機械文明が次々とやってきた。近代化は、機械文明のみならず世界戦争という惨劇も連れてきたが、世の中は、もの凄い速さで変化していた。

宗一郎は、こんなふうに急速に近代化されていく光明村で幼年時代をおくった。大人でさえ、そのさまがわりには驚かされ、次はいったいどんな機械を見ることができるのか、その機械が日常生活をどのように変えていくのか、興味をそそられていた。

機械が好き、物を作るのが好き、大きな爆発音をたてるエンジンが大好きで、自分が好むものには強烈な集中力をみせる。家の裏の松の木に登るのが好きで、高く登っては母親に叱られる。少年時代の宗一郎は、どこにでもいるような元気な子供のひとりにすぎなかった。

一九一三年（大正二年）春、七歳になる宗一郎は光明村立山東尋常小学校へ入学した。

当時の天竜一帯の小学校就学年齢は、現在より一歳上の満七歳であった。すでに六年制の小学校は義務教育の時代になっており、全国の就学率は一〇〇パーセントに近かった。この年、山東尋常小学校に入学した新入生は三五人で、男女共学のひとクラスになった。

小学校へ集団登校をしていた。集合場所は、宗一郎の生家のすぐ前を流れる小川にかかる橋だった。朝になると、この橋に、着物を着て草履か下駄を履き、白いズックのカバンを肩にかけた子供たちが集まり、上級生が人数を確認したうえで登校した。

宗一郎は、この朝の集合に遅れたことは一度もなかった。家が近かったことも理由のひとつだが、朝寝坊を父親の儀平が許すわけがなかった。

儀平は、夜明け前に、子供たちを叩き起こし、家と仕事場を掃除させるのが日課だった。雑巾がけや履き掃除を終えると、ようやく朝食をとることができた。学校から帰っても、木炭を切ったり薪《まき》わりをしたり、鍛冶場のあとかたづけも手伝った。幼い弟や妹をおんぶして面倒をみるのも長男の仕事だった。小学校に入ってからは自分で藁草履をあむことになったが、藁の打ち方やあみ方が悪いとすぐに緩んでささくれだった。級友たちは丈夫な麻裏の草履を買って履いていたが、本田家には草履を買う金がなかった。雨の日は、緩んだ草履で歩くと頭の上まで泥がはね、登校下校の列から仲間外れになって悲しい思いをしたが、儀平は自分のことは自分でやれと、すこしも手伝ってくれなかった。そんなときは祖母が内緒で助けてくれた。母親はときたま五厘銭を小遣いにくれ、宗一郎は喜び勇んで「てっぽう玉」と呼ばれた黒飴二個を買いに走った。

宗一郎が小学校にあがる頃から、儀平の厳しい子供の躾は、隣近所の知るところとなった。きかん坊の長男が他人に迷惑をかけたり、嘘をつくことを絶対に許さず、逆らえば鉄拳が飛ぶのは当たり前で、柱に縛りつけたり、土蔵に閉じ込めたり、布団です巻きにして二階から放り出したり、折檻のお灸をヘソの端にすえたりした。

しかし、儀平は、この時代の多くの父親がそうだったように、息子の学校の成績に関しては口やかましく言うことはなかったので、宗一郎はのびのびとした少年時代をおくっている。

「小学校時代の本田は、明るい性格で仲間とケンカをすることもなかった。ごく普通の遊び友だちで、目立った子供ではなかったね。ただ本田の言うことは妙に説得力があった。それから責任感が強いというのか、幼い兄弟の面倒をよくみて、弟や妹をおぶったまま遊びに来ることもあったね。みんな鼻水やヨダレをたらして、いつもいつも体を動かして遊びと悪戯に夢中になっていたものだ。本田は〈宗ちゃ〉と呼ばれていて、家の仕事をよく手伝っていたから、鍛冶場の炭で顔を汚していることがよくあった」

同級生だった笹竹幸次は、小学校時代の宗一郎を、こんなふうに記憶している。
チビだった宗一郎のあだ名は「鼻黒イタチ」で、すばしっこく動きまわる、木登りが得意な少年だった。

光明村は、子供の遊び場には困らない。春は山で、木登りをしたり山菜をとったり、コウモリの巣がある洞穴を探検する。山の急斜面を木の葉を尻にあてて滑りおりる。夏になれば川で水泳。竹藪に入って竹に登り、野猿のように竹から竹へと飛びまわる。秋は栗を拾い、冬になるとコマで遊んだ。

急流で知られる天竜川とその支流の二俣川は大自然そのままで、子供たちに自然の力と合理性をおしえる格好の教材となった。大きな川石を動かしてしまう水の力を学び、川が運んでくる木の実や夜光虫を見ては川上の自然を想像する。子供たちは遊びながら自然を学ぶことができた。

この川で宗一郎は泳ぎをおぼえ、川遊びに熱中していて急流に足をとられ溺れたことがあった。川岸の杭の上を飛んで歩き、足を踏み外して、みぞおちを杭にぶつけて失神したこともあった。

生きたメダカを飲むと泳ぎがうまくなる、と思い込んだ宗一郎は毎日のようにメダカを飲み、本当にうまく泳げるようになると、友だちにもメダカを飲ませた。

子供たちが徒党を組み、兵隊ごっこをするのが流行だった。となりの集落の子供たちを相手に陣地を奪い合う戦争を真似した組織的なケンカで、日露戦争の勝利によって国民の戦意が高揚していた時世を反映した遊びであった。子供たちの憧れのスターは、乃木大将か東郷元帥だった。小学校上級生には軍事教練が授業に組み込まれていたので、子供の軍隊を組織することがすぐできた。この兵隊ごっこで、宗一郎に与えられた任務は斥候《せっこう》だった。単身で敵地にもぐり込み、状況を視察して報告する役である。小柄だが機敏な行動をとることが仲間うちで評価されていたことがわかる。

この頃から、宗一郎は最新の流行を取り入れるハイカラな子供だった。だれも知らないナポレオンの歌を口ずさんだり、兵隊ごっこに使う自作のおもちゃのサーベルを腰にぶらさげたりしていた。人とかわったことをするのが好きだったのである。切れ味のいい小刀を持っており、それは父親の指導をうけて自分で作ったものだった。いつでも小刀を作ることができたので、気にいった友だちがいると、小刀をあげてしまう気前のいいところがあった。

子供たちの遊びは、ときとして集団の悪戯に発展した。近所の清海寺の境内にある榧《かや》や柿の実を盗んだり、蜂の巣に花火を仕掛けて爆発させて、足の不自由な住職をからかう。スイカ畑に忍び込んでスイカに穴をあけて中身を食べ、穴が発見されないように下にして元にもどす。

宗一郎たちはすこぶる純情であった。乗合馬車の発着所にあった一膳食堂の前に立ち、鯖《さば》の煮付けの臭いをかいでは、大人になったら腹いっぱい食べてみたいと願ったり、二俣の町の遊廓の前を通るときは、脇目もふらず一目散に駆け抜けた。

元気いっぱいに遊びまわっていた宗一郎は、教室にいるときがいちばん退屈であった。だから学業成績といえば、ほとんどの科目が最低の評価だった。

「試験に関するかぎり私はまったく話になりませんでした。読み方と書き方が苦手で、とにかく紙の上にものを書くのが面倒で仕方がなかった。習字と作文はことに嫌いでした。漢字を覚えるのが大嫌いで、ただ暗記をするだけだと興味がわかないんです。こういう時間になると、よく教室を抜け出して学校の裏山に登り、仰向けにひっくりかえって空を眺めたものです」

学校の勉強が嫌いで、成績が悪い。創意工夫は好きだが、暗記が嫌い。机の前に座って勉強するのが、じれったくて仕方がなかった。

母親のみかもこう語っている。

「おばあさんは字も絵も上手だったけれど、絵のほうは受け継がれたが、字のほうはダメだった」

小学校三年までは、筆や鉛筆を使わず、石版にロウセキで字を書いて勉強する。四年生になると、習字を習う。古新聞に何度も書いて練習するのだが、宗一郎はその習字が大嫌いだった。宗一郎の悪筆は、このときからである。だが、怠け者というのではなかった。いったん興味を引かれた事柄には、徹底的に行動的であり情熱的だった。


小学校時代の宗一郎は、悪戯にせよ遊びにせよ、たったひとりで大胆な行動をとることがあった。地蔵の鼻の形が良くないから直そうとしてノミで削り落としてしまう。学校で飼育していた金魚の色をもっときれいにしようとペンキを塗ってしまった。昼の弁当を食べたくて、正午の合図である寺の鐘を一時間も前に鳴らしてしまう。先生がやる理科の実験を失敗させようと磁石の磁力を抜いてしまい、先生が失敗した後、磁石を直して実験を成功させ、拍手喝采をあびる。瞬間沸騰的なアイディアによる、切れ味のいい悪戯ばかりである。

あるいはまた、手先が器用なところを使った活躍が目立ってくる。通信簿に押すハンコを偽造するが、調子にのって友だちの分まで偽造して、本田のように左右対照でない文字を逆に掘らずに発覚する。理科の時間に習った蒸気機関を自作して実験に成功する。ひとりでコツコツと何かをやらかすことが多くなっていった。

本田宗一郎は、貧乏生活をした少年時代にうけた差別といじめの体験を死ぬまで忘れることはなかった。着ふるした着物、それは鼻水をぬぐう袖が樹脂のようにコチコチに固まっていたが、この着物を着ているがために近所の金持ちの家に飾られていた節句人形を見せてもらえなかった。うちなおしした母親の帯を締めて登校したときに「女の帯をしめている」と級友たちからいじめられたこともあった。こうした被差別といじめをうけた体験が、後の宗一郎をして「私の信念は自由と平等」と言わしめた。社会正義でも思想信条でもなく、ましてやコンプレックスや同情からでもなく、差別される痛みを知った人間として、差別された側からの「自由と平等」をつねに主張した。本田宗一郎は生涯、差別をする者や自由と平等を尊重しない者にたいして、非常に敏感であった。成功者となって社会的地位を得て金持ちになり、中央省庁の委員をつとめ支配層と交流をもったが、差別する側には断じてまわらなかった。この原点を知らずして本田宗一郎の人生を理解することは不可能だろう。

育ち盛りの宗一郎にもっとも強い影響を与えたのは父親の儀平であった。

地獄絵図を見せて道徳をおしえようとした清海寺の住職も、槍を手にして勉強をしろと説教した小学校の校長よりも、儀平は偉大な存在だった。宗一郎にとって儀平は、親であり、師匠であり、理想の男であったかもしれない。

村の貧乏鍛冶職人だった本田儀平は、明治から大正へと激しく変化していく時代にあって、そのスーパーメカニックの才能を生かす素晴らしいビジネス・チャンスを手にしていた。

自転車屋の開業である。

仕事熱心な儀平は、職業病である神経痛をわずらい腰を痛めて窮地におちいっていた。弟子たちに仕事をまかせてみたものの、商品の仕上がりは甘く、店の評判は落ちる一方だった。

だが、そのとき、天竜一帯では大規模な道路建設がおこなわれていた。道路ができると、村役場に一台しかなかった自転車は、飾りものではなく実用的な乗り物になり、やがて裕福な商人たちが自転車を乗りまわすようになった。

修理に持ち込まれてくる自転車を分解修理しているうちに、儀平はその構造を覚えてしまう。修理のために必要な溶接技術も独学で身につけた。そればかりか、必要な工具はもちろんのこと酸素溶接用のタンクや人力の旋盤機などの工作機械までも自作した。こうして儀平の店は、自転車修理の客が増えていった。自分の入れ歯まで自作していたというスーパーメカニックの面目躍如であった。

しかし自転車は、都会のサラリーマンの初任給の一〇か月分という高価で、村の庶民には手が届かない。そこで儀平は、中古自転車を安く買い集め、修理再生して売ることを思いつく。そのために浜松はおろか東京上野の自転車店街まで足をのばし、手持ちの資金で中古の自転車を買い集め、部品を調達した。熟練の腕前で修理再生された自転車は、まるで新品のようにピカピカに磨かれ、しかも新品よりはるかに安価だった。「俺が修理した自転車は新品よりいいんだ」と儀平は誇らしげに言った。

再生自転車は飛ぶように売れた。売りっぱなしではなく、オーナーの家を一軒ずつたずねてまわり不具合を修理するアフターサービスまでおこなった。

こうして儲《もう》かるようになると、すぐさま鍛冶店の向かいの元は銀行の支店であった二階屋を買い取り、商売を拡大していった。この家は、一〇部屋もある大きな家だった。

やがて店は、自転車がずらりと並ぶ、二俣で有数の自転車店に成長していく。貧乏な鍛冶屋職人が見事に時代の流れをつかんで成功してみせたのである。

それは技術と創意工夫と行動力による、貧困からの完全脱出だった。新しいパーソナルユースの乗り物の修理再生技術を身につけ、手持ちの少資本をやりくりして、廉価な商品を提供することで市場を拡大し、顧客を増やして管理した。儲けが出ると、それを店に投資して、大型店舗をかまえて信用をあげると同時に資産を増やして経営を安定させた。他の店の客を、不当なダンピングや狡猾《こうかつ》な販売戦略、過度な広告宣伝でうばいとったのではなく、新しい商品をもってみずから開拓した市場である。だれに迷惑をかけることなく、多くの人びとに利益をもたらしたからこそ、自分も儲けることができる。儀平の基本理念を実証する見事な成功であった。

宗一郎は、技術とは何か、商売とは何か、そして時代の流れをつかみ、逞《たくま》しく生きるとは、どういうことなのかを、父親の儀平にみたのだった。

それは天才職人技術者となる本田宗一郎のまごうことなき原体験になった。

第2章

自動車を見た、飛行機を見た

おだやかな村で元気な少年時代をおくっていた宗一郎に、決定的な日がやってきた。初めて自動車を見たのである。

小学校高学年のことだ、と本田宗一郎は言っている。だとすれば、それは一九一五年（大正四年）以降であり、この年は全国の自動車登録台数は一三〇〇台ほどで、東京でさえ運転免許所持者は七〇〇人しかいなかった。

自動車の世界史では、ドイツのカール・ベンツが自動車を発明したのは一八八六年（明治一九年）で、それが大衆化したのは一九〇八年（明治四一年）のアメリカで、フォードT型が大ヒットしたからである。安価なフォードT型の登場によって、アメリカではモータリゼーションが始まった。つまり、多くの人びとがクルマを所有する時代が始まった。日本では一八九八年（明治三一年）に初めて自動車が上陸し、その後ゆっくりと自動車の登録台数が増加しているが、十七年後の一九一五年でも一三〇〇台にすぎない。

自動車は特権階級の乗り物で、自動車を見たことがない人びとが圧倒的に多かった時代だ。

光明村に初めてやって来た幌付き自動車は、事件と呼べるような興奮を村にもたらした。

その幌付き自動車は、大型マフラーを装着していたが、パンパンと大きな排気音をたてて、青白い排ガスを出した。車体ぜんたいを揺すり、ぎしぎしガタガタとメカニカル・ノイズを撒き散らして走った。

大人は仕事の手を休めてその最新発明の走る機械を眺め、子供たちは歓声をあげながら追い駆けまわす。当時、日本全国どこの町や村でも自動車を中心にして展開された光景だった。

そんな日本中の子供たちのなかのひとりであった宗一郎は、こんなにも感動している。

「もう、我を忘れてクルマの後を追っ駆けましたね。当時流行の幌付きセダンでしたが、村の狭い道をガタガタやってくるのです。しばらくそれにくっついて走りながら、後ろにヤッと飛びつきました。もう、すっかり感激しちまいましたよ。およそ自動車というものに出くわしたのは、あれが最初でした。クルマが止まると、下から地面にオイルがポトポトたれるのです。そのオイルの臭いに文字通り酔ってしまって、地面に鼻を近づけると、その臭いを胸いっぱいに吸い込みました。犬みたいな格好だったでしょうね。それから、両手や胸にオイルをこすりつけました。あのときからだったと思います。まだ、ほんの子供だったが、いつか自分で自動車を作ってやろうと思い立った」

幌付き自動車のドライバーは、金モールのついた立派な帽子をかぶっていた。そのドライバーが神様のように見えた。立派な人、最高級の人、口もきけないような、べらぼうに偉い人だと思った。

それ以来、光明村に、ときおり自動車がやって来るようになった。浜松の金持ちが狩猟を楽しむために乗ってきた。そのたびに、子供たちは自動車を追い駆けてまわった。

だが、浜松と天竜をむすぶ乗合自動車が開業されると、自動車は珍しいものではなくなっていった。自動車が走ってきても、追い駆ける子供たちはいなくなった。しかし、宗一郎だけは、自動車が来たと聞けば、必ず飛び出して見に行った。たとえ幼い妹を背中におぶっていても、駆け出して行った。いつも懸命になって追っ駆けまわした。

本田宗一郎は、自動車を見たことで、最初の爆発を起こしたのである。

蒸気機関車も、天竜川を行くプロペラ船も見ている。橋の工事に来た工兵隊も見た。活動大写真と呼ばれた映画の映写技師にも憧れた。珍しいものは、何でも見たかったし興味をかきたてられたが、しかし熱狂するほど興奮したのは自動車だけだった。

天竜にやって来る自動車が、ちょっとした修理を頼みに儀平の店へ寄るようになってからは、ますます自動車との距離がちぢまり、熱狂はさらに高まった。

「自分の目で見たものは、何でも作れる」と父親ゆずりの才能を磨いていた宗一郎は、サーカスで見た一輪車を作って乗り回していた。だから、いつか自動車を作ってみせる。そう思い込んでいた。高価な自動車を買うことは考えもしなかったが、作ることならできるだろうと思った。自分で自分の自動車を作るという夢だ。そのためには一秒でも長く自動車を見ていたかった。蒸気機関車もプロペラ船も、大きくて力強くて好きになったが、それは自分個人の乗り物というには大きすぎた。しかも機関車は線路がなくては走れないし、プロペラ船は水上の乗り物だ。自分の自動車をもてば、自由に道を走り、好きなときに、遠くへ行くことだってできる。自動車のことを考えると、心地良い興奮と熱狂が体を駆けめぐって、燃えるような気持ちをおぼえた。

宗一郎は、乗合自動車のドライバーが泊まる旅館の息子の手引きで、客とドライバーのどちらが先に風呂へ入るかを確認に行っている。先に風呂をつかった方が偉い人だ、というわけである。当時、どこの家でも、いちばん偉い人、それはたいてい父親だったが、最初に入浴するしきたりがあった。暗がりに身をひそめて覗《のぞ》いていると、最初にドライバーが風呂場へ入った。

自動車ドライバーは現在の飛行機パイロットなみの社会的地位があった。運転手ではなく運転士と呼ばれた時代である。

このとき本田宗一郎は、自動車のドライバーは偉い人なのだと確信し、自動車の仕事をしたいと心に決めた、と言っている。

一九一七年（大正六年）、小学校五年生になったとき、宗一郎は、もうひとつ強烈な体験をした。アメリカ人パイロット、アート・スミスの豪快かつ華麗なアクロバット飛行を、その目で見たのだ。

当時の日本では、アクロバット飛行の興行が大ブームになっていた。一九一五年（大正四年）にチャールス・F・ナイルスが初来日してアクロバット飛行の全国六都市巡業をおこないブームの口火を切った。その前年、第一次世界大戦に参戦していた日本海軍が、中国・青島のドイツ軍基地を四機の飛行機で偵察、爆撃したのが日本軍の最初の飛行機を使った軍事行動という時代である。飛行機じたいがきわめて珍しい乗り物で、めったに見られるものではなかった。その最新鋭マシンである飛行機を見られるばかりか、凄《すさ》まじいアクロバット飛行をするとあって、飛行ショーは人気イベントになっていた。

チャールス・F・ナイルスについで一九一六年（大正五年）に来日した二十四歳のアート・スミスは、連続二二回宙返りの世界記録をもつパイロットで、人気は沸騰した。この若いパイロットが、一躍、国民的英雄になったのは、札幌公演で墜落事故を起こし太腿を骨折する重傷を負ったことからである。離陸直後、五〇メートルの上空でエンジン・トラブルが発生し、観客席へ墜落しそうになった。スミスは必死に愛機を操って、観客席を避けて空き地に墜落した。この事件が「勇者の美談」として新聞報道されると、全国から見舞い金が集まった。

翌年、スミスが母親を伴って二度目の東アジア興行ツァーで再来日すると、今度は「鳥人スミス君は親孝行」と新聞記者が書きたて、日本語版の自伝『快飛行スミス』が出版され、ドキュメント映画『スミス宙返り大飛行』が公開される。まさに空飛ぶ大スターになっていった。

そのスミスが一九一七年（大正六年）五月二八日の月曜日に、浜松練兵場で飛行ショーを開催することになった。スミスは敬虔なキリスト教徒なので安息日にショーをやらないのである。浜松地方の新聞広告は二五日に始まった。鉄道院はこのイベントのために臨時列車まで運行する力の入れようであった。

天竜の村里にいた宗一郎の耳にも、アート・スミスの名声はすでに伝わっていた。浜松でのショー開催を知った宗一郎は、いても立ってもいられなくなり、親の財布から二銭をくすね、当日は学校へ登校するふりをして父親の自転車を持ち出した。儀平にせがんだところで、学校を休んで見に行っていいと言うわけがなかった。光明村から浜松までおよそ二〇キロあり、軽便鉄道でも二時間かかる。この距離を、大人用の自転車に三角乗りして走っていった。凸凹道は走りにくかったが、すこしも苦にならなかった。

四時間ほどで浜松練兵場にたどりつくと、練兵場には塀が張りめぐらせてあり、平日にもかかわらず数万人の観客が集まっていた。宗一郎はひどく興奮して、ガンガンと耳なりがするほどだった。しかし、持参した二銭では入場料に足らなかった。小学生の入場料は七銭前後だったと記録にある。失望落胆のあまり、茫然としていたが、こんなことでは引き下がれない。塀の外にあった松の木によじ登り、練兵場が見わたせる枝に腰をおろし、枝を何本か折ると体につけてカムフラージュした。

練兵場にはアート・スミスの愛機である真っ赤なカーチス式複葉機が置いてあった。いかにも太いトルクを発生させそうな大型エンジンをコクピットの後ろに搭載し、後方でプロペラをまわすプッシャー式で、大きな主翼二枚が目立つ飛行機だ。

午前一一時三〇分、アート・スミスは、当時のパイロットの制帽ともいうべきハンチングを後ろ前にかぶり、ゴーグルをかけて颯爽《さっそう》と登場した。愛機に飛び乗ると、太い排気音を残してあっという間に離陸し、七高度三〇〇〇メートルまで一気に急上昇すると、機体につけられた発煙筒から白い煙りを出しながら、七回連続宙返り、五回連続横転飛行、逆転、難しいコークスクリュー飛行をつぎつぎと披露し、軽業のような動きで観客の度胆を抜くと、スリリングな荒技に入った。高度二〇〇〇メートルから木の葉落としのきりもみ急降下をし、途中で垂直ダイブにもどると、地上すれすれで急上昇する。「地上キス」と呼ばれた危険な技を見せられた観客から悲鳴があがる。

最後は、興奮して叫んだり拍手喝采する観客席近くを低空飛行で一周し、高さ一〇メートルのアーチをくぐり抜け、一八分間のアクロバット飛行を無事終えた。

宗一郎は、このアクロバット飛行に圧倒され、興奮で全身に汗をかいた。思わず身を乗り出してしまい、何度も松の木から落ちそうになった。

天竜への帰り道、自転車に三角乗りする宗一郎は、学帽を後ろ前にかぶり、まるでアート・スミスになったような気分でペダルをこぎ続けた。何ともいえないようないい気持ちがした。

大空を自由に駆けまわる最先端テクノロジーの飛行機を目のあたりに見たのだ。それも実に勇敢なパイロットが命がけの大技、荒技のアクロバット飛行をやってのけた。

宗一郎は、アート・スミスになりたいと思った。高性能マシンをあやつって大空を自由に駆けめぐる、命知らずの若者は、大観衆の拍手喝采をあびていた。アート・スミスのすべてに憧れがかきたてられ、胸が苦しくなるほどだった。

しかし、帰宅すると、儀平が怖い顔で待っていた。すっかり陽がくれて暗くなっていた。学校をさぼっての無断外出で、父親の怒りは頂点に達していた。

「どこに、行っていたのだ」

最初は誤魔化していたが、最後は「アート・スミスを見に行った」と白状した。

すると儀平の顔から怒りが消え、目に好奇心の色が浮かんできたと、宗一郎は記憶している。

「飛行機を見てきたのか。それで、どんな飛行をしたんだ」

もう怒っていなかった。息子の好奇心と行動力を好ましいものと認めた。なにしろ、天竜あたりでは二俣の町長だけがただひとり見学に行ったという飛行ショーである。それを悴《せがれ》が見てきたのだと知って、愉快な気持ちになった。

本田儀平には、人の道に外れたことでなければ、人間がもつ強烈な願望を容認し、大胆不敵な行動を好むところがあった。冒険が好きだったのである。父親は息子から、アート・スミスのアクロバット飛行について詳しい話を聞きたがった。

実はこのとき、宗一郎は、生まれて初めてカーレースを見ている。アート・スミスは、空冷V型二気筒の一〇馬力エンジンをフロントに搭載した小型レーシングカーを数台ともなって来日しており、アクロバット飛行の合間にカーレースをやっている。オーバルコースを使ったスピードレースと途中でピットインしてタイヤを交換する二種類のレースを披露していた。しかし、この最初に見たカーレースに、宗一郎はたいした感動をしていない。なんといっても、やっぱり、アクロバット飛行が凄かった。アート・スミスの熱狂は、一晩寝たぐらいではおさまらなかった。翌日になると、自分の自転車のハンドルに木製のプロペラをつけた。儀平からお古のハンチングをもらい、後ろ前にかぶると、自作の紙製ゴーグルをかけて村の道路を走りまわる。

毎日、そうやって自転車で走りまわった。走っても走っても飽きることがなかった。

この熱狂こそ、本田宗一郎の爆発的な人生の、号砲一発、スタートの合図になった。

このとき、同じようにアート・スミスの飛行ショーを見て感激し、自分の自動車修理工場にアートの名をつけてしまった男が東京に登場している。やがて不思議な運命の糸は、この男と宗一郎を結びつける。そして、本田宗一郎が自動車とカーレースの熱狂に身をこがす濃厚な時間が始まる——。

山東尋常小学校を六年で卒業した宗一郎は、現在の中学校にあたる二俣町立二俣尋常高等小学校へ進学した。光明村にも小さな高等小学校はあったが、隣町の二俣の高等小学校へ越境入学した。少しでもいい教育を受けさせたいと願う儀平の親心であった。自転車店の経営は安定していた。息子たちを近くの学校に通わせて家の仕事を手伝わせる必要はなかった。

二俣高等小学校は、天竜一帯の中心地にある大きな高等学校で、剣道や野球のクラブ活動が盛んだった。男女共学およそ五〇人の新入生がひとクラスになった。

だが、せっかくの親心を無視するかのように、宗一郎は、相変わらず学校の勉強をまったくしない。剣道をやってはみたが、興味が深まらないまま止めてしまう。野球もやったが、キャッチャーをやったときにバッターが投げ出したバットが胸を直撃して失神して以来、敬遠するようになった。

宗一郎はひとり遊びが好きな少年になっていた。二俣川の河原に廃材を集めて自分の小屋を作ったことがある。そこで兎《うさぎ》の養殖をして自給自足する夢の生活計画をたてた。一晩、この小屋ですごそうと藁に上に寝てみたが、夜になると急に淋しくなって家が恋しくなり、飛んで帰った。

ひとりで遠くへ行くことも好きだった。天竜川の川上に親戚の家があり、この家も鍛冶店だったので、ときどき使いに出されていた。その親戚の家へ行くには人通りのない峠をひとつ越さなければならず、盗賊が出るのではないかと心配した宗一郎は小刀を腰にさして気張って歩いた。親戚の家で一泊すると、帰りは天竜川をくだる筏《いかだ》に乗る。山から下流まで木材を運ぶための筏だが、人も運んだ。船頭たちは筏を巧みに操作するので、その仕事ぶりにいつも宗一郎は目をみはった。彼らは親切で、必ず弁当のお握りをわけてくれた。筏のうえで食べるお握りは格別にうまかった。このお握りが楽しみで、親戚へ使いに行けと命じられると嬉しくなった。筏に乗ると、早く弁当の時間にならないかと心待ちにした。筏は天竜川を下り、二俣近くの西鹿島の船着き場に寄り、そこで宗一郎は降りた。西鹿島からは、光明村へ歩いて帰った。

この頃の宗一郎は、毎年のように生まれてくる弟と妹の面倒をみながら、リーダーシップをとる長男として成長している。しかし、学校の勉強だけは苦手であった。

勉強しろと叱られると、こう言って反抗した。

「勉強が嫌いだからできないだけで、やりゃぁできる」

歌が好きだったので音楽の成績は悪くなかったし、理科も得意であったが、その他の学科の成績評価は最低だった。そうなると、ますます学校がつまらなくなっていった。

授業中は、教師の目を盗み、イタズラ書きをしているか、小刀で机に名前を刻み込んでいるか、教科書の上に立川文庫《たつかわぶんこ》や投稿雑誌『少年日本』を置いて読み耽《ふけ》ることが多かった。

立川文庫とは、大阪の立川文明堂が発行していた小型の講談本である。一九六話出版されたが、ほとんどが戦国時代を舞台にした心踊る冒険活劇物語で、主人公は猿飛佐助や霧隠才蔵といった忍者のスーパースターだった。歯切れのよい文章には、ふり仮名がつけられていて、子供たちに圧倒的な人気があった。戦国大名の主従関係や政治情勢、合戦の戦術や武芸の知識を覚えるのが流行し、そのためには次々と立川文庫を読まなければ仲間と話が合わなくなる。現在でいえば人気コミックスのようなもので、当然のことながら教師や親からは目の仇にされた。これらの物語はフィクションではあったが、背景となった戦国時代の知識を子供たちにあたえ、それはひとつの歴史的教養になった。本田宗一郎は戦国時代の武将たちの思想や行動を語ることを好んだが、立川文庫で学んだ知識がベースになっていたのである。

学校の勉強をさぼり続けた宗一郎の願いは、早く自分の手で自動車を作り、アクセルを踏んで自由に走りまわってみたい、ただひたすらそれだけだった。だから学校に通っているのがじれったくて仕方がなかった。自動車にさわりたくてウズウズしていた。

高等小学校の二年が終わる頃になると、中学へ進学するのか就職するのかを決める。二俣高等小学校から現在の高校にあたる中学へ進学する者は、毎年五、六人しかいなかった。生活に余裕がある家の子供しか進学できなかったからである。

「学問をすることが、これからの世の中で大切なことだ。中学へ行かないか」

儀平は、何度も進学をすすめている。現代以上に学歴が尊ばれていた時代である。自転車店商売は相変わらず繁盛しており、長男を中学に進学させる余裕があった。

だが、宗一郎自身は中学入試の受験勉強をする気はさらさらなかった。もうこれ以上、退屈な学校生活は嫌だった。残念ながら儀平は、長男を進学させることを諦めなければならなかった。

中学へ進学しなければ、家業の鍛冶店か自転車店を継ぐか、どこかへ奉公に出て手に職をつけなければならない。

母親のみかは、長男が家業を継いでくれることを期待していた。

「鍛冶屋《ママ》みたいな、蚤《のみ》をつぶすような小さな仕事は嫌だ」

宗一郎は、こう言って跡取りになることを拒絶し続けた。

みかは、長男のことを「何ごとも激しくすばしっこくて、おっとりしてはいられない性格」と理解していた。そのような性格で、他にやりたいことがあるなら、小さな村の鍛冶店や自転車店がむいているとは思えなかった。母親もまた、長男が家業を継ぐことを諦めなければならなかった。

結局、両親の出した結論は、「好きなことをやってみるのがよい」であった。自動車はこれから盛んになる。その技術を身につけたいというのだから、食いっぱぐれることはない。儀平はそう判断した。

だが、いったい、どうしたら自動車を生涯の仕事とすることができるのだろう。東京へ行き自動車修理工場に奉公すればいいのかもしれないが、宗一郎にはその方法すらわからなかった。

そんな頃、ひとつの雑誌広告に目を奪われた。それは自転車販売店向けの専門誌『輪業世界』に掲載されていた。研究熱心な儀平が定期講読していた月刊誌である。

広告主は、東京のアート商会という。

幼少期の宗一郎に強い影響をあたえたのは父親の本田儀平であった。

曲がったことが大嫌いな性格で積極的な生き方をした母親の本田みか。

1927年(昭和2年)に天竜で徴兵検査をうけたときの記念撮影。着物姿の同期のなかで、ひとり洋服を着ているモダンボーイであった。検査の結果は色覚障害の疑いをもたれて、ただちに徴兵の対象とならない丙種合格と判定された。

アート商会は、盆暮になると、自動車や自転車の専門雑誌に挨拶広告を出していた。八月号には「暑中見舞い」、一月号には「賀正」と、大きな活字でうち、ARTのアルファベット三文字を家紋のようにデザインしたロゴマークを真ん中にドンと置き、そしてこう書いた。

自動車　オートバイ　ガソリン機關
製作修繕
アート商會
本郷區湯島六丁目二十七番地
電話　下谷五九五七番

自転車や関連部品の広告がならぶ『輪業世界』の誌面にあって、「自動車　オートバイ　ガソリン機關《きかん》製作修繕」の文字は、宗一郎の目に輝いて見えただろう。

しかも、あのアート・スミスの、アートではないか。

宗一郎が、この広告から、アート商会の素性を見抜いたとすれば、それはまさに同類だけが理解できる臭いを敏感に嗅ぎとったことになる。

すぐさまアート商会宛に、弟子入りを熱望する手紙を書いた。丁稚となって奉公し、自動車の技術を身につけたいと悪筆ながら書いた。この申し出は、返信で、いともたやすく許可された。

そして両親に上京の許可を求める。賢明な儀平は、店に出入りする自動車オーナーのひとりを通じてアート商会へ紹介をたのみ、わざわざ東京まで出向いて信用をたしかめたうえで奉公にはいることを許可したという逸話が残されている。

こうして宗一郎の奉公先が決まった。願ったとおり自動車の道を進むことになり、希望に胸がふくらみ、眩暈《めまい》がしそうなほど嬉しかった。

上京することになった息子にたいして、儀平はいくつかの忠告を与えた。それは父と子の約束であった。本田宗一郎の自伝『スピードに生きる』には、その忠告がこう書かれている。


東京行きが決まったとき、ふだんは何も言わぬ父が、めずらしく説教をした。といっても短いもので、今後、ひとりで生きていくための心得を凝縮したものである。その教えとは、たったの三点であった。要約すると次のようなものだ。

何をやろうと勝手だが他人に迷惑をかけることだけはするな。

大人になっても博打だけはやるな。あれは癖になる。麻薬と同じだ。

そして三番目の教えが私の将来に大きな影響を及ぼすことになる。

時間を大事にせよ。時間を有効に使うか無駄にするかで人生は決まる。

この三番目の「時間の効用」について、父は特別熱心に説いた。人間は生まれながらにして、いろいろな格差を背負っている。本人には何の責任もないのに、家が貧しくて学校へも行けない、食べ盛りにろくな物も食えない、逆に金持ちの子でも病弱だとか、数えきれないくらい、それぞれの相違点がある。そんななかで、唯一、共通点といえるのが、時間である。どんな星のもとに生まれようと、時間だけは各人共通に与えられている。おまえには学歴も金もないが、健康な体と時間がある。これを充分に活用することだ、と。子供心になぜかこの説教は、胸の芯までしみとおった。

一九二二年（大正一一年）春、宗一郎は身の回りの物を詰めた柳行李《やなぎごうり》をひとつかつぎ、儀平に連れられて東京へ旅立った。

天竜から浜松まで軽便鉄道で二時間。浜松から東京までは、汽車で七時間かかった。

第3章

十六歳、東京へ

東京に着いた宗一郎は、大都会の活気あふれる空気が一発で気に入った。

なんといっても自動車がたくさん走っている。オートバイも路面電車も走っている。道行く人びとは洋服を着て忙しそうに歩いている。都心にはがっしりとした西洋建築のビルが並び、まるで外国に来たような気持ちがした。大きく深呼吸すると、東京の空気には大好きなエンジンの排ガスの臭いが混じっていた。

一九二二年（大正一一年）春の東京は、第一次世界大戦の軍需景気が終わり、不況の風が吹き荒れ、年のはじめに大隈重信、山形有朋があいついで死去し、明治は遠くなりつつあった。政財界の腐敗がさまざまな政治事件を起こし、政局は不安定で、原敬首相暗殺事件で政権を引き継いだ高橋是清内閣は、国際軍縮時代に対応し、軍部の反対を押し切って緊縮財政政策を打ち出すが、反対勢力から首相の指導力が問われて内閣が分裂し、総辞職に追い込まれていた。後任の総理は、海軍軍人の加藤友三郎であった。政財界の腐敗と軍部の政治的台頭は、天皇をいただく軍事ファシズムの温床となっていく。ロシア革命で巨大なソビエト社会主義共和国連邦が出現し、日本は戦争と植民地主義の時代をひた走っていた。

市井の人びとは、科学万能時代の到来を夢みて、大正モダニズムを謳歌していた。

H・G・ウェルズの空想科学小説に人気が集まり、火星人存在説が流行する。上野で大正平和博覧会が開催され水上飛行機が展示された。この博覧会には文化村と名づけられた和洋折衷のモデルハウスが展示され、販売員のマネキンガールが登場した。アメリカ人産児制限運動家のマーガレット・サンガーが来日し賛否両論がまき起こり、暮れにはアルベルト・アインシュタインが来日して相対性理論がブームになった。ラジオの実験放送がおこなわれ、週刊雑誌の『週刊朝日』と『サンデー毎日』が創刊し、『籠の鳥』や『馬賊の唄』『ピエロの唄』が流行歌だった。東京は大正モダニズムの活気に満ちていた。

この年の日本全国の自動車保有台数は約一万五〇〇〇台で、運転免許証保持者はおよそ二万三〇〇〇人、うち東京在住は九〇〇〇人であった。

自動車修理工場アート商会は、東京帝国大学の町である本郷の湯島六丁目にあった。

弱冠二十九歳の青年社長榊原郁三《さかきばらいくぞう》が、儀平と面談し、宗一郎を正式にあずかることになった。儀平は、郁三にあらためて挨拶をすると安心して天竜へ帰って行った。

この榊原郁三こそ、本田宗一郎の技術者人生に大きな影響を与えた人物であった。郁三のもとで修行した時間がなければ、この男の人生は、まったく別のものになったと言っていい。本田宗一郎は、榊原郁三をいつまでも旦那と呼んで慕い続けた。

榊原郁三は、一八九三年（明治二六年）に信州上田で生まれた。榊原家は代々武士であったが明治維新後の廃藩置県で失業し、父親は手先が器用なところを生かして家具職人になった。郁三もその血をうけつぎ、小学生のときに木製自転車を自作して村人を驚かせている。高等小学校に入る頃から飛行機作りの夢に取り憑かれ、家業の手伝いをしながら模型飛行機の飛行実験に熱中していた。

その情熱をもって十八歳で上京し、伊賀飛行機研究所の住み込み書生となった。伊賀飛行機研究所は、初の国産飛行機開発をめざす旧土佐藩主伊賀家の長男伊賀氏広《うじひろ》男爵が主宰する民間研究所であった。郁三は、庭掃除、行儀見習いからはじめ、人柄を認められると飛行機製作を手伝うことになった。

伊賀氏広は私財を投入して国産飛行機、伊賀式舞鶴号の研究開発に没頭していた。一九一一年（明治四四年）に試験飛行にこぎつけたが、初飛行に失敗する。この飛行失敗が契機となって、これ以上の散財を恐れた伊賀家は家族会議を開き、飛行機研究所の閉鎖を長男に申し渡した。だが、ハイテクノロジーへの夢を忘れられない伊賀氏広は、翌年七月になると、今度は東京日比谷に東京自動車商会を設立して、ハイヤーと自動車修理の商売を始めた。郁三も氏広に従って自動車修理の道に入り、横浜在住のアメリカ人自動車技師に月謝を払い、フォード車の修理技術を習得するなど積極的に自動車技術を学んでいった。

こうして飛行機から自動車へと転身した榊原郁三は、六年間の奉公をつとめあげると、独立して自動車修理工場を開いた。郁三は二十四歳になっていた。

本郷に、鉄骨二階建て、敷地百坪の工場を借りると、アート商会と名づけた。郁三がそのアクロバット飛行を見て驚嘆したパイロットのアート・スミスにちなんでつけた社名であった。アートは英語で芸術のことだが、その意味もふくんでいた。

当時の東京では、城南の赤坂や三田に自動車修理工場が集まっていたが、城北地区の本郷のアート商会は「熟練正確なる技術と低廉なる理想的自動車工場」をモットーにして、着実に商売を広げていった。

自動車はまだ発達途上の乗り物で、エンジン始動はクランク棒をつかった手動で、タイヤは空気の入っていないソリッド・タイヤ、ライトは電気式もあったが故障が多くガスランプが主流だった。冬になると冷却水を凍結させないために毎晩水抜きをしなくてはならない、手間のかかる機械である。だが、世界的なモータリゼーションの波は日本にも押し寄せてきており、一九一三年（大正二年）に宮内省が自動車使用に踏み切り、その翌年に開戦した第一次世界大戦で日本軍は初めて軍用トラックを実戦に投入していた。庶民にとっては自家用自動車は夢のまた夢であったが、上流階級や軍需景気で儲けた金持ちの間で自動車の人気が急上昇していた。明治後期はヨーロッパ車の輸入が多かったが、大正から昭和にかけては、アメリカのフォードとゼネラルモーターズが日本に組み立て工場を設立したことから、フォード、パッカード、キャデラック、リンカーン、シボレーなどアメリカ車に人気が集まっていた。

全国的に道路整備が始まっており、トラックをつかって商売を広げる企業が増加しつつあった。全国各地で公営や民間のバス路線がつぎつぎと開通した。自動車修理業は将来有望の先進的な仕事だった。

榊原郁三は、たたきあげの職人であり、飛行機整備士だったことを誇りとする先進技術に貪欲な青年社長であった。第二次世界大戦の最中に軍部が、英語は敵の言葉だとして、アート商会に改名を強要したときは、断固として看板を守った、強い意志の持ち主でもあった。

趣味は天文学で、暇があれば大型の望遠鏡で夜空を眺めていた。愛車はフランス製のシトロエンのオープンカーで、先進の技術者らしいモダンな趣味をもっていた。

「自動車修理工の制服は作業服だ。この作業服は、どこへ着て行っても、恥ずかしいことはない。たとえ天皇陛下の前でも、作業服を着て行ける」

これが口癖の、誇り高き職人技術者であった。

アート商会の丁稚となった宗一郎は、工場の二階に寄宿し、三度の食事と若干の小遣いは与えられるが、給料はもらえない、奉公人の生活が始まっていた。この工場には常時一〇人ほどの丁稚がいた。

榊原郁三は、新しい丁稚が入ると、ふたつの適性テストをしていた。ひとつは、創意工夫をして物事をやり遂げるセンスがあるかないか。もうひとつは、辛抱強いかどうかをみきわめるテストだ。

最初のテストは、東京の右も左もわからない新入の小僧を、すぐに買物へ出すことである。市電と呼ばれた路面電車の往復運賃を持たせ、銀座あたりのベアリング店やネジ店へ使いに出す。田舎から出てきたばかりの小僧にとって、東京はまるで外国であった。テレビやラジオがなかった時代だからお国言葉そのままで、喋《しゃべ》れば必ず江戸っ子にからかわれる。方言を気にして、電話にでるのが怖くなり、ベルが鳴るだけでオロオロしてしまう純情な小僧ばかりだった。こういう小僧が、日本最大の繁華街である銀座へ行き、無事に買物をして帰ってこられれば、最初のテストは合格である。宗一郎は銀座のネジ店まで買物に出され、無事に市電を乗りこなしてみせた。このとき耳隠しという当時流行のワンレングス・ヘアスタイルをして洋服姿で銀座通りを闊歩《かっぽ》する大都会の女性たちを初めて見て感激している。

第一のテストは難無く合格した宗一郎であったが、難関は辛抱強さを計るためのテスト、つまり子守と掃除であった。

新入りの小僧は、朝六時に起床し、工場の掃除と工具の整理整頓をする。それが終わる頃になると兄弟子たちが起きてくるので、今度は、布団をあげ、部屋の掃除と雑巾がけをおこない、ようやく朝食にありつける。八時の始業時間に間に合わせるように、味噌汁と漬物で飯を素早く食べると、兄弟子たちは作業服に着替えて工場に出るが、宗一郎は郁三の幼い子供をおぶって子守と雑用で一日をすごした。

厳しい儀平に育てられた宗一郎にとって、早起きや掃除などは、それこそ朝飯前だった。子供のお守りも、おぶった子供が背中で粗相《そそう》をしようが、兄弟子たちが「小便臭い」と言ってからかっても、そんなことは第一子長男として八人の弟と妹の面倒をみてきたから苦にはならない。

だが、宗一郎はもがき苦しんだ。目の前に憧れの自動車があるのだ。それを兄弟子たちが意気揚々と修理している。くる日もくる日も子守と掃除だけでは、気が短く、せっかちでじれったがり屋の宗一郎だからこそ、まいった。早く自動車の修理をやってみたくてたまらない。

夜になると丁稚部屋では、バッテリーを使ったゲームが五銭の金をかけておこなわれた。これは全員が手をつなぎ、端のひとりがバッテリーの電極を握るのである。感電のショックに耐えきれず手をはなした者が負けなのだが、必ず新入りの小僧が負けた。兄弟子たちは「長く感電していると死ぬ」と新人を脅しておいて、このゲームに誘うからである。最初、宗一郎は負け続けたが、死なないことがわかると、どんなに痺れても絶対に手を離さなかった。

大人の真似をしてみたくて仕方がない年頃の小僧たちは、戸棚のなかに隠れて煙草を吸った。宗一郎も誘われて吸ってみたが、苦しくなってひどい頭痛がした。もう二度と煙草なんか吸いたくないと思った。このときから生涯、煙草をたしなむことはなかった。

毎日の生活での大問題は、腹が減ることだった。少しでも多く飯を盛ってもらおうと、炊事係の女性奉公人よりも早起きして雑巾がけをやり、ご機嫌をうかがった。

こんな日々をすごしていた宗一郎は、なんて情けない生活なんだと思った。いつまでたっても自動車修理を習うことができない。短気をおこして、柳行李に荷物をまとめて何度か逃げ出そうとしたが、ここが辛抱のしどころだと歯をくいしばって堪えた。儀平のもとで奉公をしていた小僧たちも、最初は子守と掃除をしていた。ここで辛抱すれば、必ず自動車修理の技術を身につけられる。そんなことはわかっていたが、辛かった。ほとほと嫌気がさすと、故郷の両親の顔を思い出して堪えた。故郷の両親は、親方の榊原郁三に、天竜川でとった鮎の塩漬けや山で撃った雉《きじ》を剥製にして送るなど、気性の激しい長男が無事に奉公を終えるようにバックアップをおこたらなかった。宗一郎の妹のコトは「その頃、父はいつも兄のことばかり考えているようだった」と言っている。

やがて、宗一郎はじれったさを吹っ切った。自伝『スピードに生きる』には、その時の心境をこう書いている。

物事は考えようだ。毎日こうして自動車を眺めたり、その機械の組み立てを見、機械の構造をのぞくことができるだけでも、幸せではないか。

割り切った宗一郎は、工場で修理に精を出す兄弟子たちの作業を食い入るように見つめるようになった。暇があれば自動車の技術解説書や雑誌をむさぼるように読む。早く自動車修理の仕事がしたいと、紙に書いて壁に貼ったりもした。奉公とは、親方におしえを請うことではなく、自分から積極的に技術を学ぶことであった。

こうしてアート商会を観察してみると、この工場はまさに宗一郎にとって理想郷であった。

社長の郁三は職人肌の生きのいい男だったから、みるからにキビキビと働き、創意工夫に喜びを感じ、先進技術の吸収にも貪欲《どんよく》だった。工場には欧米各国の自動車が修理に入ってきていた。また、アート商会には、飛行機やモーターボートのマニアたちも出入りしていたし、国産自動車の開発を志していた太田祐《おおたすけ》雄《お》もよく顔を出していた。

太田祐雄は、郁三が伊賀飛行機研究所で働いていたときの兄弟子であった。昭和の時代に入ると、太田祐雄が設計製造したレーシングスポーツカー・オオタ号は欧米製レーシングスポーツカーを相手にレースをたたかい、全日本チャンピオンとなるのだが、当時はまだ自動車の開発製作に手をつけたばかりで、郁三は支援者のひとりだった。太田が試作したプロトタイプ・レーシングスポーツカーのOS号は、ときおりアート商会に持ち込まれ計測や整備を受けていた。

それればかりか、アート商会はオートバイのレーシングチーム活動をしていた。工場を手伝っていた、郁三の三歳下の弟である榊原真一を中心にして工場スタッフで組織されたチームは、最新流行のオートバイ・レースに熱狂していた。一九一五年（大正四年）から日本で本格的なオートバイ・レースが始まり、全国各地で盛んに開催されていたのである。

ライダーの榊原真一は、酒も煙草も好まない真面目な青年で、後に宗一郎と組んで何度もカーレースに出場することになる。

宗一郎が奉公に入った一九二二年の五月にも、東京湾の埋め立て地の洲崎で、東京モーターサイクル協会が主催するビッグイベント「洲崎大競走会」が五〇人の選手を集めて開催された。

参加したオートバイは、ほとんどが欧米製だったが、先進技術者を自負する郁三は、欧米製の部品を寄せ集めて組み立てたオリジナル・マシンのアート号一六馬力を設計製作してレースにエントリーした。結果は残念ながら転倒リタイアだったが、マシンの設計、製作、そしてレースと、アート商会チームは奮闘していた。

新米の宗一郎は、レーシングチームに入れてもらえなかったが、真一や兄弟子にレースの話を聞き、興奮のおすそ分けを十二分に味わうことができた。

アート商会には宗一郎が望んだものがすべてあったと言っていい。だからこそ奉公生活に堪えることができた。さすがにアート・スミスの名前を名乗る工場だけのことはあると思った。宗一郎の願いは、早くこのアート商会の正式な一員となることだった。ただそれだけであった。


奉公に入って一〇か月、最初の冬がやってきていた。

その日は、朝から雪が降った。ひどく寒い日で、雪は三〇センチほど積もった。

朝、いつものように掃除を始めている宗一郎に、榊原郁三が声をかけた。

「おい、小僧。今日は滅法忙しいや。お前も手伝え。そこの作業服を着てこい」

宗一郎は飛び上がりたいほどの衝動にかられた。

とうとう、その日が、やってきたのである。ついに自動車修理の現場に出られることになった。

素早く作業服を着ると、その油に汚れた服が、晴れ着のように感じられた。近くのガラス戸に自分の晴れ姿を移して、つい見惚れてしまった。

初めて与えられた仕事は、アンダーカバーの修理だった。その自動車は、雪道を走ってきたばかりで車体の下から滴をポタポタ垂らしていた。そんなことは宗一郎にとって憂鬱《ゆううつ》なことでも何でもなかった。ゴザをひくと、躊躇《ちゅうちょ》なく自動車の下にもぐり込んで点検する。アンダーカバーを吊っていたワイヤーが切れていた。さっそく修理にかかる。寒さと水で手がかじかみ、顔には冷たい滴が垂れたが、苦にもならなかった。歪《ゆが》んだアンダーカバーをはずし、ハンマーで叩いてもとの形にもどす。それをしっかりと取り付け、自動車の下まわりを丁寧に清掃した。

修理完了の報告をすると、郁三がやってきて点検をした。

「おお、小僧。なかなかやるな」

完璧に修理されたアンダーカバーを見て、郁三は宗一郎の仕事ぶりを評価した。父親の儀平がやってきたように、ただ修理をするだけではなく、きれいに仕上げてみせたのである。

その日から、郁三に認められ、自動車修理の仕事が与えられるようになった。

宗一郎は、朝早くから夜遅くまで無我夢中でだれよりも働き、貪欲に技術と知識を吸収していった。近くの上野や浅草に遊びに行くよりも、自動車を修理しているほうが楽しいので、どんな仕事でも徹底的にやった。若く精気みなぎる小僧は、休むことをまったく知らなかった。

ちょっとオッチョコチョイなところはあったが、日進月歩で修理技術の腕をあげるこの弟子を、郁三は宗一と呼んで可愛がるようになった。宗一郎は、手先が器用なうえに、すこぶる耳がよかった。自動車修理の仕事をするうえで、耳は重要だった。分解修理する前に、どこが故障しているのかを探るには、機械音を聞き分けなければならない。宗一郎は、勘もよかったので、機械音を聞いただけで故障箇所を推測するのがうまかった。それは優秀な修理工になるためのひとつの才能だった。

宗一郎が、榊原郁三にどれほど認められ可愛いがられていたのかは、奉公二年目の正月に帰省を許され、社用車のオートバイを貸し与えられていることからもわかる。

颯爽と小型オートバイに跨がった宗一郎は、寒風をついて、国道一号線東海道を西へ走った。多摩川を渡り、野を走り、箱根の山を越え、海を見て、故郷の天竜に帰った。当時の東海道は舗装されていない泥と砂利の道で、もうもうと砂煙があがり、油断すると泥や砂利にタイヤをとられた。箱根の登りではエンジンのオーバーヒートに泣いたが、生まれて初めてのオートバイ・ツーリングを心ゆくまで堪能した。体ぜんたいが風につつまれ、自然と一体になり、たったひとりで旅をしている実感が高まる。それは爽快な経験だった。この帰省ツーリングをしてから、宗一郎はオートバイがすっかり好きになった。

榊原真一を中心にしたオートバイ・レーシングチームは、あらたに八馬力のアート号を製作してレース活動を続けていたが、目立った成績をあげてはいなかった。郁三も負けん気が強い男だったから競争が大好きで、レース活動はアート商会の技術力を広くアピールするチャンスになると考えていたが、いかんせんオートバイでは、いまいち気持ちが盛り上がらない。アート商会は自動車工場であり、本気の勝負をするならカーレースに参加したかった。

日本で本格的なカーレースが開催されたのは、奇しくも宗一郎がアート商会へ奉公に入った一九二二年（大正一一年）の秋である。

この年、アメリカに渡ってレース活動をしていた藤本軍次が帰国し、裕福なカーマニアを集めて日本自動車競走倶楽部を結成して、レース開催の下地を固めていた。欧米先進国のようにレースを開催することはカーマニアたちの夢であった。

これより八年前、一九一四年（大正三年）の一〇月に、カリフォルニア在住の小川喜平が主宰するレーシングチームが来日して、東京の目黒競馬場でカーレースを開催したことがあったが、しかし時期尚早で興行的に失敗している。このとき小川が持ち込んだケース、スタッツ、マーサーといったアメリカ製のレーシングスポーツカーが日本のマニアの手に渡っていた。マニアたちは、これらの高性能マシンを公道で乗りまわしていたので、レースを主催すれば出場するドライバーはいたのである。また当時、日本の極東書院が編集発行していた自動車専門誌の月刊『モーター』は、ヨーロッパのグランプリやアメリカのインディアナポリス五〇〇マイルレースを盛んに報道していた。何事も欧米に追いつけ、追い越せの時代である。カーレースを開催する土壌は固まっていた。

そして一九二二年九月、藤本軍次はカーレース実現のために報知新聞社とタイアップし「東京―下関間急行列車と自動車の競争」をくわだてる。「交通宣伝　報知新聞社」とボディにスポンサーネームを大きく書いたケースのロードスターを駆る藤本は、下関から東京まで一三四九キロあまりを四四時間三七分で走破した。道路状況がわるく急行列車より一二時間も遅れたが、普通列車よりは一時間以上も速かった。

このイベントを成功させた報知新聞社と藤本は、一一月一二日に東京の洲崎第一号埋立地で第一回自動車大競走を開催した。この日本最初の本格的なカーレースには、六チームがエントリーしてきた。ところがレース当日になると警察が介入し、複数のマシンによるレースを禁止してしまった。オーガナイザーの報知新聞社は急遽、二台ずつ出走するスタイルのタイムトライアル競技に切り換えて対応した。優勝はスチュードベーカーに乗る、有名な自動車技師の内山駒之助だった。平均時速六三・六六キロを記録した。

その後、日本自動車競走倶楽部は報知新聞社や帝国自動車保護協会と協力し、その年の暮れに東京郊外の立川飛行場で第二回大会を開催した。翌年一九二三年四月には再び洲崎で、七月には大阪の城東練兵場で、次々とレースを開催していった。

榊原郁三は、友人に誘われて日本自動車競走倶楽部のメンバーになっていたが、はやる心をおさえてじっとチャンスをうかがっていた。やがてアート商会でレーシングカーを製造する計画をたてた。だが、仕事とレース活動を一緒にすることはできなかった。発展途上にあったアート商会は業績を向上させなければならないときであり、本業をおろそかにするわけにはいかなかった。

そこで、アート商会のクラブ活動としてレース活動をしようと考えた。

郁三は一〇人ほどいた丁稚を集めて、この計画を説明した。

「仕事が終わった後、レーシングカーを作るのを手伝いたい者はいるか」

何人かが名乗り出た。そのなかに、十七歳になっていた本田宗一郎がいた。カーレースというものをよく知らなかったが、自分たちでマシンを製作し、競争をやると聞けば、心がときめいた。

一九二三年（大正一二年）、春のことであった。

第4章

最初の勝利

アート商会は、レーシングカーの製作に着手した。

製作の作業は、本業の自動車修理が終わった夜の九、一〇時から、神田昌平橋の鉄道ガード下にあらたに設けたアート商会分工場で進められた。

榊原郁三が製作の先頭にたち、有志の丁稚たちが実際の作業を担当した。仕事が終わると宗一郎たちは、昼間の疲れを吹き飛ばすような勢いでオートバイに跨がり神田に駆けつけて、夢中になってレーシングカーを作った。

レーシングカーを作ることは、創意工夫を必要とする。未知の技術に挑戦することだ。宗一郎にとって、これは文句なく面白いことであり、凄いマシンを作り、レースに勝ち、日本一になるのだと思えば、心がうきうきした。

しかし、どんなに作業に夢中になっても、腹が減ることだけは大敵だった。日常作業を終え、夜中に銭湯へ行って湯船に入ると体が浮きそうだと思った。水圧で腹と背骨がくっついてしまうような気がした。そこで銭湯に行く道すがら、「本郷バー」と呼ばれた大衆食堂でテイクアウトの一枚一〇銭のトンカツか、一杯一〇銭のカレーライスを食べるのが楽しみだった。それでも深夜になると空腹で寝られないことがあり、夜鳴ソバの屋台が近くを通ると、二階の丁稚部屋から電柱をつたわって抜け出し、夜鳴ソバの屋台を追っかけて走った。

アート商会のレーシングカー製作のコンセプトは、まさにモンスターマシン構想であった。軽量のシャシーに大馬力エンジンを搭載する計画である。エンジンの馬力がありさえすれば、速く走れるはずだとする、榊原郁三の単純明快にして豪快なアイディアだった。

東京で開催された二、三のレースを観戦していた郁三は、参加マシンをじっくりと観察していた。レース・マシンの多くはアメリカ製の市販車を改造したもので、ハドソンやマーサーといった市販レーシング・スポーツカーも含まれていたが、いずれも最高馬力は自称五〇馬力から七〇馬力ほどだった。そこで郁三は、エンジン馬力で圧倒すれば勝つことができると考えた。

さっそく大パワーのエンジンを物色すると、陸軍の砲兵工廠《こうしょう》で直列六気筒一〇〇馬力のエンジンを売りに出していた。このエンジンはダイムラー・ベンツ社のエンジンをそっくりコピーした日本製であった。シャシーは、アメリカのセダンであるビュイックのものを流用することにした。

設計図はなくレイアウト図だけで、シャシーにエンジンを搭載し、駆動系をまとめるためには、現物をつかって合わせ、すべて手作業でおこなった。そのために必要なパーツは、自作する以外に方法がなかった。こうなると鍛冶職人の手ほどきをうけている宗一郎は重宝な存在となる。クラッチ・ハウジングやエンジン・マウントなどの特殊なパーツは宗一郎がすべて手作りした。ボディは薄い鉄板を板金加工してレーシングカーらしいコンパクトなものを作って、マシンにかぶせた。

夏が終わる頃になると、マシンはほぼ完成していた。

郁三はライバルを蹴散らして爆走するモンスターマシンの勝利を夢みて胸が高鳴った。

だが、このアート商会レーシングチームの活動は、その年の九月に突然、中断されてしまう。理由は、資金不足でもなければ、技術的な問題でもなかった。

首都圏を襲った天変地異、関東大震災である。

一九二三年（大正一二年）九月一日、午前一一時五八分。小田原付近を震源地としたマグニチュード七・九の地震が発生した。震源地付近では震度七、東京、横浜は震度六の大地震となった。関東全域に被害がおよび、死者約一〇万五〇〇〇人以上、行方不明四万人以上、家屋の倒壊二五万件。火災が発生し約四五万軒の家が焼けた。東京は首都の機能を失った。

アート商会も、最初の激しい縦揺れから大騒動が始まっていた。棚からパーツや工具が落ちる。ガラスが割れて飛び散る。

すばしっこい宗一郎は、地震発生と同時にドライバーを握って電話機に飛びつき、取り外しにかかった。日頃、郁三から電話は高価だと聞いていたからである。高いのは権利金であり、電話機ではなかった。

揺れがおさまると、あちこちで火災が発生した。昼時だったので竈《かまど》や七輪に火をおこしている家が多かったからだ。本郷一帯も連鎖的な火災に襲われた。

「みんな！　クルマを運び出せ！」

郁三が叫ぶ。宗一郎たちは工場に入っていたお客の自動車に飛び乗り、神田方面の空き地へ避難させた。

驚くべきことに、本田宗一郎は「この時、生まれて初めて自動車を運転した」と言っている。アート商会では、運転助手を二、三年やらなければハンドルを持たせなかったからである。しかし、オートバイには乗っていたし、郁三の目を盗んでは自動車を動かしたりしていたので、運転することはできた。

「私は内心、しめた、このチャンスだ、と思い、すぐにダッチブラザースというアメリカ製のクルマに飛び乗り、ごったがえしている群衆の合間をぬって、フルスピードで神田の方へ逃げてね。クルマに乗れるという嬉しさのあまり、地震なんかぜんぜん怖くなかったな。とにかく自動車をいじれたということだけでも、歴史的感激だったね。うれしかったですよ」

本田宗一郎は、その時の感激をこう語っているが、天変地異の混乱のなかですこぶる興奮していた。

やがて火の手はアート商会の工場に襲いかかり、郁三は家族、従業員全員を連れて、地割れした道を猛火に追われながら逃げ、上野公園に一時避難した。本郷の工場は全焼し、アート商会の家族と従業員は、大きな損害をまぬがれた神田の分工場で雨露をしのぐことになった。

東京で発生した大火災は三日間燃え続けた。交通機関が麻痺し、ライフラインが破壊され、首都は大混乱に陥った。在日朝鮮人が暴動を起こすとのまことに悪質な流言飛語が流され、政府公安当局は軍隊と警察をつかって社会運動家たちを令状なしに違法拘束し、子供をふくむ一三人を虐殺した。また、在郷軍人を中心とする民間人自警団とともに朝鮮人迫害をおこない、関東一円で六千人以上の在日朝鮮人が、朝鮮人という理由だけで惨殺される恐るべき無法社会となった。日本政府は関東各県に戒厳令をしいた。

天下大乱のさなか、宗一郎は生き生きとして大活躍を演じている。

郁三は従業員全員に、実家宛に無事を知らせる手紙を書かせた。大惨事のショックで故郷に帰りたいと申し出た者には帰省を許した。その結果、アート商会に残ったのは数人の小僧だけだった。

宗一郎は帰りたいと言うどころか、逆にばりばりと働いた。郁三の指示にしたがって、現金を懐にいれてサイドカーに跨がり、東京中を走りまわって米を調達してくる。神田分工場近くの焼けた缶詰工場の瓦《が》礫《れき》をほじくり返して缶詰を集める。交通機関が寸断されて困っている人がいればサイドカーで運び、小遣いさえ稼いでしまった。厳しい状況であればあるほど、宗一郎は逞《たくま》しく生き抜く男だった。

後に宗一郎はこう言っている。

「私は毎日のように自動車かあるいはオートバイが運転できるのが面白くて、だから私にとって震災様々でした」

榊原郁三もまた逞しい男だった。すぐさま資金調達に走り、工作機械を買い集め、アート商会の営業を分工場で再開した。当時、東京には約五〇〇〇台の自動車が登録されていたが、そのうち九〇〇台あまりが焼けた。郁三は、焼けて使いものにならなくなった自動車を安く引き取ってきては、宗一郎たちと手早く新車同様に修理再生して、高く売りさばいた。輸入車販売業ヤナセ自動車の芝浦倉庫ではアメリカ車のビュイックが大量に焼け、そのほとんどをアート商会が買い取り、再生修理をほどこしてはブローカーに卸した。商品の品質を重んじる郁三は、再生修理した自動車を一台ずつ箱根の山まで走らせて、確実に修復されているかどうかをテストしてから出荷した。

宗一郎は、同僚とふたりで、焼けた自動車の再生修理に熱中した。いちばん品不足になったのは木製スポーク・ホイールで、これは車大工に頼んでも組み立てることはできなかった。ところが、宗一郎は木製ホイールを見事に組み上げ、郁三は若い弟子の才能をあらためて認めることになった。

こうしてアート商会は震災後、数か月で本郷の工場を再建してしまったのである。

翌一九二四年（大正一三年）の新年を迎える頃になると、東京は震災のショックから立ち直りつつあった。

日本自動車競走倶楽部は、報知新聞社の後援で、東京で一年ぶりのカーレースを開催することにした。期日は四月二〇日の日曜日で、コースは東京郊外の立川陸軍飛行場を借りて特設する一周一マイル（約一・六キロ）、ダート・トラック（土路面）のオーバル（楕円形）コースである。当時の日本のレースは、二輪四輪ともにアメリカのレースの影響が強く、ダート・トラックのオーバル・コースばかりで開催された。これはアメリカのレースが、競馬場をかりて開催されていたことを起源とする。ヨーロッパのレースは、公道レースを起源とし、おもにくねくねと曲がりくねったロード・コースをつかう。ちなみに、アメリカで競馬場をつかったレースが多く開催されてきた理由は、観客を管理し入場料をとれるからである。

レース開催の知らせを受けた榊原郁三は、いよいよアート商会レーシングチームの活動を再開することにした。

幸いなことに製作中のレーシングカーは、神田の分工場にあったので震災で失うことはなかった。再び、宗一郎たちは、深夜になるとマシンの製作に精を出した。

こうしてアート商会のレーシングカーは完成し、公道でのテスト走行に成功した。しかし最初のエンジン始動には手間どった。手動のクランクではかからず、坂の下にたむろしていて荷車の後押しを職業とする立ちん坊と呼ばれた力自慢の男たちを雇って押しがけしてみたが、一キロほど押し続けてもエンジンはかからなかった。仕方がないので、神田明神の坂の上まで押して上げ、坂を下る勢いでエンジンを始動させた。

車名は、ダイムラー式のエンジンを搭載したアート商会の自主製作マシンということで、アート・ダイムラーと名づけられ、ボンネットのサイドにＡＲＴ．ＤＡＩＭＬＥＲと書き込まれた。

いよいよ第四回自動車大競走会はレース当日を迎えた。デビューレースに打って出るアート商会レーシングチームは、早朝に本郷を出発し、アート・ダイムラーを先頭にして数台の自動車を連ねて立川陸軍飛行場へ向かった。

チームの布陣は、監督兼マシン・デザイナーの榊原郁三、ドライバーはオートバイ・レースの経験がある榊原真一、ライディング・メカニック（同乗メカニック）には本田宗一郎が抜擢された。

機関士とも呼ばれたライディング・メカニックの仕事は、レース中にガソリン・タンクに加圧する手動ポンプを押し続けること、点火時期の調整、レース展開をドライバーに報告することなどである。もし、レース中にトラブルが発生したら、ドライバーとふたりで修理する。当時のレース規則は、スタート前のマシンの整備については一チームにつき五人のメカニックを登録できたが、スタートした後はドライバーとライディング・メカニック以外がマシン整備することを禁じていた。そこでアート・ダイムラーの細かな部分まで知りつくしていた宗一郎が選ばれたのである。

レースには二〇人のドライバーがエントリーしていた。東京で開催された過去三回のレースの参加ドライバー数を大きく上回り、本格的なレース大会になりそうだった。

各チームのマシンは実にさまざまで、第一回の優勝者である内山駒之助は、アメリカ製の珍しいチャルマーズを持ち込んでいた。このマシンは一九一〇年代のアメリカのレースで活躍していた市販レーシングスポーツカーだ。藤本軍次はハドソンの市販スポーツカーを用意していた。有名なレース・マニアだった関根宗次はプリミエのスポーツカーを改造してエントリーしていた。他の参加マシンもこの三台同様、マーサーやスタッツ、ロジャー、ロコモビルなどアメリカ製のスポーツカーやセダンを改造したものばかりであった。

手作りのレーシングカーはアート・ダイムラー一台だけで、公称一〇〇馬力は、やはり参加車中最高のエンジン・パワーを誇り、郁三は鼻高だかだった。しかし、小型軽量のレーシングスポーツカーのなかにまじると、アート・ダイムラーはやたらに大きく、異様に目立った。

新規に出場するニューマシンのアート・ダイムラーには20番のカーナンバーが与えられた。以後、アート商会のレースカーは好んでカーナンバー20をつけることになる。

レース会場に到着した宗一郎たちは忙しかった。コースを下見し、サスペンションやタイヤ空気圧の調整、エンジンのキャブレター・セッティングなど必要な作業はいくらでもあり、すべてに早さが要求された。忙しく手を動かしながらも、宗一郎はデビュー・レースの興奮をおさえきれなかった。心臓はドキドキするし、気持ちがセカセカした。

花見をかねた観客は、入場無料とあって次々と飛行場へ押しかけ、新宿駅では臨時列車が増発されていた。立川陸軍飛行場は満員の観客で埋まった。

レースは正午すぎから始まった。四ヒート制で、一〇マイル、一五マイル、二〇マイルの三レースがいわば予選ヒートで、決勝というべき五〇マイル・レースが最後にくる。各ヒートでは、出走、完走、一位にそれぞれ規定の得点が与えられ、合計得点の多いドライバーが優勝というルールである。

アート・ダイムラーは、まず一五マイル（約二四キロ）レースに出場した。優勝候補のハドソンやプリミエなど六台と一列になってスタート・ラインに並んだ。

真っ白なオーバーオールに布製のパイロット頭巾《ずきん》、二眼のゴーグルと、真一も宗一郎もこの日のために用意したレーシングドライバーの真新しい正装に身を固めていた。

右側の助手席についた宗一郎は、刺激的な興奮を味わっていた。耳をつんざく爆発的な排気音を吐き出す六台のレーシングマシンは勇しい。空は青く、四月の風は気持ちがよかった。観客席を見渡せば、鈴なりの観客が、スタートの一瞬を待ちかまえている。興奮が高まってくると武者ぶるいがして、体中に弱い電気が走るような気がした。やがて興奮は、快感に変わり、そして強烈に集中力が高まった。

スタートの一瞬がせまった。いっそうエンジンを吹かした六台のレーシングカーの排気音が雄叫びのように高まると、その大きな音のかたまりのなかにいた宗一郎は、アート・ダイムラーの排気音を聞きわけることができなくなった。車体が振動しているので、エンジンがストップしていないことがわかった。

スタート合図のフラッグがふられる。真一は一気にアクセルを踏み、加速した。爆音と砂煙を残して六台のマシンが、土を蹴って直線加速を続ける。

だが、アート・ダイムラーが快調だったのは第一コーナーまでだった。

重く大きなアート・ダイムラーは、車両重量がわざわいして、ブレーキング競争で負け、コーナーでは不安定になり、立ち上がりの加速がにぶい。その大パワーを生かすことなく、じりじりとトップグループから引き離されていった。

真一は必死になってハンドルを握り、アクセルペダルを踏んだ。宗一郎も激しい揺れに耐えながら、ポンプを押し、耳をそばだててエンジンの音を聞き点火時期を調整し、車体の軋む音をチェックしていた。

泥のコース路面はコンディションがわるく轍《わだち》が深く掘れた。大馬力、大トルクのアート・ダイムラーはトラクターのようにしか走らなかった。第一ヒートを終えると、大馬力のエンジンに駆動系が負けて、トランスミッションのギアが欠けてしまった。

それでもアート・ダイムラーは三位でフィニッシュした。しかし、トップグループに絶望的なタイム差をつけられた。トップのハドソンは一五マイルを一七分一八秒で走破し、二位のプリミエが一七分三六秒で、アート・ダイムラーは一八分二四秒である。まったく勝負にならないような大差であった。重くて大きなレーシングカーは、大馬力のエンジンを搭載していても競争には不利だったのだ。

最初のレースが終わると、戦いの高揚した気分を味わうヒマなどなかった。休む間もなく宗一郎は作業服に着替えて、マシンの修理にとりかかる。

いたるところにトラブルを発生させたアート・ダイムラーを、決勝ヒートのスタートラインに並ばせるためには、一秒たりとも無駄な時間はなかった。

しかし残念ながら、満身創痍のアート・ダイムラーは、最終ヒートの五〇マイル・レースを満足に走ることができず、デビュー・レースを惨敗で終えた。

夕方、レースの表彰式がコース上でおこなわれ、プリミエに乗った関根宗次が最高得点を獲得して、優勝旗を授与された。最後に参加者観客全員で万歳三唱をしてレース大会は終わった。

榊原郁三も真一も、そして宗一郎も、悔しさと情けなさで言葉もなかった。あきらかにアート・ダイムラーの性能は劣っていたのである。「熟練正確なる技術」をモットーとするアート商会がこんな負け方をしてはならなかった。先進技術者である榊原郁三のプライドが敗北を許せなかった。

立川のレースが終わって数日すると、榊原郁三は、心機一転して新しいレーシングカー製作の計画を立てた。

アート商会がレース活動をするのは、自らの技術を広くアピールすることであり、ひいては製造業にステップアップする技術力を身につけるためである。他のチームのようにアメリカ製の市販レーシングスポーツカーを改造することは考えもしなかった。アート商会の独自の技術で製作したレーシングカーでなければ、レースをやる意味がなかった。

ニューマシンの開発テーマは、レースで圧倒的に勝ちうること、それだけに絞り込まれた。そのために郁三が、あらたに考えだした計画は、大馬力エンジン搭載の軽量レーシングカーを開発することだった。アート・ダイムラーでの失敗をふまえて、マシンの軽量化を重要課題とした。

郁三は、元飛行機技師らしい斬新なアイデアを持っていた。航空機用エンジンをレーシングカーに搭載できないかと考えていたのである。航空機用エンジンは、低回転で粘りのある高トルクだから、泥だらけのオーバルコースを走るのに適しているのではないか。しかも自動車用エンジンよりは、信頼耐久性が高く、軽量なはずだ。

さっそく友人の伊藤音次郎に相談を持ちかけた。伊藤は、黎明期の日本飛行機界で数々の武勇伝を残した名物パイロット兼技術者で、千葉県津田沼で伊藤飛行機研究所を主宰していた。

伊藤と発動機主任技師の矢野周一は、郁三からレースの状況を聞くと、練習機に搭載していたカーチス・エアロプレーン&モーター社製のOX5エンジンを一台譲ることにした。アメリカの飛行機メーカーであるカーチス社の機体やエンジンは数多く輸入されていたので、伊藤の研究所にも何台かのエンジンがストックしてあった。これらのエンジンは日本の軍隊の放出品であったといわれる。

郁三が入手したカーチスOX5エンジンは後期型で、エンジン番号M147の水冷V型八気筒、排気量は八二八二・八六ccのロング・ストロークのエンジンである。最高馬力は九〇馬力／一四〇〇回転という低回転の高トルク型で、エンジンの重量は三〇〇キロほどであった。伊藤から譲り受けた値段は五百円で、それは新人サラリーマンの給料一〇か月分に相当した。

理想的なエンジンを手に入れた郁三は、シャシー選びに入った。日本にある欧米の中古車のなかから探すので、ベストなものを望むことはむずかしかったが、英国モーリス社の2《ツー》シーター・ロードスターのシャシーが選ばれた。

シャシーは、余分な部品をすべてとりのぞき、細かな部分まで丸い穴をあけて肉抜きするなど、徹底的に軽量化された。エンジンは、あらたに梯子型のサブ・フレームを組んで搭載した。

航空機用エンジンをレーシングカーに搭載するのはひと苦労だった。エンジン下部にあったキャブレターをVバンクの間に移動させ、乾式多板クラッチを自作しなければならなかった。ミッションは、頑丈なトラック用を選んだ。Hパターンで、前進三段、後進一段の三速である。

ボディは、おもに薄い鉄板で作られたが、飛行機の軽量化技術とデザインが採り入れられた。テール部分は、細い檜《ひのき》で骨組みを作り布を貼った。テールのデザインは、いかにもスピードが出そうなとんがったスタイルになった。

マシンが仕上がると、今度もエンジン名をつけてアート・カーチスと名づけられた。

すぐさま、東京郊外の国道や洲崎の埋立地で、入念なテスト走行をおこなった。

「ところが、いざ走らせてみると、プラグがかぶってまともにまわらない。今では笑い話だが、プラグのナンバーをかえるというような知識もないから、オイルがかぶらないようにクランクケースを直したり、苦心惨憺して、やっとものにした。洲崎の飛行場のテストで時速一〇〇キロをマークしたのだから、当時としては相当な性能だったといえる」

本田宗一郎はアート・カーチス開発の苦労話をこう語っている。レーシングエンジンに関する初歩的な知識もないままに、何から何までトライ&エラーで開発していたことがわかる。

走行テストでは、ラジエーターの容量不足でオーバーヒートを起こすことがわかり、コクピットの左右に縦長のサブ・ラジエーターが追加された。このサブ・ラジエーターが、アート・カーチスの外観上の特徴になった。

デビュー・レースは、立川の大会から七か月後、一一月二二、二三日に神奈川県鶴見の埋立地特設オーバル・コースで開催される第五回自動車競走大会である。

このレースに、エントリーしてきたドライバーは前回と同じ二〇人で、顔ぶれもほとんど変わらなかったが、危険を回避するために、レース・スケジュールが変更された。土曜日の第一日目は各ドライバーの力量にあわせてA、B、Cの三クラスに分けて予選レースとしておこなうという変更だ。

戦闘力のあるマシンを手にしたアート商会レーシングチームは鶴見へ遠征し、真一と宗一郎はA級として参加することになった。

第一日目は予選日で、A級は一〇マイル、B、C級は五マイルのレースを数ヒートずつおこない、最後に一〇マイル・レースでしめくくる予定だった。だが、前日まで降り続いていた雨のために、水はけの悪い埋立地のコース・コンディションが最悪になり、最初のヒートから、サスペンションが折れてタイヤが飛ぶなどのマシン・トラブルが続出した。マシンがコースを疾走すると、深い轍が掘れてしまい、コース路面が波状になって、サスペンションを破壊してしまうのだ。

第三ヒートのA級一〇マイル・レースにアート・カーチスは出場したが、他のマシンがトラブルで全車リタイアしてしまい、たった一台で走り切り、フィニッシュした。平均速度、時速七一・四九キロを記録してのヒート優勝だったが、アート・カーチスの戦闘力を試したことにはならなかった。

あまりにもマシン・トラブルが多く第四ヒートから第六ヒートまでのレースが成立しなくなり、オーガナイザーは第四ヒートを三クラス混合レースとして、なんとかレースを続行した。

再び、アート・カーチスは、レースに出走したが、ライバルが次々とリタイアしていったために、単独トップ走行を続け優勝したものの、またもやレースらしいレースにならなかった。アメリカ製のレーシングカーやスポーツカーは、整備されたサーキットを走るために設計されたもので、この荒地のような泥だらけのコースに耐えられなかったのである。

最終ヒートとなった一〇マイルは、スタートからアート・カーチスと川越豊のガードナーが激しく抜きつ抜かれつのトップ争いを演じたが、二周目になると今度はアート・カーチスがマシン・トラブルでピットインし、大幅に遅れをとった。川越のガードナーが優勝となったが、結局、第一日目は、最悪のコースコンディションで、どのヒートも満足したレースにならないままに終了した。

翌二三日の日曜日は、朝から快晴だった。二日続きの晴天でコースが乾き始め、格段に路面コンディションが良くなっていた。神奈川県鶴見で開催される初のカーレースとあって、朝からたくさんの観客が集まってきた。

第一ヒートの五マイル・レースは、素晴らしい勝負になった。真一と宗一郎のアート・カーチス、川越のガードナー、森田のピアース・アロウの三台がスタートから大接戦を演じてみせた。スタート・ダッシュはピアース・アロウが速かったが、すぐさまアート・カーチスとガードナーが追いつき、三台でトップ争いを始めた。

この時代の自動車競争競技規定は、イン・サイドからの追い抜きと、走行ラインを変化させて追い抜きを阻止しようとするブロック走法を厳しく禁止していたため、アート・カーチスとガードナーは正々堂々と勝負を展開し、何度も順位を入れ換えるレースをみせた。抜きつ抜かれつのレース展開に観客は沸き、二台のレーシングマシンに注目した。

結局、勝負はガードナーが競り勝った。アート・カーチスは六秒遅れの二位である。路面状態が荒れる前だったのでガードナーの平均速度は時速七五・一二キロに跳ね上がった。

レースが終わると、榊原郁三は、真一、宗一郎などチームスタッフを集めて無念な心境を告げ、アート・カーチスの各部を徹底的に点検し整備することを命じた。もう一度、ガードナーと渡り合うためである。野球も大好きだった郁三のスーポツマン精神は、「守ることも大事だが、攻撃しなければ勝てない」であった。マシンをベスト・コンディションにして、再び攻めのレースをやる決意である。

それが功をそうしたか、第六ヒートで、アート・カーチスは、優勝候補であるハドソンの藤本軍次を三秒差で振り切り、ヒート優勝を遂げた。

そして、いよいよ決勝ヒートの二〇マイル・レースのスタートとなった。

ヒート優勝で調子づいたアート・カーチスは、スタートからトップに躍り出ると、レースを敢然とリードした。

埋立地の土のコースは、乾いてきたとはいえ、レースのたびに刻々とコンディションを悪化させた。しかし、真一は慎重かつ大胆にマシンを操った。直線ではパワーを生かして一気に加速する。コーナーでは、フロントタイヤが踊り、ズルズルとリアタイヤが流れ、轍でタイヤがハネ飛ぶのを必死になっておさえた。追いすがる強敵ガードナーやハドソンは次々とマシン・トラブルを起こして戦列を離れていった。

こうして二〇マイルを三八分三四秒四、平均時速五〇・六キロで走り抜いたアート・カーチスが、トップでフィニッシュしたのだった。各ヒートで配点されるポイントを合計すると、文句なくアート・カーチスの総合優勝である。アート商会は、見事に第五回自動車競走大会を制覇した。

ピットでマシンを降りた真一と宗一郎、そして郁三は、抱き合って劇的なアート・カーチスのデビュー・ウインを喜んだ。チームスタッフが揃って郁三を胴上げした。

優勝旗と数々のカップを手にして本郷の工場へ帰ると、アート・カーチスを洗車し磨きあげ、写真技師を呼んで記念写真を撮った。それから寿司の出前を取り、祝宴が始まった。この夜からレースの祝賀会に寿司の出前を取るのが、アート商会レーシングチームの習わしとなった。

宗一郎は、何とも言いがたい素晴らしくいい気持ちを楽しんでいた。心がホカホカとする、夢のようないい気分だった。レースに勝つと酒も飯も信じられないぐらいうまかった。勝利の気分とは不思議なもので、普段は重くて仕方がない工具箱が軽く思えた。

これが本田宗一郎の生涯で最初のモーターレーシングにおける勝利であった。

この鶴見のレースは、この時代の日本のカーレース・シーンをアート・カーチスが圧倒する前哨戦となったのである。

第六回自動車競走大会は第五回鶴見大会から半年後の、一九二五年（大正一四年）五月三日に、明治神宮近くの代々木練兵場で開催された。

アート商会レーシングチームはアート・ダイムラーとアート・カーチスの二台をエントリーし、それぞれ20、21のカーナンバーをつけ、ワークスチームのスタイルで登場した。このうち旧型のアート・ダイムラーは大幅なエンジン・チューンアップをうけており、公称一五〇馬力と発表されている。実に五〇馬力のパワーアップである。このマシンにはゲスト参加のアメリカ人ドライバーであるショウが乗った。主力マシンであるアート・カーチスは、いつもの真一と宗一郎のコンビだ。

第六回大会をレース前から盛り上げていた話題は、アート・カーチスの連勝を阻止するために、モンスターマシンを製作しているチームがあったことである。

それは第一回大会の優勝者である内山駒之助のチームだった。内山は明治後期に、初の国産セダンといわれる吉田式自動車、通称タクリー号を製作して名をあげた日本自動車界の古株である。生涯、自動車運転免許を取得せず、咎《とが》める警察官には「貴様、内山を知らんのか！」と一喝したという。

その内山が、アート・カーチスと同じ製作コンセプトのマシン、つまり自動車シャシーに航空機用エンジンを搭載したモンスターマシンのホールスカット号を独自に製作していた。その名のとおりホールスカット航空機用エンジンを搭載したレーシングカーで、公称エンジン・パワーは一二〇馬力というモンスターマシンであった。カーチス・エンジンを三〇馬力も上回るハイパワーだ。

また、この第六回大会は、空前のハイスピード・レースになると予想され、これが最大のみどころとなっていた。代々木練兵場のグランドは固く踏み固められていたので、特設された一周二マイル（約三・二キロ）のオーバル・コースは、いままでとはくらべものにならないほど路面状態が良かったからである。

レース当日は、朝から小雨まじりの強風が吹き荒れたが、第一ヒートが始まる頃には、雨がやみ、都心ちかくで開催されたカーレースを見ようと数万の観客が集まっていた。

アート商会勢二台と内山駒之助のホールスカットが初対戦したのは、第三ヒート、A級六マイル・レースだった。

結果は、アート商会レーシングチームの圧勝であった。あっけない、ぶっちぎりのレースとなった。スタートからアート商会勢二台が先行し、ホールスカットは必死に追ったが、最後まで二台のマシンをとらえることができず、たった三周で二〇秒もの差をつけられた。アート・カーチスは、六マイルを四分五秒で走り、余裕のヒート優勝をきめた。

一位になったアート・カーチスの平均速度は、驚くべきことに時速一四二キロで、これは前回の鶴見のレースの約二倍というハイスピードである。予想を大きく上まわる超高速のレースになった。

第五ヒートのA級六マイル・レースでは、アート・カーチスより速いタイムを記録したマシンが登場した。このレースでは、石川が駆るキャデラック改造マシンと藤本宗次のハドソン・レーシングカーが息づまる接戦を演じ、石川は藤本を〇・六秒の僅差で破った。石川とキャデラック改は、なんと三分五六秒二のタイムを叩き出した。平均速度は時速一四七キロだ。アート・カーチスのライバルが思わぬところから出現したのである。

ここにきて第六回大会は、大正期のカーレース史上、最速のレースとなった。そこに参加していたすべてのドライバーは、凄まじいハイスピードの戦いに夢中になった。観客も圧倒された。宗一郎も初めて体験する超高速の世界に強烈な興奮を覚えた。

アート・カーチスとキャデラック改の最初の対決は、第六ヒートの一〇マイル・レースとなった。真一と宗一郎が乗ったアート・カーチスは、決意的な全開の走りをみせた。ストレートのスピードはゆうに時速一六〇キロを越え、コーナーでは細いタイヤが踏ん張りきれず、激しく四輪ドリフトをした。アート・カーチスはキャデラック改に四秒の差をつけてトップでフィニッシュした。平均速度はさらに上がり、この日いちばんの時速一五〇キロを記録してしまった。

このタイムがどれほど速かったのかは、前年一九二四年の本場アメリカ・インディアナポリス五〇〇マイル・レースで優勝したデューセンバーグの平均速度とくらべればわかる。それは時速一五八キロである。インディアナポリス五〇〇は、途中でタイヤ交換や燃料補給をおこなう長丁場のレースであるが、これは専用レーシングマシンによる世界最速レースであり、舗道レンガ敷き路面の専用サーキットでの記録なのだ。第六回代々木大会は、恐ろしいほどのスピードレースになっていった。

あやぶまれていた事故が、続く第七ヒートで現実となった。ハドソン・レーシングカーを駆った佐久間章が、二周目の第一コーナーでマシン・コントロールに失敗し、宙に飛んだ。コース上に落下したマシンは全損し、佐久間章と同乗メカニックの千葉利衛門はコース上に投げ出された。佐久間は軽傷だったが、千葉は全身を打撲しており、ただちに赤十字病院に収容された。全治三週間の重傷であった。

この大クラッシュが鎮静効果を生んだのか、第八、第九ヒートは平均時速一三〇キロ台のレースになった。

だが、決勝レースとなった第一〇ヒートの三〇マイル・レースは、アート・カーチス、アート・ダイムラー、キャデラック改、藤本のハドソンなどの選抜された八台の決戦である。壮烈なハイスピード・バトルになると予想された。

決勝レースは、スタートするやいなや、アート商会の二台は、大馬力エンジンにものを言わせて先行した。しかし、この二台はマシン・トラブルに襲われ、リタイアに追い込まれていった。自動車のシャーシに航空機用エンジンを搭載したマシンは、きわめてバランスがわるい。そのため操縦がむずかしく、長時間のレースになればなるほど、ドライバーが消耗しミスが多くなる。あるいはまたブレーキもタイヤも駆動系も、エンジン・パワーが大きいだけにトラブルを発生しやすくなっていた。アート商会の二台のモンスターマシンは弱点をさらけだすようにリタイアしていった。自慢の大馬力エンジンを生かすことができず、真一と宗一郎は無念の涙をのんだ。

快調に決勝レースを走ったのは、市販スポーツカーを改造したマシンだった。大パワーのエンジンを搭載してはいないが、軽量でバランスが良く、信頼耐久性の高いマシンばかりだった。路面状態がいいこのコースで、本来の運動性能を存分に発揮したのである。

決勝レースは、石川のキャデラック改が優勝した。一〇周の中距離レースだったが、それでも平均速度は時速一四一キロを記録した。

アート・カーチスを擁するアート商会レーシングチームは、この代々木のレース以後も洲崎の第七回大会で総合優勝するなど大活躍を演じている。アート・カーチスは大正期のカーレース・シーンを代表するレーシングマシンとなったのである。

現在、アート・カーチスは本田技研工業によって動態保存され、ホンダが運営する自動車博物館ホンダ・コレクションホールに常設展示されている。

同時代に活躍したレーシングカーで、アート・カーチス以外に現存が確認されているマシンは一台もない。このモンスターマシンだけが、まさに奇跡的に生き残った。榊原郁三から譲り受けたクラッシックカー・マニアの手によって、戦争中の金属供出をくぐり抜け、大切に保存されてきたのである。

威風堂々としたアート・カーチスをまぢかに見るとき、このマシンで時速一五〇キロの高速走行をしたドライバーたちの勇気が伝わってくる。

このレーシングカーは、シートベルトもなければ、転倒クラッシュからドライバーを守るロールオーバーバーも付いていない。クラッシュすれば、ドライバーは間違いなくコクピットから、はじき飛ばされ、コースに叩きつけられる。ブレーキは実に原始的な機械式で、ライニングは牛の革である。ハイスピード走行をすれば、ほとんど役にたたないようなしろものだ。走り出せば、エンジンの熱気がいやおうなくコクピットを襲い、爆音をたてて、恐ろしいほどの振動を発生する。

本田宗一郎は、そのアート・カーチスの助手席に座り、凄まじいスピードと命がけのバトルに、十七歳のときから身をさらしてきたのである。レースに出場することで、緊張、興奮、覚醒、勝利の快楽などの特別な精神状態を体験した。日常生活ではとうてい経験できないような、絶対値の高い強烈な刺激のなかで、青春の時間を過ごしていたのだった。現代の感覚でいえば、宇宙飛行士なみの異次元的な経験だろう。この経験が、本田宗一郎に底知れないダイナミズムを宿らせた、ひとつの理由であることははっきりしている。青春時代の強烈な経験が人生に大きな影響をあたえることは言うまでもない。

自伝『スピードに生きる』にはカーレースの経験を、こう書いている。


　耳たぶを切る風の音、逆転する風景、それは全く「血わき肉おどる」という形容が、そっくり当てはまるのである。それでいて、細心の神経を必要とする、この競技は真に男性的《ママ》なものなのだ。


日本の黎明期のカーレースは、この大正期に大きく盛り上がったが、昭和の時代に入るとぷっつりと途絶えてしまう。レースに夢中になったさしものマニアたちも、専用のサーキットがないために、危険性が高まるばかりの不安定なレース開催に嫌気がさしてきたからである。また、深刻な不況や労働争議などで社会不安が増大していたことも、目には見えない影響を与えていた。

やがて一九三六年（昭和一一年）に、日本初の専用サーキットである多摩川スピードウェイが開設されるまで、日本のカーレースは冬眠状態となる。

アート商会でも、アート・カーチスを倉庫の奥にしまい込み、榊原郁三はかねてより計画していた製造業へのステップアップをはかるため、地下に研究室を作って閉じ籠もっていることが多くなった。当時の成功した職人技術者は必ずといっていいほどメーカーを興すことを夢みていた。郁三は、将来性のあるアルミ製ピストンの試作に熱中していた。この実験は後に実をむすび、ピストン製造のアート金属を興す。

宗一郎も、いつかまたカーレースをやりたいと思いながら、自動車修理の修業に励んでいた。

本田宗一郎が語り残したアート商会時代の思い出は、どれもこれも牧歌的で愉快な話ばかりである。よく働き、貪欲に技術を吸収していく宗一郎は、丁稚仲間や他社の仕事仲間からも一目おかれる存在だった。その腕を見込んで、資本を出すから独立しないかと、そそのかす者もいた。調子にのって独立を考えた宗一郎は、父親の儀平から、こうきつくたしなめられている。

「修行《ママ》の身で素人の甘い言葉にのるな。お前のような若造に声をかけるのは素人の証拠だ。素人は自分本位に考える。警戒しなければならない」

それほどまでに宗一郎は腕利きの修理工に成長していたのである。

アート商会の得意先である運送会社のトラックが信州で故障したときは、修理に派遣され、東京からオートバイで信州まで飛んで行き、故障したエンジンのメタルを竹で作り緊急修理をほどこして、東京まで帰還させた。

岩手県盛岡市まで消防自動車を修理に出かけたこともあった。この消防自動車は、アート商会が製作したもので、盛岡周辺の自動車修理工場では直すことができない故障をおこした。宗一郎が夜汽車で盛岡に到着すると、出迎えの人びとはあまりにも若い小僧がやって来たので、いったい修理ができるものなのか訝《いぶか》しく思ったという。宗一郎は十八歳だったから、そう思われても仕方がなかった。与えられた旅館の部屋も布団部屋の横の粗末なものであった。

故障した消防自動車を観察すると、大掛かりな修理が必要だった。夜の水抜きが不完全だったために冷却水が凍結し膨張してしまい、シリンダーブロックに亀裂が入っていた。宗一郎は、アート商会へ連絡をして部品の調達手配をすませると、エンジンを分解することにした。若い小僧がエンジンをバラバラに分

浜松で開業し大成功した若き職人親方・宗一郎の輝くような素晴らしい笑顔（前）。

困難なピストンリング開発に挑戦し、知識不足で悩み苦しんだ頃の厳しい表情の宗一郎（左）。

浜松アート商会のスタッフと記念撮影。ボウタイをした宗一郎はお洒落な青年社長で、弟子たちを鍛えあげる若き職人親方だ。後列、左から2番目はのちに丸正自動車ライラックを興しホンダ・オートバイに挑戦した伊藤正である。

解していくので、消防団の連中は不安になった。やがて修理部品が届くと、組み立てが始まり、数日後には完全に修理が終わった。エンジンは息を吹き返し、まわりで見学していた消防団の連中は拍手喝采をした。その夜から、宗一郎には床の間付の部屋が用意され、夕食にはお銚子がついた。帰京するときは、消防団長以下が盛岡駅のホームに並んで見送ってくれた。

この話には、後日談がある。帰京した宗一郎は、榊原郁三に褒められ、奉公に入ってから初めての給金五円をもらった。この初給金で、かねてより欲しくてたまらなかった金モールのついた技師用の立派な帽子を買ったのである。明治時代の機械技師たちの正装は、ヨーロッパの習慣を真似て軍服のような金モールがついたものだった。当時の五円は鰻重一〇人前の価値があったから、これは相当に高価な帽子である。宗一郎は得意満面で、この帽子をかぶって歩いた。

この頃からハイカラなお洒落に目覚めている。お気に入りのスタイルは、最新流行のスーツを着て、首からカメラを下げるというもので、これは当時の上流階級や金持ちの間で流行していたヨーロッパ直輸入のスポーティーなスタイルだった。自動車やカーレースで遊ぶ特権階級の人たちを見ていた宗一郎ならではのハイカラぶりだった。

横浜の材木屋に奉公していた小学校時代の同級生を訪ねたときも、このハイカラなスタイルであらわれて、着物にハンチングをかぶった丁稚スタイルの同級生を驚かせている。故郷の天竜では、洋服を着た人とすれちがうとみんなおじぎをしていた。それほど洋服を着た人は偉いと思われていた時代だ。

しかし、同級生に案内された横浜国際港で、得意になって、停泊中の船舶をカメラで撮影しているうちに、公安官吏にスパイ容疑で検挙されてしまう。横浜港は軍港で、撮影禁止地区だったのである。たっぷりと説教され、フィルムを没収されて釈放された。

東京で奉公生活を続ける丁稚たちの休日の遊び場は、もっぱら浅草だった。宗一郎も日曜日になると兄弟子たちに連れられて、路面電車に乗って浅草へ行くことを覚えていった。

兄弟子たちは、市電のタダ乗り方法を教えるといい、後ろを指差しながら乗車料金を管理する車掌の前を通って下車すればいいのだと言う。宗一郎が兄弟子たちに続いて実際に後ろを指差しながら下車すると、すぐに捕まってしまった。後ろにはだれもいなかったのである。先に下車していた兄弟子たちは一目散に逃げ出す。兄弟子たちの分まで払わされてしまった。

浅草では、洋食屋でトンカツ定食やカレーライスを食べ、流行のアメリカ映画を観た。宗一郎はスラップスティック・コメディ映画が大好きになった。

やがて年季があける頃になると、浅草のその向こうにある吉原遊廓へも足をのばすようになった。「飲み、打つ、買う」のうち、「打つ」は父親儀平との約束で禁じられていたが、「飲み、買う」は人並みに嫌いではなかった。

職人親方であった榊原郁三は、よく小僧たちにこんな説教をして、若さゆえの無軌道を諌《いさ》め、粋というものをおしえた。

「人間は、万事、酒の味と心得よ。アマ、カラ、ピンの味が出ないと一人前とはいえない。腕だけで商売しようたって、酔っぱらうだけの酒が売れないように、とてもうまくはいかない。商品もそうだ。丸くて、四角で、三角のものがいい。丸いだけでは飽きがくる。流線型のヤツはヒステリックだ。

それにな、女に惚れることも大事なんだぞ。恋もできないコチコチの奴は味もなければ丸みもない。いい商品、味のある商品、潤いのある商品は作れない。なぜかといえば、恋愛をすりゃあ、相手の女に美を求める心が湧くだろう。それが商品に柔らかい味を作るんだ」

六年間の東京生活で、宗一郎は一人前の自動車修理職人へと成長していた。お国言葉を気にして電話に出るのを怖がるような田舎の少年ではなかった。辛く厳しい奉公生活を耐え抜き、最新の自動車修理技術を身につけた、前途洋々たる青年だった。苦労人の親方に仕込まれ、人間の甘さも辛さも覚えはじめた、若い職人技術者だった。運転免許を取得し、ハイカラな都市生活者のセンスをまとった、モダンボーイであった。

次の目的は、独立である。それは自分の自動車修理工場を開店することだ。

本田宗一郎の人生で最初の勝負が始まろうとしていた。

第5章

浜松アート商会開店

宗一郎は、いよいよ独立の時を迎えていた。

一九二八年（昭和三年）、二十一歳の春であった。

当時の高等小学校卒業者の年季奉公徒弟制度の標準的なシステムは、十六歳から二十歳の徴兵検査までの五年間を丁稚として働き、一人前の職人や商人に育てられる。その次の段階は、ふたつにわかれる。二十歳の徴兵検査から、すぐに兵役につく者は、兵役をつとめた後に独立を認められるが、兵役につかない者は、さらに一年間のお礼奉公をして、ようやく年季があけて独立が認められる。

宗一郎は二十歳になると郷里の天竜で徴兵検査を受けた。

結果は色覚障害の疑いがもたれて、徴兵の対象となる甲種、乙種ではなく、兵役不適の丙《へい》種と判定されたという。何かの手違いがあったにちがいない。

この徴兵検査の結果は、宗一郎の人生を大きく変えた。一九三一年（昭和六年）に始まった日中戦争から一五年間続いた昭和の戦争の時代にあって、宗一郎は徴兵され兵役をつとめることも、戦場に送られ殺し合いをすることもなかった。戦場で死んでいった二三〇万人の兵士のひとりにはならなかった。

独立にあたって、榊原郁三からはアート商会の看板を「のれんわけ」してもらえることになった。郁三は親戚縁者には看板を貸すことはあったが、奉公に入った小僧に看板をわけたのは宗一郎ただひとりである。六年間の奉公を積極的につとめあげ、その修理技術がアート商会を名乗るにふさわしい、すぐれたものと認めたからだ。

しかし、アート商会の看板をかかげるためには、東京から離れた土地で開業する必要があった。本家の商売と競合する場所での開業は御法度である。

宗一郎が目をつけた都市は、当時の行政区画でいえば、故郷の天竜二俣に近い浜松市であった。

遠州と呼ばれた地域の中心地である浜松市は、静岡県下第二の市で、当時の人口一一万人、全国で一九番目の都市であった。中京圏の経済エリアに属し、県庁所在地の静岡市と張り合う元気のいい町である。

「遠州の人間が貧乏すると強盗をやる」といわれるほど気性が激しいという遠州人だが、自動織機を発明した豊田佐吉、日本楽器の創業者である山葉寅楠、日本のテレビ技術の父といわれる高柳建次郎、国産初の旅客機「天竜一〇号」を製造した福長浅雄など独創的な技術者を生んだ新風を好む土地である。また、明治時代の中期から鉄道院の浜松工場や日本楽器の楽器工場があり、陸軍飛行第七連隊、同じく高射砲連隊の基地があったところから、鉄道や飛行機、軍用兵器関連の機械工業が大いに発達していた。

目の前の太平洋は、荒い波で知られる遠州灘で、そこには広い砂丘があった。海から吹く風は、冷たかったが、さっぱりしていた。

浜松には、自動車修理工場が二、三軒あったというが、自信満々の宗一郎は気にもならなかった。昭和初期からのひどい不況はおさまっていたが、まだ景気が低迷していた。しかし、自動車修理業は成長真っ盛りの商売だった。この年の日本の自動車登録台数は、前年から二八パーセント増加のおよそ六万六〇〇

○台で、自動車修理に必要な自動車部品輸入金額は前年比七五パーセント増であった。
開店の資本は、榊原郁三から借り入れ、家屋敷と米一俵を父親の儀平が用意してくれた。六年ぶりに遠州へ帰った宗一郎は、二〇〇〇円の資本金を懐にいれて、工場開設の準備に嬉々として走りまわった。

宗一郎が相談相手に頼んだのは曽根幸吉だった。曽根は自転車店から身を興し、一九一九年（大正八年）に浜松—天竜間の乗合自動車路線を設立した遠州自動車業界の古株である。

この乗合自動車を幼い宗一郎が追い駆けまわしていたことや、曽根が天竜の本田自転車店に応急の自動車修理を頼んでいたことから、曽根幸吉と本田家は親交があった。

曽根幸吉は、宗一郎についてこんな人物評を残している。

「宗さんは、人の言うことはぜんぜん聞き入れない性格の持ち主で、これと思ったことは必ずやり遂げる人だね。そして人より抜きんでた仕事をするというのが宗さんの長所で、次々と新しい考えを生み、まるで発明の権化みたいなものですよ」

人の言うことはぜんぜん聞き入れない性格の持ち主で、というのは曽根幸吉のいつわらざる実感であろう。

独立開業の相談を受けた曽根は、元浜町二八三番地にあった元は染物工場の建物を斡旋した。元浜町は、昭和初期に開催された浜松博覧会第二会場用地として整地された新開地で、独立したばかりの若い職人たちが店を開いている町だった。浜松駅や市役所がある中心部から、すこし離れた近郊で、まわりには田圃や沼地が多かった。

この工場は間口七メートルほどの敷地面積約一六坪で、クルマが四台も入ればいっぱいになってしまう小さな建物だった。さっそく工場の改造にとりかかり、梁《はり》にチェーンブロックをつるし、旋盤、ボール盤、溶接機械などの基本的な工作機械を入れる。工具を買いそろえ、他に必要な工作機械があれば何でも自分で作った。屋上に丁稚の宿舎を建て、宗一郎は工場の横にあった小さな家に住んだ。

丁稚をひとり雇い入れ、いよいよ開店のはこびとなった。

宗一郎は「アート商会浜松支店」の看板を掲げ、晴れて一国一城の主となったのである。

だが、当然のことながら若い新参者の工場に自動車修理を頼みに来る者はいなかった。たまにやって来るお客は、こんな若い小僧に、大切なクルマをまかせて大丈夫だろうか、という顔をした。

しかし宗一郎は、商売の成功を確信していた。修理技術には絶対的な自信があり、どんな故障でも直すことができた。

この昭和初期に、東海道筋のレコードショップをキャンペーン旅行をしていた流行歌手の藤山一郎は、浜松あたりで愛車のルノーが壊れて途方にくれたことがあった。エンジンのマグネトー点火装置のカーボン・ブラシの芯が磨耗してしまったのだ。通りがかりの人から「腕のいい修理工場がある」と聞かされ、浜松アート商会に駆け込んだ。部品を交換すれば、すぐに直る故障だが、肝心の部品はどこにでも在庫があるというものではない。

藤山一郎は「その修理工場の店主は、すぐにルノーの故障を見抜き、修理のために必要なカーボン部品を、鉛筆の芯を何本か削り出し、バーナーで焼いて溶かして作り、みるみるうちに二時間ほどで修理を終えた。器用なことをする人だなと思いました」と語っている。

部品がなければ工夫して作る。宗一郎にとって、どんな故障でも修理できるのは、自動車修理工場の看板をあげているのだから、至極当然のことでしかなかった。

東京のアート商会で修業した若き工場主の真の実力は、修理時間の短縮と改造技術にあった。

当時、浜松あたりの地方都市で自動車を所有していたのは、バス会社や運送会社、ハイヤー・タクシー会社といったところで、オーナードライバーはごく少数の金持ちだけだった。自動車はとてつもなく高価なもので、高級車一台の値段で普通の家が二軒買えたほどである。

こうしたトラックやバス、つまり営業車が故障すると、会社の損害になる一大事となった。なにしろ当時の自動車は、一万キロも走ればエンジンのオーバーホールが必要で、三万キロになると車体を分解して、駆動系、サスペンションなどを入念にオーバーホールしなければならなかった。しかも、それらのクルマは、日本に組み立て工場があるフォードとゼネラルモーターズをのぞけば、欧米からの輸入車である。修理のための部品はメーカー日本支社かインポーターから取り寄せ、在庫がなければ輸入されるのを待たなければならない。自動車の修理やオーバーホールは長い時間がかかる大仕事だった。

しかし宗一郎には東京の老舗アート商会がついており、おおかたの部品がどこよりも早く手に入った。それればかりか、ピストンやエンジン・ブロックといった重要な部品でなければ、自分の手で作ることができた。そのためにアート商会浜松支店の修理時間は圧倒的に早かった。

この評判はたちまち広がり、バスやトラックが次々と集まってくるようになった。一日でも自動車が動かなければ損をする商売人たちは、アート商会をこぞって贔屓《ひいき》にするようになった。

顧客の期待に応えて、宗一郎は猛烈に働いた。当時の地方都市の車両検査は、検査場に車両を持ち込むのではなく、定期的に出張してくる検査官が、その地方の自動車を一斉に集めて検査をしていた。その時期になると自動車修理工場は大忙しになる。多くの営業車の面倒をみていたアート商会には、車両検査をうけるために整備修理を必要とする自動車が集中し、宗一郎は二、三日徹夜で働き続けた。さすがに疲労困憊となって、クルマの下にもぐったまま居眠りをして、顔に落ちてきたスパナで目が覚めたりすることもあった。しかし、お客様の信用を第一とする宗一郎は、ここぞとばかりに頑張り抜いた。

正月三が日でも修理を頼まれれば、必ず引き受けた。年始まわりで忙しいハイヤーが故障することが多く、晴れ着のモーニングの袖をまくりあげて修理に精を出す宗一郎の姿が見られた。

こうして開業一年目の年末には、八〇円の儲けを手にすることができた。若いサラリーマンの月給二か月分である。しかし、それはほんの小手調べであった。本田宗一郎の快進撃はこれからだった。

バス会社や運送会社などの大手のお客がつくと、今度は改造技術の腕前が発揮されていく。トラックのシャシーを延長して荷台を拡大すれば、一度にたくさんの荷物を運べるようになる。バスのボディを改造して定員を四、五人増やせば、バス会社は増収を見込める。古くなったクルマのエンジンや車体をアート商会浜松支店でオーバーホールすれば、そのクルマの寿命が驚くほど伸びた。

とりわけてトラックの改造は得意中の得意で、荷台の長さ約二・五メートルの中型トラックの車体を真ん中から切断して継ぎ足し、四メートルほどのロング・トラックに改造してしまう。積載量は三〇パーセント以上、五〇パーセントちかくまで増加した。

こうした改造技術が運送会社やバス会社にとっては大きな魅力で、圧倒的な技術力と斬新なアイディアを誇るアート商会浜松支店の名前は、静岡県内ばかりか隣接する長野県や愛知県まで広がっていった。

自動車修理商売のモットーを本田宗一郎はこう語っている。

「修理に来るまでに、客は故障にイライラし、腹をたてたりして、心まで壊れている。不安や疑いに包まれている。だから、修理を終えて、これで直りましたと引き渡すだけではく、ここをこういう風に直しましたと、十二分に説明し納得してもらうことが大切です。また、きれいに磨き上げ、約束の日時もきちんと守る。そこまでしないと修理とはいえない」

お客が汚れた靴でクルマに乗ろうとしたら、「あ、お客さん、汚れますよ」とさりげなく注意する。そういう細かな配慮が信用を作り商売を広げるのだと、宗一郎は言っている。お客に損をさせないのは当たり前、修理の腕がいいのも当然のことだとして、さらに人の心にまで配慮するのだと断言している。これは苦労した人の言葉であり、自動車修理の天才職人である以前に、人間というものを深く知った人の言葉だ。まるで人の心がわかるかのような、これこそが本田宗一郎のとびぬけた人間業《にんげんわざ》のひとつなのである。ここまでわかっている人はめったにいない。

アート商会浜松支店は急激に成長した。日本社会は、世界恐慌の後遺症もあって、ひどい不況の風が吹いていたが、アート商会の商売は繁盛する一方だった。当時の浜松には、バス会社五社、運送会社三社、タクシー会社一六社が営業しており、自家用車も二〇〇台ほどあったが、ますます増加の傾向にあり、自動車修理の仕事は増え続けていた。

宗一郎は、開業三年ほどで、間口一〇メートル、約八〇坪の新しい工場を開設することができた。その規模は小さな自動車メーカーともいうべき工場で、十数人の丁稚が忙しく働き、旋盤、板金、塗装、鍛冶、木型などの専門職人をかかえていた。現在の静岡大学工学部の前身である浜松高等工業学校を卒業した設計技師を雇い設計部門も充実させた。また宗一郎は欧米の自動車雑誌を定期講読して最新の自動車情報に精通していた。アート商会はハードとソフトを両立させた総合自動車工場へと成長したのである。

押しも押されぬ一国一城の主となった若い宗一郎は、貫禄《かんろく》をつけるために鼻の下に髭《ひげ》をたくわえ、サングラスを愛用していた。

新しい工場には「ART. TEL1049 Automobile Servicestation」の大きな看板を掲げた。後に、隣の建物も買収して工場を拡大した。そこには「アート商会　エンジン再生と車体塗装」の看板が出された。

こうなるとアイディアマン本田宗一郎の独壇場《どくせんじょう》だった。

飛行連隊基地の滑走路の拡張工事が始まると聞けば、トラックを改造したダンプカーを売り出す。町や村の消防団が近代化をはかるとなると消防車を売り出した。この消防車は高層ビルの登場に対応したもので、四階まで放水が届く強力なポンプを搭載していた。その他、電気冷蔵庫のない時代には重要な生活物資だった氷を運ぶ冷凍車を売り出すなど、自動車であれば何でも作り、霊柩車も製造した。浜松の鉄道省支社は、アート商会の技術力を見込んで、線路補修用車両の修理をまかせるようになる。浜松に駐屯する飛行第七連隊や高射砲第一連隊の軍用車両の整備も担当するようになっていった。

驀進《ばくしん》を続ける宗一郎は、本業の自動車修理業が安定すると、一〇坪ほどの研究室を建て、研究開発に熱中した。ここで生まれたのが鉄スポークのホイールである。それまでの木製スポーク・ホイールは湿度に弱く、壊れやすくて修理が難しかった。そこで宗一郎は鉄スポークのホイールを考案し、特許をとって製造を開始した。この丈夫な鉄スポーク・ホイールは、一九三一年（昭和六年）に浜松で開催された全国産業博覧会に出品展示すると注文が殺到し、国内市場のみならず朝鮮、台湾といった当時の大日本帝国の植民地、さらには中国、東南アジア、インドまで輸出した。

開業五年後には、浜松から西に四〇キロほどいった愛知県豊橋市に、地元のタチバナ・バス会社から資本を提供されて豊橋第二工場を開設し、アート商会浜松支店は東海地方でもっとも大きな自動車修理工場になった。

宗一郎は、このときの成功をこんなふうに語っている。

「こうして二十五歳のときには、月々千円儲けるのは軽かった。アート商会浜松支店を開業した二十二歳のとき、一生かかって千円貯めようと思ったことが、わずか数年で毎月千円以上儲かるようになったのだ」

小学校教員の初任給が五五円という時代の月給一〇〇〇円である。これは当時の総理大臣と同じ額の月給であった。

若き成功者となった宗一郎は、もはや爆発状態だった。

浜松市内で自動車修理のアート商会の名は有名になったが、そこの大将、本田宗一郎は何をしでかすかわからない、やたらに元気な職人親方としても名が売れていた。

思いついたことがあれば深夜でも工場の機械を動かして仕事を始めてしまう。いったん始めた仕事は徹夜をしてまでも仕上げてしまう。

工場の小僧たちは、宗一郎を「仕事の鬼」と呼んだ。

仕事熱心で、どんなことでも命がけの真剣勝負をするといえば聞こえはいいが、若い大将は自分勝手だった。思いどおりに仕事が進まないと、顔を真っ赤にして、目をつりあげて、怒鳴り、暴れた。弟子たちの手際が悪ければ、口より先に手が出る。極端に気が短く、すぐに殴る蹴るの手挙制裁になる。それも半端ではない。手にした工具を投げつけるのは日常茶飯事で、鞭《むち》を持って工場を歩きまわっていたこともあった。工具で頭を殴られて瘤《こぶ》を作るのは当たり前、蹴飛ばされて半日もクルマの下で唸っていた小僧もいた。鉄の板で殴られた小僧が寝込んだことさえあった。小僧たちは陰では「若鬼」と呼んだ。

「殴り方がうまかったのかな。よく入院するような大怪我をしなかったものだ。ちょっとでも気にいらないことがあると癇癪《かんしゃく》を爆発させて、ものすごい剣幕で怒鳴って殴った」

当時、アート商会に奉公していた弟子たちは口を揃えて、若い大将の限度を超える職人教育がいかに凄まじいものであったかと語る。

宗一郎にしてみれば「自動車修理業はお客様の命を預かる商売なんです。安全こそ最大のサービス。自分の仕事に責任を持て、そして全力をつくせ。お客様こそわれわれの御主人である」からこそ、厳しく仕事を仕込んでいるだけだった。

この無茶な仕事のやり方を嫌悪して、暴力を止めなければアート商会には修理を頼まないとたしなめるお客もあったが、そんなことを聞き入れる大将ではなかった。

小僧たちは、宗一郎のペタペタと特徴のある足音さえ聞き分けるようになり、大将が工場へ入ってきた気配を感じると、修理中のクルマの下に潜ったりして身を守った。それでもぶん殴られて、便所で泣く小僧は毎日のように出た。

横暴な大将の言動に、我慢しきれず反抗する小僧もいた。

「教えもしないことを、できないといって殴るのは不当だ」

すると宗一郎は、こう怒鳴り返して、またぶん殴った。

「馬鹿野郎！　ウチは学校じゃないんだ。仕事は見て覚えるものなのだ」

それは当時の職人社会の常識ではあったが、気性の激しさは群を抜いていた。

とうぜん、夜逃げ同然で逃走する小僧は後をたたず、奉公に入ってきた小僧のうち三人に二人は数日のうちに逃げ出した。

しかし、このアート商会で奉公修業すれば必ず一人前の自動車修理職人に育った。宗一郎は、エンジンの音を聞いただけでどこに不具合が発生しているかを看破するほどの天才職人だ。手先は抜群に器用で、お客の対応もうまい。弟子になれば、そのすぐれた技術と商売上手が身につくのである。他の自動車修理工場より月給が高かったこともあって、歯を食いしばって耐えた小僧だけが残っていった。その小僧たちも三年もすれば基礎技術が身についてしまうので他の修理工場から引き抜かれることが多かった。

若い大将に悩まされたのは小僧ばかりではなく財務担当者も同じだった。宗一郎は財務に関しては完全なドンブリ勘定で、後先考えずに工場の設備に金をかけるし、宵越しの銭は持たない主義だ。集金、支払い、帳簿つけは苦手で、財務担当者は苦労がたえなかった。

遊びの方も、また豪快だった。

「私は生まれつき、遊ぶときに金をケチケチ使うのが嫌いでしてね。また他人の金で遊ぶのも性に合いません。私の好みは、自分の金を自分の好きなように使うことで、それも使うときにはパッと使って楽しむことにしています」

自らこう語っている宗一郎は「俺、遊びたいで《ママ》仕事やる。遊べなかったら仕事やらない」と言い切り、高射砲部隊のサーチライトが夜空に走る時間になると落ち着かなくなり、毎晩のように工場の目と鼻の先にあった新開地の料理店に出入りし芸者をあげてドンチャン騒ぎを続けた。仕事がヒマになれば、四日も五日も工場に出勤せずに料理店で遊び続ける。長いときは一〇日間も工場に姿を見せないことがあった。しかし、工場が忙しくなると、どこからともなくタイミングよく姿を現しては先頭になって働いた。

夜の町で「アート商会のアーさん」と呼ばれた宗一郎は、音楽が大好きで、長唄、端唄、都々逸、小太鼓をたしなむ粋な若大将でもあった。しかし、父親の言いつけを守って、博打《ばくち》だけは手を出すことがなかった。

夜の町での武勇伝は数しれず、町内会の火の用心の夜回りに芸者づれで出て、町内会の長老から睨まれる。お花見がてらオープンカーのクライスラーに芸者を乗せ、静岡のカフェーをはしごしてまわり、帰りに酔っぱらい運転で天竜川に転落したこともあった。クルマの排気管にお銚子を針金でしばり燗をつけては一杯やりながら走っていての転落事故で、橋の欄干《らんかん》を二二本もなぎ倒す騒ぎになった。だが、宗一郎はさすがにしたたかだ。橋の番人に多額の心づけを渡すと、すぐさまハイヤーを呼んで芸者を返し、業者を集めてクルマを川から引き上げ、あっという間に事故現場を片づける。それから徹夜で橋の欄干を修理してしまった。最大の武勇伝は、浜松名物五月の凧祭りの夜に起きた。

この祭りは、昼の凧合戦と夜の神輿《みこし》と山車のねり歩きで丸一日中興奮状態が続く。夜の街は、あちこちで威勢のいい声が飛び交い、神輿と神輿がぶつかり合って、大騒ぎが夜明けまで終らない。各町内では、子供の初節句をむかえた家が山のような料理と酒を用意して、夜通しでだれかれとなくふるまう。

その夜に、料理店で豪快な宴会を楽しんでいた宗一郎は、気に障ったことを言った芸者を料理店の二階の座敷の窓から放り出してしまった。投げ出された芸者は、電線に引っ掛かり一命をとりとめた。

「この事件のことを思い出すたびにゾッとする。その芸者は飲み屋の女将になったが、一生頭があがらない」と宗一郎は言っている。

だが、どんなに破天荒な遊びをしても、めっぽう気前のいい大将は金をケチることがなく、友だちが遊んだ分まで払ってしまう大判振る舞いで、料亭の女将や芸者には絶大な人気があった。

浜松駅近くの繁華街のカフェーで遊ぶこともあったが、小僧たちと顔を合わせると、気を使って店を出てしまう。遊ぶときは、気の合った仲間と、何もかも忘れておもいっきり遊びに熱中するのが宗一郎のスタイルだった。だから、小僧たちが気がねしないように店を出る。

小僧たちの私生活には一切干渉をしなかった。小僧たちを連れて料理店にあがるときは下座にすわり、仕事の話をしないという態度を貫いた。人一倍、気くばり、気ばたらきをするところがあった。

弟子たちを怒鳴って殴りつけていたばかりではなく、妙にやさしいところがあり、新入りの小僧に葉書を渡して、田舎の両親に便りを出せと言ったりもする。月に一度はアート商会全員で飲み会をひらき、ブランデーやアブサンといった珍しい高価な洋酒をふるまったり、田舎から出てきたばかりの小僧にコーヒーを飲ませて、びっくりさせたりする大将でもあった。

宗一郎は洋装好みのお洒落で、かっちりと仕立てたスーツが好みだった。その反面、着る時に前後ろを気にしなくていいとタートルネックセーターを愛用する無造作な趣味もあった。自動車や飛行機の輸入英語雑誌を小脇にかかえて歩いたりするモダンボーイであった。

大型オートバイのハーレーにサイドカーをつけて乗り回し、宗一郎は何も怖いものがないように肩で風をきって浜松の街を走りまわっていた。

その頃、浜松のカフェー・ボクノウチのオーナーから古い木造船を譲りうけることになった。川に沈んでいた船を引き上げて修理し、自動車のエンジンを搭載すると、近くの豊川で進水させた。これがきっかけでモーターボート製作に夢中になり、シルバーアローとかレッドイーグルと名づけた何艇ものボートを作っては改良を重ね、買い手がつけば売り払った。モーターボート遊びは浜松郊外の佐鳴湖が中心で、友だちや芸者、お客さんを乗せて飲み食いしながら遊びまわる。観光客や芸者遊びの旦那に頼まれて、遊覧船がわりに操縦して小遣いを稼いだりもした。湖の真ん中でガス欠を起こし、泳いでガソリンを買いに行ったこともあった。外洋に出ようとモーターボートに空の石油缶をいくつもくくりつけ海に乗り出したときは、土用波をくらって遭難しかかった。

おおらかな地方都市だったこともあって警察沙汰にはならなかったが、宗一郎は税務署と揉《も》めごとさえ起こしている。脱税の疑いをかけられたことに怒り、税務署のオフィスにホースで水をまいた。この事件は地元新聞に「アート商会、大暴れ！」のタイトルでデカデカと報道され、さすがの宗一郎も後悔した。

意外なことに、この頃、宗教にも凝っている。仕事をしても遊んでも、吹っ切れない悩みをかかえはじめた二十五歳のときだ。方広寺派の「人の道」という教えが気に入って、寺に通った。そこで「無一物《むいちもつ》、無尽蔵《むじんぞう》」という言葉を教わり、これを座右の銘とし、掛け軸にして床の間に飾った。いかにも宗一郎好みの過激な言葉である。

こんな自由奔放、傍若無人な宗一郎ではあったが、人間的な魅力に溢れていたのだろう。浜松には宗一郎をバックアップする人脈が生まれていた。

その代表が「浜松政界の風雲児」と呼ばれた加藤七郎である。

加藤は、宗一郎より十七歳年長の政治家で、救世軍の活動を通じて政治運動に目覚め、一九二六年（大正一五年）に大騒動となった日本楽器の労働闘争の調停を見事にまとめて名をあげた。

この労働闘争は、一日一〇時間以上の長時間労働と不当賃金カットなどに、労働者が団結して抗議したところから火がついた。日本楽器経営陣は、労働者たちが提出した十二か条の嘆願書を認めず、労働者たちはストライキで対峙し、闘争は泥沼化した。支援に駆けつけた労働運動家と、会社側がやとった右翼暴力団が乱闘事件を起こし、会社社長宅にダイナマイトが投げ込まれるという事件すら発生した。労働運動家と右翼暴力団は、ともに拳銃で武装し、銃撃戦を引き起こす寸前までいった。警察が介入し一〇〇〇名以上の検挙者が出た。日本労働運動史上で特筆される大闘争だった。

初めて市会議員選挙に立候補したときは、資金不足で新聞紙に名前を書いただけのポスターを貼って見事に当選した。その後、庶民の強い支持を得て県会議員、県会議長をつとめ、戦時中の大政翼賛会選挙で代議士となって活躍した人物である。

物静かだが、義理人情に厚い、親分肌の男だった。

加藤七郎はバス会社を興したことから宗一郎と知り合い、意気投合した。

「本田は銭ばっかり遣って、しょうがない奴だ」

これが加藤の宗一郎を語るときの口癖であったが、しかし宗一郎のきわめて個性的な生き方と突出した才能を認める良き理解者であった。

加藤七郎は、自由気ままに暴れまわる宗一郎から依頼されるかたちでアート商会を株式会社組織にまとめあげ、自ら政治家仲間や投資家から資本を集め管理し、社長に就任していた。以来、終生、宗一郎の後見人となった。

がっちりとした経営陣を得た宗一郎は、水を得た魚のように発明や研究に取り組んだ。紙の服を作るとか、製造不可能といわれていたワサビの缶詰を作るといった突飛なアイデアに夢中になったりもしたが、アート商会の商売はますます盛んになった。

無我夢中で働き、がむしゃらに遊ぶ息子を心配した父親の儀平は、備蓄として山林を買うことをすすめ、いくつかの山を持たせた。しかし、数十年計画の林業をやる気はなく、すぐに木を切って売りとばしては、発明や研究の資金にした。ちいさな祠《ほこら》がある山を買ったときは、樵《きこり》たちが祟《たた》りをおそれて山に入りたがらなかった。宗一郎は「人間に祟るなんて、本当のいい神様ではないんだ」とうそぶき、斧を持ってひとり山に入ると、祠を叩き壊し、火をつけて焼いた。近所の樵たちは、ますます脅え、苛立った宗一郎は遠方から樵を集めて伐採させた。しかし、その樵たちにも祠破壊の噂が伝わって逃げ出すと、さらに遠方から樵を集めて伐採を完了してしまった。宗一郎に怖いものは何もなかった。

東京アート商会で奉公を終えた実弟の三男、本田弁二郎をむかい入れて腹心とし、ひとまわり下の妹コトに住み込みの総務を頼み、宗一郎は文字通り飛ぶ鳥を落とす勢いで青年時代を生きていた。

しかし、私生活は必ずしも順調とはいえなかった。

悲しい出来事があった。

宗一郎は浜松での独立直後、二十二歳で最初の結婚をしている。

「金遣いは荒いし、ころばし始めたらどこまでもころばすから」と長男の激しい気性を心配していた両親のすすめで、母方の従姉妹《いとこ》と結婚して所帯をもった。

最初の妻はとてもおとなしい女性で、エネルギッシュな宗一郎とは相性がわるかった。家庭では、カッとなって興奮すると、手当たりしだい物を投げ、卓袱台《ちゃぶだい》をひっくり返す。しかし、そんな横暴な夫であったが、反面、気前が良く、機嫌がよければこれほど頼もしい男はいなかった。

一男一女に恵まれたが、子供たちは病弱で、ふたりとも幼いうちに病死した。宗一郎は激しい悲しみに襲われていたが、必死に耐えた。葬儀の最中も涙ひとつみせなかった。

跡取りに恵まれず、夫婦仲もうまくいかない。結局、この結婚は両親や親戚が間に入って七年ほどで円満に解消された。

第6章

ハママツ号の大事故

浜松で一旗あげた宗一郎に耳寄りな情報が東京アート商会から伝わってきた。

一九三四年（昭和九年）秋に、カーレースが再開されるというのである。

宗一郎は喜び勇んで東京へ飛んで行った。本家のアート商会は早稲田に本社工場を移転し、従来の自動車修理業を続けるとともにアルミ・ピストンの製造メーカーを興していた。旦那の榊原郁三やドライバーの榊原真一と再会し、さっそくレースの準備を開始した。

アート・カーチスは倉庫の奥に保存されていた。積もった埃が払われ、オーバーホールの作業が始まった。エンジン、クラッチ、ミッション、サスペンションは完全に分解整備された。さらにいくつかの新しいメカニズムが設計されて搭載されることになった。ガソリンタンク内部に圧力をかける手押しポンプを自動化したり、大型のラジエーターに交換するなどの改造だった。ボディはコクピットから後方を設計変更し、軽金属をつかったショートテールにした。

九年ぶりのビッグ・イベントとなった全日本自動車競走選手権大会は、九月一三、一四の両日に、東京月島埋立地の特設コースで開催された。主催は自動車競走倶楽部で、後援は報知新聞社と昔ながらのオーガナイザーだったが、軍事ファシズム台頭の時局を反映して、自動車競走倶楽部の会長には陸軍の堀内中将が就任していた。大会審判長は陸軍自動車学校幹事の田中大佐である。

久しぶりのカーレース大会とあって報知新聞社は連日の大宣伝を展開し、NHK東京放送局の前身JOAKが実況ラジオ中継をおこなうことになった。テレビ放送がない時代である。

レースは第一日目の予選でクラス分けをおこない、会長杯、報知杯、フォード杯、飛び入り競争、早稲田大学生競争の前座五レースの後に、メイン・イベントである選手権レースが開催された。

大会は盛り上がった。一周一マイル（一・六キロ）の特設オーバル・コースには観客がつめかけ、次々と飛行機が飛来しては興奮を誘う。傑作だったのは早大生レースに出場した猪村某である。彼は銀座のカフェー・クロネコのスポンサーを取りつけ、そろいの紫の着物に赤だすき姿のホステス一〇〇名が応援に駆けつけていた。

榊原真一と本田宗一郎が駆るアート・カーチスは、三周の予選を二分五二秒のトップタイムで通過。平均時速一〇一キロを記録した。レース前日の雨によりダート・コースの路面は荒れていたが、大馬力エンジンを搭載したモンスターマシンの底力をみせつける。

予選結果からみると、アート・カーチスは優勝候補の筆頭だった。ライバルはフランスの優雅なレーシングスポーツカーであるブガッティを駆る木村安治とアメリカ車シボレーの栄田義信であった。

アート・カーチスが出場した最初のレースは、第一日目の会長杯競争第一ヒート六周で、真一と宗一郎はスタートからトップを独走したが、最終ラップの第一ターンで痛恨《つうこん》のスピンを喫し、優勝をシボレーの栄田義信に譲った。しかし、続く選手権レースの第一ヒート一〇周では、ぶっちぎりの速さをみせ、二位のフォードに二分五秒の大差をつけて、ヒート優勝をした。第二日には、会長杯第二ヒート七周で優勝し、選手権レース第二ヒート一五周も、追いすがる二位のブガッティに四〇秒の差をつけて楽勝した。

アート・カーチスは会長杯と全日本選手権チャンピオンのダブル・タイトルを獲得する圧倒的な勝利をおさめ、またもや日本でいちばん速いレーシングカーの栄誉に輝いたのである。

再びレースの興奮と勝利の喜びに身をおいた宗一郎は、思い出したようにスピードへの憧れを再燃させた。浜松に帰ると、レーシング・オートバイを作り、東海各地で開催される小さなオートバイ・レースに参加するようになる。他のチームとはひと味ちがった凝った改造をほどこしたオートバイに好んで乗ったため、成績は振るわなかったが、マシンを開発している創意工夫の時間が何よりも楽しかった。

しかし、宗一郎が望んでいたのはカーレースへの出場だった。レースの話になると「カーチスではドライバーをつとめたことはないから、いつか自分でレーシングカーを作って、ドライバーとしてレースに出たい」というのが口癖だった。

そんな折、日本のカーレース界では画期的な事業が始まろうとしていた。東京横浜電鉄（現存の東急資本）による日本初の本格的なサーキット、多摩川スピードウェイの建設が決定したのである。場所は現在の東急東横線多摩川鉄橋わきの神奈川県川崎市側の河川敷で、一周一・二キロ、コース幅二〇メートルのダート・トラックのオーバル・コースであった。

記念すべきオープニング・レースは一九三六年（昭和一一年）六月七日に決まった。

浜松のアート商会では、宗一郎の陣頭指揮のもとレーシングカーの製作が開始された。フォード・フォアと呼ばれた四気筒ロードスターを徹底的に改造する計画である。エンジン・チューンは宗一郎が担当し、小僧たちは車体の改造を手伝った。

後に宗一郎はこう書き残している。

「当時、フォードV8型が大流行していたが、それを使うのではシャクだから、みんなの嫌うフォード・フォアを改造することにした。バルブが焼きつかないように弁座を切って銅系統のメタルを溶接したり、スーパーチャージャーをつけたり、多摩川のコースは左回りだから、エンジンを一〇度傾けて重心を左にもっていったり、秘術を尽くした」

秘術を尽くしたというぐらいだから、エンジンは徹底的に改造された。点火系は二個のデストリビューターを使うツインプラグ・システムに変更され、オイルパンの内部に冷却用の水パイプを通すなど、実にきめ細かなチューニングがほどこされた。

車体は軽量化されたうえに、ストロークのあるシボレーのサスペンションが取りつけられた。スマートなオープン2《ツー》シーターのボディを板金叩き出しで作りなおした。ワイヤー・スポークの軽量ホイールもはかせた。

マシンが完成すると、たんねんにテスト走行をした。コースは深夜の公道で、弁天島に向かう直線路や天竜川にかかる国道一号線の鉄橋だった。浜松の公道テストだけでは不十分と考えた宗一郎は、このマシンを多摩川スピードウェイまで運び、実戦的なテスト走行をおこなっている。このテストにはアート・カーチスも参加していたので、改造フォードの性能を比較検討することができた。その結果、改造フォードには充分な戦闘力があると判断できた。嬉しくなった宗一郎は、このレーシングカーを浜松の街中で乗りまわし、市民の注目をあびている。

レースがせまると、宗一郎は数人の小僧を連れて東京へ遠征した。東京アート商会をベースにしてレースの準備に入った。

いよいよレーシングドライバー本田宗一郎のデビューレースである。

「赤貝印のガソリンを買ってこい、と大将から言われましたが、どこのガソリン・スタンドへ行っても売っていないのです。東京中をハイヤーで走りまわってみつけました。遅くなると怒られると思い、急いで多摩川へ帰ったんですが、こういうときは怒らない。レースで気持ちが高揚していたんでしょうか、東京は初めてなんだもんな、と言って笑っていました」

当時、二十歳の小僧だった伊藤徳一の思い出である。

「本田とともに多摩川スピードウェイに着くと、とにかくレーシングカーを見張っていろと命令されました。タイヤを千枚通しで突き刺す悪い奴がいるんだ、と。私は真剣になってレーサーを見張っていました。すると本田が弁当を届けてくれましたよ」

宗一郎の従兄弟で東京アート商会の小僧だった坂井由一の記憶である。

多摩川スピードウェイのオープニング・レースとなった第一回全日本自動車競走選手権は、三万人の観客を集めて開催された。

アート商会のエースナンバーであるカーナンバー20をつけたハママツ号と命名された改造フォードのハンドルを宗一郎が握り、助手席には実弟の本田弁二郎が機関士として乗った。大会プログラムの選手紹介には「遥々《はるばる》遠州濱末《ママ》から上京、この大會に参加するもので自信たっぷりの猛者で、その名もハママツ號を使用」と書かれた。

宗一郎は絶好調であった。最初のレースであるゼネラルモーターズ・カップレース一五周から優勝を狙った。デファレンシャル・ギアとタイヤ空気圧のセッティングが決まっていたので、勝負に出た。スタートこそ出遅れたが、すぐさまトップに立った。

自伝『スピードに生きる』には、このレースをこんな文章で記録している。

号砲一発――スタートはきられた。私はスロットルを一杯にひらいた。愛車はすさまじい音響とともに猛烈な煙をのこして、巨大な弾丸のようにとび出した。エンジンのうなりが私の内部でも振動しているように感じられた。その感じのまっただなかでハンドルを操作する。（中略）ゴールが目前に大きく見えた時、突然修理中の車が横からトラックに入って来た。あわや激突！　つぎの瞬間だった。私の車は二、三回もんどりうってはねあがったのだ。あっと思う間もない。瞬間の記憶に、ぐらっと、自分の体が大きく回転するのを感じた。私の視界にあった外界が転倒するのが見えた。一三〇（km／h）以上の快速にのっていた一瞬であった。

一三周目、快調にトップを走行するハママツ号の前に、突如ピットアウトしてきたカーナンバー14のマシンがあらわれた。避けきれるわけがなかった。激突したハママツ号は宙に飛んだ。宗一郎と弁二郎はコクピットから放り出され、ダート・トラックのコース路面に叩きつけられた。

宗一郎は事故の瞬間をこう語っている。

「いまでも覚えていることは、飛び上がって地面に落ちるまでのほんの僅《わず》かな瞬間に、朝の味噌汁がうまかったことや、まだレースを続けることができるだろうかとか、いろんなことがチカチカと素晴らしい速さで脳中にひらめいたことである」

ふたりはただちに救急車で赤坂の前田病院に収容された。

宗一郎は右目の上に裂傷を負っただけだったが、弁二郎は背骨を骨折し危篤《きとく》だった。さいわい一命をとりとめたが、六か月の入院生活を送ることになった。

命を失いかねない重大なアクシデントであったが、宗一郎は意に介していなかった。レースにはつきもののアクシデントだという程度の認識で、ひとつも懲りていない。

なにしろ、それから四か月後の一〇月二五日に多摩川スピードウェイで開催される秋季自動車競走大会に、またエントリーするのである。弁二郎はまだ入院中なのだ。

ここにきて父親の儀平の怒りが爆発した。儀平は宗一郎をよびつけると叱責し、レース出場禁止を言い渡した。さすがの宗一郎も儀平にはさからえない。しぶしぶレース出場を断念し、レース仲間の友人の弟を代役のドライバーにたてた。

結局、本田宗一郎が全日本チャンピオンがかかったビックイベントでレーシングカーのステアリングを握ったのは、第一回全日本自動車選手権だけだった。

それがレーシングドライバーとしての、たった一度の晴れ舞台であった。

第7章

ピストンリング製造会社設立

一九三五年（昭和一〇年）になると、アート商会浜松支店は三〇人ほどの従業員をかかえる工場にまで成長していた。

この年の秋の一一月二〇日に、二十九歳の宗一郎は、九歳年下の磯部さちと結婚をした。紹介者があって磯部さちを知った宗一郎は、一目惚れだった。

宗一郎は新しい妻を迎えることに積極的で、お見合いを嫌がらなかった。妹のコトをつれて見合いの候補者を見に出かけることが度々あった。相手の家の前で、クルマが故障したふりをして水をもらったり、コトがトイレを借りたりする間に、ひと目観察するのである。

磯部さちは、浜松の隣町である磐田の裕福な農家の娘だった。実家は農器具販売店も営み、父親は教育熱心で、さちは高等女学校から現在の大学にあたる専攻科に進学し、卒業後は教員をしていた。すらりと背の高い、色白の聡明な娘だった。

その人は、宗一郎の理想の女性である「上品で、端正で、すこし色気のある姿」をしていた。

さちもまた、真っ白な作業服を着て真剣な顔つきで一心不乱に働く宗一郎が大好きになった。やると決めた仕事はおざなりにせず、夢中になって働く男であった。

二人の情熱が縁を結び、浜松の八幡神社で結婚式をあげた。その日、宗一郎はみずから自動車のハンドルを握って花嫁の磯部さちを迎えに行った。

披露宴が始まると、さちは驚かされた。

「よく働き、よく遊ぶ男らしい。自分で働いて遊ぶんだ。男はそれぐらいでないと」と父親から言われてきたので覚悟をきめてはいた。

だが「これは聞きしにまさると思いました」と言っている。

披露宴には宗一郎の馴染みの芸者衆がずらりと揃い、さちがお色直しで中座して戻ってくると、宗一郎は上着を脱いで三味線に合わせて賑やかに謡曲『鶴亀』を歌って踊り、お得意のドンチャン騒ぎが始まっていた。

高い教育をうけ、積極的な生き方をする磯部さちは、宗一郎の人生をがっちりとささえる妻となった。

さちは、夫が買ってくれた洋服を着て、結婚式翌日から工場で仕事を手伝うことになった。帳簿付けと部品運びを担当した。わからないことばかりだったが、頑張り屋のさちは熱心に働き、一二時前に床につくことはなかった。宗一郎は仕事が忙しくなると徹夜で働き続け、負けずにつき合ったさちは三日目にとうとう倒れた。

若気の至りで前妻には容赦のない暴力を振るっていた宗一郎だったが、さちとの家庭では、帰宅したのにすぐ食事が食べられないといった理由でカッとなって怒っても、もう暴力を振るうことはなかった。さちもまた、短気な夫の気性にあわせて、二食分の食事を用意して交互に温めて、すぐに食べられるようにしておくといった工夫をした。

宗一郎とさちは、夫婦の絆を深めて、お互いにかけがえのない伴侶となっていくのである。

後に、本田さちは、宗一郎の部下たちから校長先生と呼ばれるようになった。駄々っ子のような宗一郎を温かく見守り厳しく教育する校長先生というわけだ。

新しい家庭をもった宗一郎は妻や妹を誘って映画や歌謡ショーを観に行くのが好きだった。当時の喜劇王であるエノケン（榎本健一）主演の、スピーディーで歯切れのいいスラップスティック・コメディ映画が大好きで、傑作といわれる『ちゃっきり金太』を何度も観に行っている。しかし、愛妻家とみられるのがきまりわるかったのか、映画館では妹を間にはさんで座った。映画を観た後は必ず料理店で食事をとり、妻や妹がいても芸者を呼んでドンチャン騒ぎを楽しんでいた。

翌年、宗一郎とさちは最初の子供に恵まれた。生まれた女の子は、恵子と名づけられた。

こうして安定した家庭をもった宗一郎だったが、新しい事業の夢に取り憑かれていた。

ピストンリングのメーカーを興そうというのである。

アート商会の榊原郁三がピストン製造に乗り出したように、この時代の成功した職人技術者は製造業へステップアップすることを夢としていた。そこで宗一郎は、自動車ボディ・メーカーへの転身を考えたが、日中戦争遂行のために鉄材料が経済統制されるようになったので、この計画はあきらめるしかなかった。

次に考えたのが、少ない材料で生産できるエンジン部品のピストンリング製造であった。ピストンリングとは、ピストン上部に鉢巻きのように装着する部品で、シリンダーとピストンの気密を保持し、滑らかにピストン運動をさせる機能をもった部品である。通常はひとつのピストンに、気密用、摩擦抵抗減少用、オイル落とし用のリングが三本で一セットになる重要なエンジン部品だ。

ピストンリングの製造は当時の国際情勢と日本の工業状況からみて将来性のある事業だった。自動車のみならず軍用航空機や軍用船舶にも必要なエンジンの重要部品だからである。

日本の自動車産業は、個人が小さな資本で自動車製造を始めたところからスタートした脆弱な産業であった。当時の大資本すなわち財閥は、自動車産業に興味をしめさなかった。自動車生産の特徴は、開発にあたっては経験工学的なところがあるので研究開発に長い時間を必要とし、生産の面では部品点数が多いので大規模組み立て工場と多層の部品工場を必要とする。これらの部品工場を育成しながら自動車メーカーを成長発展させていくのは金も時間もかかった。しかも国家が買い上げる軍用機や軍艦とくらべると薄利多売商品だから短期に大きな利益が見込めない。日本の庶民は自動車を買う経済力がなく、自動車は大衆商品でもなかった。面倒なわりに利益がすくない、と財閥は判断したのである。

第一次世界大戦の経験から自動車の軍事的価値を認識した日本政府は、一九一八年（大正七年）に軍用自動車補助法を制定したが、それは掛け声ばかりの非現実的な政策で、財閥が国産自動車産業に進出することはなかった。一九二五年（大正一四年）にフォードが横浜でノックダウン工場を建設し、続いてゼネラルモーターズが大阪工場で組み立て生産を開始すると、国産自動車産業は完全に押さえ込まれてしまった。研究開発と部品工場育成のコストをかけて国産自動車を生産しても、アメリカから部品を輸入してノックダウン生産されるアメリカ車に、価格的にも性能的にも勝てるはずがないと判断された。

日本の自動車産業が発達を始めるのは、一九三一年（昭和六年）の満州事変で中国侵略を開始し、国際的な非難をあびて二年後に国際連盟を脱退してからである。国際的に孤立した日本は、すべての産業を自立させていかなければならなくなり自動車産業へも本腰を入れることになった。自動車がなければ戦争に勝てない時代になっていた。

日本政府は、国産車奨励、輸入車排外の政策を強めた。この戦争準備の動きをビジネス・チャンスとみて、一九三三年（昭和八年）に自動車製造株式会社（翌年、日産自動車に改称）と豊田自動織機製作所自動車部が設立されて本格的な国産自動車製造が始まった。ようするに軍需産業であって、大衆商品のメーカーではない。一九三六年（昭和一一年）には自動車国産化推進を目的とした自動車製造事業法を公布し、日本政府は自動車部品の輸入を制限した。これで圧迫されたフォードとゼネラルモータースは日本の組み立て工場を閉鎖し、アメリカ資本の自動車産業は日本から撤収していった。

こうした軍国主義の時代にあって、自動車のみならず、あらゆる産業が国産化されていった。エンジンの重要部品であるピストンリングも当然のことながら国産製造を目指していた。

日本最大の軍用機メーカーとなる中島飛行機製作所は、一九三〇年（昭和五年）あたりから国産ピストンリングの調査研究に着手しており、一九四一年（昭和一六年）の太平洋戦争開戦直前になると、国産化を促進するためにアメリカ製ピストンリングの分析調査をしきりに急いでいる。しかし、ピストンリングの国産化は困難だったようで、国家機関の理化学研究所で熱心に研究が続けられ、ようやく同系の理化学興業で生産されるようになった。やがて民間の日本ピストンリング株式会社が発足して量産されるが、高性能ピストンリングは品不足であった。

宗一郎は、この工業界の動きをしっかりと見据えて、ピストンリングの製造メーカーならば成功すると考えた。なにしろ、ピストンリングは「銀の目方で売れる」といわれたほどの高額の部品だった。現在でもピストンリング一セット三本は、ピストン一個分とほぼ同価格である。

ピストンリングのメーカーを興すときの心境を、本田宗一郎は『私の履歴書』に、こう書いている。

順調にいっていた修理業をやめ、どうして商売替えしたかというと、自分のつかっていた工員たちがボツボツ独立して店を持つようになったものの、自動車が急にふえるでなし、結局私の商売がたきとなって競争することになる。私はそれがいやだった。それに修理屋はやはり修理屋だけのことしかない。いくら修理がうまくても東京や米国から頼みに来るわけがない。そのうえ昭和十二年の支那事変以来物資の統制がきびしくなってきたので、材料が少なくてすむ事業に切り替える気になった。修理から製造への一歩前進を策したわけである。

この説明は宗一郎にしては珍しく退屈だ。いくつかの理由は本当のことだろう。だが、宗一郎という男は、人生の冒険者である。いつも何かに挑戦していなければ生きている気がしない猪突猛進の男だ。だから宗一郎が何かをやり始めるときに理由など意味をなさない。いつも「やると決めたから、やる」のである。

後に宗一郎は「何かこの手で生み出すものをやってみたかった。修理という川下の商売ではなく、製造という川上の商売をしてみたかった」と率直な動機を語っている。また、職業病ともいうべき神経痛を患い、自動車修理工場を続けるには肉体的限界があることを感じとったことも理由のひとつだったようだ。

しかし、宗一郎がこうした理由をくだくだと述べたてるにはわけがあった。株式会社アート商会の経営陣のなかにピストンリング・メーカーへの転業に反対する役員がいたのである。

彼らはこう言って反対した。ピストンリング製造が時流にのった商売であることは理解する。しかし、我々は自動車修理工場を続ければいい。儲かっているのだから、何も冒険をして新規事業に手を出すことはないのだ。おおかたの株主たちも、この意見に賛同していた。

宗一郎は株主や役員と激しく対立することになった。

「本田さん、やるなら、ひとりで好きにやんなさい」と反対派の役員に言われたとき、妻さちの前で大粒の悔し涙を流している。

思わぬ反対にあった宗一郎は、心労から顔面神経痛を患ってしまう。医者だ、温泉だと、治療のために二か月間も仕事を休んでしまった。その間、アート商会の経営陣や株主は議論を続け、結局、宗一郎の意志を受け入れることになった。ただしアート商会は現行のまま存続させ、ピストンリング・メーカーは別会社として設立することになった。顔面神経痛は、その日のうちにすっかりと治ってしまった。

こうして晴れてピストンリング製造の研究開発に着手し、一九三六年（昭和一一年）八月三〇日に加藤七郎を社長とする東海精機株式会社を設立することができた。

しかし、肝心のピストンリングの研究開発は、まったく進まなかった。

鉄を溶かして、ピストンリングの形を作ればいいと簡単に考えていたが、そんなことでは作れるはずがなかった。それでも、どうにかこうにか、見よう見真似で試作したピストンリングをピストンに組み込み、エンジンを動かすと、ことごとくバラバラに折れ、エンジンを焼きつかせた。製造に関してとりわけて重要な冶金《やきん》学の知識がまったくなかったからである。ピストンリング製造は化学、物理などの高度な技術理論を必要とするもので、国家機関の理化学研究所でも完全に研究開発を達成していない部品だった。

目で見える機械については天才的な勘が働いた宗一郎だったが、目に見えない材料については、まったく歯がたたなかった。化学の基礎知識がないのだから、専門書を読んでもぜんぜん理解できない。

最初は、鋳物《いもの》の職人に製法を聞きにいったが「丁稚になって二、三年の年季奉公しなければ、製法を教えない」と断られ、それならばと金を積んで数人の鋳物職人を次々と雇い入れてピストンリングを試作させてみたが、当然のことながら、すべて失敗に終わった。職人的な冶金技術では、製造不可能な部品なのである。

こんなことでは、めげなかった。東海精機の発起人のひとりであった宮本才吉とともに、工場で集中的な試作実験を繰り返した。夜も昼もなくなり、工場に籠もり切りになった。食事は、妻のさちが弁当にして工場へ運んだ。真夜中に実験が終わると酒屋を叩き起こして一杯ひっかけてから、工場の床にゴザをひいて寝た。そんな生活が何か月も続き、もとより理髪店が大嫌いだった宗一郎の髪は伸び放題になった。見るに見かねた妻のさちは、寝ている間にそっと髪を切った。

燃えるような情熱をこめて研究に打ち込んだが、ピストンリングの試作はいっこうにはかどらず、株主から集めた資本金が底をつくと、有り金すべてをはたき、妻の着物まで質入れして研究資金を捻出し、試行錯誤を続けた。

しかし、職人的技術や創意工夫の素人実験ではラチがあかず、浜松高等工業学校（浜松高工）へ駆け込み、教えをうけることにした。浜松高工は、浜松の民間技術者たちが技術的に行き詰まると門を叩いて教えを請う地域の知恵袋のような学校でもあった。

応対に出た浜松工高の藤井義信教授は「なんでもっと早く持ってこなかったんだ」と言い、同僚の田代吻教授に分析を依頼してくれた。田代教授は、ピストンリングを金属顕微鏡で観察し、「これは精密な分析が必要ですね。シリコンとかカーボンといったものが足らないのではないか」と言う。金属顕微鏡を初めて見て目を丸くしていた宗一郎は「そんなものがないと駄目なんですか」と答えた。

後日、田代教授の分析結果が出ると、宗一郎は「やはりシリコンもカーボンも足らず、マンガン、リン、硫黄の成分率も適正ではなかった。

この科学的な分析に感動した宗一郎は、押し掛け弟子のように浜松高等工業学校の機械科夜間部特別聴講生になってしまう。初めて科学知識の重要性に目覚めたのであった。

三十歳になろうとする宗一郎が、学帽をかぶり学生服を着て愛車のダットサンに乗って学校に通い始めた。この学生生活は嫌いではなかったようで、学生服を着て街を歩いたり、映画館に入ったりして、出くわした弟子たちを驚かせている。

学校生活の方は、理工系の授業以外はさぼり、軍事教練も無視し、期末試験も受けない不良学生だった。宗一郎にしてみればピストンリングの知識さえ学ぶことができれば、それ以外は必要がない。ドイツ語の授業など、ちんぷんかんぷんでまるで興味がわかなかった。

学校当局は、こんな特別聴講生を二年間も許していたが、最終的に放校処分を言い渡した。

校長に呼び出され処分を伝えられたとき、宗一郎はこう啖呵《たんか》をきっている。

「卒業証書なんて、映画館の入場券ほどの価値もない。私は仕事を成功させたくて学校へ入ったんだ。免状をもらっても、仕事の問題を解決し、食っていけるという保証にもなりはしない。映画の切符なら映画を絶対に見られるという保証がある。そっちの方がずっとましだ」

放校処分となった宗一郎はそれからも血の滲《にじ》むような努力を続け、一九三七年（昭和一二年）一一月二〇日、ようやくピストンリングの試作品を完成させた。この日、東海精機は倒産をまぬがれた。

しかし、ピストンリングの試作に成功してみると、今度は生産技術の問題を解決しなくてはならなかった。

東海精機では、大手の取引先を求めて正式に発足したばかりのトヨタと交渉した。この売り込みが成功してピストンリングを製造することになったが、三万本を試作して、そのうち五〇本を厳選してトヨタの納品検査に出したところ、たった三本しか合格しなかったのである。

そこで宗一郎は、ピストンリングの生産技術を学ぶための旅に出ることにした。最初は東北帝国大学を訪ねた。金属学の研究者が多く集まっていたからである。二週間ほど研究室で話を聞いたり実験を見学した。この押し掛け民間研究者は、お礼にと東北帝大の先生たちを近くの作並温泉に招待してドンチャン騒ぎをすると、次は東北帝大の紹介状を持って北海道室蘭に飛んだ。室蘭製鋼所の砲身製作技術がすぐれていると聞いたので見学したかった。室蘭には二週間いて、工場を熱心に見学して製造技術を学ぶ。それから北海道帝国大学に四日間通い、帰る途中に盛岡で南部鉄の職人親方の仕事を一〇日間ほど手伝った。いったん浜松に帰り、五右衛門風呂づくりの名人と会い、それから九州帝国大学へ向った。九州での学習が終わると、妻子を呼び寄せて観光旅行をした。こうして宗一郎はピストンリングの製造技術をあらかた学ぶことができた。

東海精機が工場を建設し本格的にピストンリングの大量生産を開始したのは、試作品が完成してから二年後になった。この間に、宗一郎はピストンリングに関する特許を二八件もとっていた。

工場建設の際には、政府からセメントの配給が受けられず、セメント作りから始めなくてはならなかった。そればかりか、ピストンリング専用の両頭研削《けんさく》盤など、工場でつかう高精度な工作機械のほとんどを自分で設計製作した。ローラーベアリングなどの要所に欧米製の高性能部品を組み込んだ実戦的なもので、工場の従業員たちが接触して怪我をしそうな部分は角が丸く設計されていた。これらの工場機械はすべて赤く塗られた。自動車修理工場では工作機械を赤く塗る習慣があったからだろうが、赤い工作機械がずらっと並ぶ工場のなかは、まるで密教寺院のお堂のなかのような雰囲気になった。

こうして東海精機株式会社は、ピストンリング製造工場として操業を開始することができた。

同時に、本田宗一郎は、技術者として哲学をもった。

それは人間のあらゆる可能性を徹底的に肯定したうえで、爆発的な力をもとめる哲学であった。

「何か発明しようと思って発明する馬鹿《ママ》がいたらお目にかかりたい。自分が困ったときに、それを解決するために知恵を出すのが発明と言って差し支えないでしょう。困らなきゃ駄目です。人間というのは困ることだ。絶体絶命に追い込まれたときに出る力が本当の力なんだ。人間はやろうと思えばたいていのことができる」

猛烈な言葉だ。結語は「人間はやろうと思えばたいていのことができる」である。無能と言われていようが有能であろうが、知識があろうがなかろうが、「やろうと思えば」だれもが、それができるのだと、本田宗一郎は知った。特別な人間ではなく、やろうと思った人間なら、だれもが自己実現できると言い切っているところに、途方もない解放感がある。

そのためには「困らなきゃ駄目です」と言う。「絶体絶命に追い込まれたとき」に初めて実力が出るのだと言っている。適当に生きられるうちは真剣にならないという人間の弱みを知ったうえで、それすらも自分のエネルギーとしてしまう。人間の弱さを肯定した姿勢があっぱれだ。だからこそ、重要なことは、やり続けることだ。決してやめないことだ。やめられないところまで突っ走ってしまうことだ。そうすればできるのだと言い切っている。

これは夢を実現するための哲学である。夢に生きるための哲学だ。

ピストンリングの量産に成功した東海精機は本格的なメーカーへと成長を始めたが、日本国民にとっては悲しく過酷な戦争の時代が始まっていた。

一九三七年（昭和一二年）には軍需工業動員法が施行され、工場事業場管理令が公布される。さらに国家総動員法が発動し、翌年、ヨーロッパで第二次世界大戦が勃発すると、物価統制令による戦時産業統制がしかれ、国と国民生活のすべてが政府によって管理される時代が始まった。

一九四一年（昭和一六年）一二月に、太平洋戦争が開戦されるとますます経済が統制された。東海精機は軍需省の斡旋によって、トヨタの資本と役員を受け入れることになった。斡旋とはいえ、これは断ることができない国家命令であった。自動織機を発明した豊田佐吉が興したトヨタは、自動織機や紡績を中心にした大きな企業グループになっており、自動車製造に手を広げていた。トヨタは軍用トラックの大量発注を受けて、部品工場の強化を必要としていた。そのためトヨタは東海精機の株式を四〇パーセント取得して経営権を手に入れ、トヨタの経営陣である石田退三らを役員に送り込んできた。東海精機はトヨタの子会社になったのである。

石田退三は「商売とは札束で相手の横っ面をひっぱたくことだ。世の中、金がなくて何ができる。まず金をためることだ。金をためるにはケチ根性に徹し、金をかわいがってやることだ」といった語録で有名な近江出身の経営者である。戦後、トヨタの社長となって、労働争議で疲弊した会社経営をたてなおし、のちのトヨタの基礎をきずいた人物である。トヨタの社長を退任し、豊田家出身の経営者を社長にすえたときには「大政奉還」と言った。

「結局は金のある者が勝つのだ。それが僕の学んだ教訓だ」と言い切るのだから、リアリストなのだろう。後に経済誌からもらった経営者賞の副賞の時計を、すぐに時計店を呼んで値ぶみさせるという強烈なエピソードを残している。

とうぜん、本田宗一郎と石田退三は、そりが合わなかった。「顧客の要請に応じて、性能の優れた、廉価な製品を生産する」との社是をかかげることになる本田宗一郎と、商売とは札束で相手の横っ面をひっぱたくことと言ってはばからないトヨタの経営者とでは、考え方が合うはずはなかった。人間の弱みを知ったうえで、なおかつそれを転化して生きようとする本田宗一郎と、生き方がちがいすぎた。宗一郎は、トヨタの経営体質を「すべてを田舎の一升マスで計ろうとする」と言っている。

しかし、戦争勝利を大目的として東海精機を維持していくためには、お互いに我慢するしかなかった。トヨタ・グループの一員となった東海精機は、アジア太平洋戦争の拡大とともに二〇〇〇人の従業員をかかえる工場にまで成長し、ピストンリングのみならず軍艦や航空機の部品を製造するようになった。

戦況が不利になると、学生は戦場に駆り出され、女性と子供たちが工場へ働きに出た。宗一郎も多くの国民同様に日本の勝利を信じて、必死になって働いていた。若い技術者や熟練の工員が減り、物資が不足する戦時下で、その能力が大いに発揮された。夜の遊び相手だった浜松の芸者たちが工場に動員されてくるような状況であったために、不慣れな作業者でも工場の機械を操作できるように自動化したり、生産技術の改良を続けていた。

また宗一郎は、爆撃機の木製プロペラを生産していた日本楽器工場の嘱託技師となり、それまで手作業で一週間に一本の割合で製造していたプロペラを大量生産する自動削り機を考案した。この機械は、三〇分で二本のプロペラを製造する能力があり、日本楽器の幹部を驚かせた。当時の日本楽器社長の川上嘉市は「本田宗一郎君は日本のエジソンだ」とその手腕を手放しで評価し、特別顧問と呼んだ。川上の随筆によれば、鉄の定量分析をやり、高周波電気炉や高周波発電機まで自作している天才技術者だ、と最大限の評価を与えている。

このプロペラ製造機械を設計したことで宗一郎は軍部から表彰を受けた。『読売報知新聞』は「翼増産へ技術の凱歌　手の労働脱却」という見出しで、この民間技術者を絶賛した。自伝『スピードに生きる』には、この記事を引用抜粋している。戦時下の報道なので、機密事項は伏せ字になっていた。

刻下の急務といわれる翼の増産を生み出す一億の創意工夫のうち、絶えざる苦闘の連続によって自らを鍛え揚げた街の一技術者の手によって、世界の水準を凌ぐ、工作機械二種――。プロペラモデル・マシンとモデリング四軸旋盤が発明され、航空機増産の隘路《あいろ》も見事打開、日本的技術に勝鬨《かちどき》が高く挙がった。

東海精機重工業〇〇《ママ》工場の専務取締役本田宗一郎（三九）氏がその人。氏は鍛冶屋の倅に生まれて高小卒後、東京アート商会の徒弟を降り出しに苦行の半世を続け、浜松高等工業機械科夜間部の二年を修了し、内燃機関とピストン・リングの重要関係に着眼して独力研究、ピストン・リング関係だけでも二十八件、その他を入れれば四十数件に及ぶ特許を得て今日を築きあげた人。すでに発明協会からも表彰されたが、「アメリカの組織とアメリカの工作機械に依存してアメリカとの戦争に勝てるか。日本は日本の技術を確立しなければならぬ」という火の信念と、その卓抜な才能を買われ、昨年来全国有数のプロペラ生産工場〇〇《ママ》航空機製作所へ嘱託技師として迎えられ、当面する技術の隘路を打開に心を顰《ひそ》め設計を完成した。

プロペラ生産拡大の隘路は「手の労働」に依存し、充分に機械化され得ない点にあった。しかも性能の低い在来の荒削り機でさえ仲々入手し難い現況で、どうして「量には量」をの要請を充たし得よう。優秀を誇るドイツ製工作機械でさえ、厚肉部と突端部を削り分けるべきカッターの接触速度に充分なる機械学的解決がおこなわれていない。

このためプロペラは「手の工作」に拠らなければならなかったが、本田氏はここを見事に解決した。カッターとプロペラの接触速度はカッターの自動的進退によって肉の厚薄に係わらず常に一定し、モデルを基礎として同時に二本のプロペラがぐるぐる廻転しつつまるで皮を剥く様に削られ仕上げの同一機械でおこなわれる。

荒削りから仕上げまでの所要時間は約〇《ママ》時間、しかも操作は単純で未熟練工が同時に二、三台の機械を受持ち得るから、その能率は在来の「手の工作」に比較すれば何十倍に相当する。

その威力を発揮する日が鶴首《かくしゅ》して待たれるが、さらに氏は従来の金属プロペラより軽い鉄板製の中空プロペラ製作の原理を考案、アメリカの中空プロペラに一泡吹かせようと今特許出願中である。

また四軸旋盤とは旋盤を四つ合体した様なもので、元々ピストン・リング製作用に考えられてきたのが航空機部品の製作に応用でき、先月二十三日これを激賞した軍需省の斡旋で視察に来た理研、日ピ、その他全国の関係専門技術家も舌を巻いた。

リング一本削る間に三本分の「手間の遊び」のあることに気付いたのが考案の動機。これもまた未熟練女工が腰掛けながら操作して男子熟練工の四倍の能率をあげ得る。日米技術戦に突き進む時この「無名技術専務」の情熱と才能は、正に航空技術戦に一頭地を抜くものと言えよう。

だが、これもまた、宗一郎の仕事である。ただごとではすまない。

「プロペラ自動削り機は大きな機械だったですよ。重さが二〇トン、長さが三間半（約七メートル）ぐらいあったかな。名古屋で鋳造させたんだが、浜松まで運んでくる途中、橋を二つ壊しちゃった。軍の仕事だったので、だれも文句を言わなかったけど」

戦時下の浜松工業界で宗一郎は重宝がられていた。大量生産研究会などにも積極的に出席し、生産技術の専門家になっていた。日本最大の軍用機メーカーとなる中島飛行機が浜松に工場を建設したときも、技術嘱託として働いている。

しかし戦時下は、自由奔放な宗一郎にとって息苦しい時代であった。

ある日、軍の監督官が東海精機にやって来て、男の作業員全員にゲートル（脚絆《きゃはん》）を巻けという命令を下したことがあった。

「私はこれに強く反対したんだ。というのはね、ゲートルを巻くと、作業場で高熱のどろどろした金属の火玉が飛び散った時、靴のなかに入って火傷をする恐れがあったからです。むしろそんなものを巻かないで、ズボンをだらりと下げておいた方が安全なんです。ところが監督官は、上からの命令だ、と頑として聞いてくれないんだ。いったん命令が出たら、現場の人間から駄目だと言われ、不合理性を指摘されても、絶対と言っていいくらい上へフィードバックされないのが軍隊なんですよ。大和魂をもって仕事に取り組めば、金属の火玉など恐れることはない、なんて言ってすましている。間違った精神主義ほど手がつけられないものはないからね。観念のオバケみたいになっているんだ」

軍の仕事をすると、工場の敷地、工場の建坪、従業員数、機械の数で、仕事を分配された。そこには生産効率向上の努力を評価する考え方がなかった。しかも軍や役所がもってきた仕様書どおりに製品を生産するだけでよく、生産者が創意工夫をする必要もなかった。おまけに、利益率が、一定二〇パーセントであったために、効率よく生産し単価を下げる努力をするより、効率が悪くとも月並みに生産していれば企業は安泰だった。東海精機も、その軍需工場のひとつではあったが、こんな不合理な統制経済の仕組みに宗一郎は苛立《いらだ》っていた。創意工夫をしなければ戦いに勝てないのだから、こんなことでは戦争に勝つことはできないと思った。

戦争の時代は、戦争をする国のすべての人びとが幸福ではなかった。

第8章

ポンポン商売大成功

一九四五年（昭和二〇年）八月一五日、日本は戦争に負けた。

昭和天皇は「玉音放送」と呼ばれたラジオ放送で、国民に難しい言葉で敗戦を報告した。

三十八歳の本田宗一郎は、その放送を、艦砲射撃によって破壊された東海精機の工場で従業員とともに聞いた。それは国民にとって、公式に初めて聞く天皇という生き神様の声であった。

起立して頭をたれ「玉音放送」を聞いた宗一郎は、日本の敗戦を知ると、泣いた。負けるとわかっていた戦争ではあったが、現実に無条件降伏となれば、それは悔しく悲しいことであった。

宗一郎は隣にいた実弟の弁二郎に「さて、何としよう……」と茫然自失の小さな声で言った。

日本政府は情報統制と政治宣伝を展開し、戦争勝利の確信をがなりたてて国民を煽動していたが、日本列島が無差別爆撃を受けるようになると、国民の多くは敗戦を肌で感じとっていった。とりわけて技術の世界に生きる者は、アメリカとは絶望的な工業生産力の格差があることから、戦争が長期化すれば勝ち目はないと考えていた。物資の不足は深刻で、国民は個人所有の金属や貴金属などを国家に供出した。宗一郎たちは、爆撃にやってくるアメリカ軍機が落としていく使用済みの補助燃料タンクを拾ってきては、なかのガソリンを抜いて備蓄し、タンクは溶かして生産材料につかっていた。このアメリカ軍の廃棄物を、当時のアメリカ大統領の名にひっかけて「トルーマン給与」と呼んでいた。それはやけっぱちな冗談だった。

日本政府は外交交渉による早期の戦争終結を実現することができず、ずるずると負け戦を続けた。沖縄県は一〇万人以上の民間人戦死者をまきぞえにした悲惨な地上戦で占領された。広島市、長崎市には原子爆弾が投下され一瞬にして二〇万人以上が無差別に殺され、酷い後遺症を残した。大都市、軍事基地、軍港はことごとく空襲で破壊され焼かれた。追い詰められた日本政府は、連合国が提示してきたポツダム宣言を受諾し、無条件降伏をするしかなかった。

戦争による日本国民の被害は甚大だった。約六〇〇万人の兵士が徴兵され、正確な数字はいまだに不明だが二三〇万人が戦死したといわれる。民間人の死傷者は約二〇〇〇万人にもおよんだ。生き残った国民は七二〇〇万人だった。日本は軍事ファシズム政府によって戦争を遂行した敗戦国として主権を停止され占領された。侵略され支配され戦場となり、二〇〇〇万人以上が死んだというアジア各国の人びとは、押し込み強盗のような侵略戦争をやった日本を忘れるはずがなかった。

浜松は歩兵第六七連隊、高射砲第一連隊、飛行第七連隊が駐屯し、中島飛行機、日本楽器などの軍需工場が集まる都市だったので、たびかさなる激しい爆撃にさらされ廃墟の街と化していた。米空軍B29爆撃機による空襲、米海軍軍艦の艦砲射撃など二七回におよぶ大きな攻撃をうけ、死者は約三五〇〇人、負傷者約三〇〇〇人。二万軒あまりの家屋が焼けた。浜松市内にあった東海精機の山下工場も艦砲射撃で破壊されていた。この戦禍に追い打ちをかけるように、敗戦八か月前の一二月七日、南海大地震が東海地方を襲い、浜松地方の軍需工場の八〇パーセントが倒壊するという大きな被害を出していた。この地震で、東海精機の全工場が倒壊してしまった。

浜松は瓦礫の街となった。一〇万人の市民は四散し、残された三万人ほどが市内で生活をしていた。浜松駅には焼け出され家族を失った子供たちが住み着き、人々は焼け跡にバラック小屋を建てて生活していた。日本全国で食料も衣料も、生活に必要な何もかもが不足していた。生活物資のほとんどが統制品となり、人びとは犯罪とは知りつつ闇の流通で生活物資を入手しなければならなかった。闇屋が横行し、暴力が街を支配していた。モラルが崩壊し、法律は無力だった。植民地主義と民族差別によって踏みつけにされていた人びとが怒りを爆発させていた。あくまでも法律を守ると決意し配給だけで生活をしていた法律家が東京で餓死した。敗戦国の現実は目にあまる悲惨なものだった。

本田家も浜松市内から、となり町の妻の実家へ疎開していた。本田宗一郎は、裸一貫で築き上げてきた自分の城を失ったも同然だった。

失ったものは財産だけではなかった。東海精機の社長であった代議士の加藤七郎が、戦争中の一九四三年（昭和一八年）に高血圧が原因で病死していた。後見人として経営の面倒をみていた人物である。宗一郎は自分の会社を設立しても常に技術の現場で働き、加藤七郎を経営陣の中心に据えてきたのである。しかし、その加藤に先立たれたとあって、不安を隠せなかった。とりあえず宗一郎自身が東海精機の社長に就任していた。

戦争中は二〇〇〇人の従業員をかかえる軍需工場に膨張していた東海精機だったが、敗戦後の混乱で従業員は三〇〇人ほどに減少していた。ピストンリングの製造は中断され、開店休業の状態だった。

だが、戦争が終わり、新しい時代が始まるというならば、考え直すことができる。

しかし、その新しい時代の幕開けは、宗一郎の理解を拒否するように混乱していた。アメリカを先頭とした連合国軍が日本を占領し、マッカーサー米将軍をトップとする占領統治機関のGHQ（連合国最高司令官総司令部）が東京に置かれ、日本は間接統治された。

GHQは日本政府を支配する強力な権力であった。戦勝国として極東軍事裁判をひらき、日本の軍人や政治家の戦争責任を追及する。天皇をいただく軍事ファシズム国家であった日本を民主的な国家に改造する仕事に着手する。その最たるものが、大日本帝国憲法の廃止であり、戦争の放棄をうたった民主的な日本国憲法の制定であった。

大地主の農地が小作農に分配されるという世界史上まれにみる農地改革がおこなわれ、女性に参政権が与えられた。教科書はGHQの手によって検閲され軍国主義的な内容は削除された。天皇制や軍事ファシズム、侵略戦争に反対して捕らえられていた政治家たちが獄中から釈放された。

天皇制と軍事ファシズムの社会で抑えつけられていた市民や労働者が団結して生活と権利を守るために立ち上がった。労働組合が次々と結成され、天皇制の社会秩序や道徳が崩壊し、民主的な国民主権国家を建設するための社会混乱が始まっていた。

何もかもが、裏と表が逆転するように変化した。

こんな混乱した社会では、技術屋が活躍する舞台はひとつもなかった。宗一郎はほとほと嫌になっていた。

「マッカーサーによって乗用車の製造が禁止されて、新車用のピストンリングはいらないし、修理用といっても数はしれている。それに何をやっても闇になるし、闇はやりたくなかった。それから民主主義ということが言われ出したが、私には、どういうことかよく分からなかった。戦前に天皇制教育をさんざん受けた者に、急に手のひらを返すように、民主主義で行こう、と言っても、すぐには無理です。世の中がいっぺんにひっくり返ってしまい、デモクラシーだが何だが知らないが、そんなもの二千年の昔からなかったんだ。それをすぐに分かったような顔をして、急に人が変わったようにはしゃいでいる。しかし、本物は簡単に変わりゃしないよ。人には嘘をついて納得させることはできても、自分の気持ちは納得できませんからね」

それまで生き神様と崇めたてられていた天皇が「人間宣言」をおこない、新しい憲法によって「国民の象徴」になったが、それがよく理解できなかったと正直に書いてもいる。

進駐軍と呼ばれた占領軍が、浜松にもやって来た。偉い軍人は馬に乗って剣をさげているものだと思っていた宗一郎は、ジープに乗り、足を投げ出し、腰に拳銃をつけた米軍の将校を見て驚く。こんな行儀の悪い兵隊になぜ負けたと最初は反発心で眺めたが、彼らはいつもきれいな軍服を着ており、それは物量の差を示すことだと思った。シャーマン戦車やジープを見れば、そこには歴然とした技術の格差も見て取れ、日本軍の軍用車両や戦車の整備を手がけていた宗一郎は、あらためて大きな技術格差を現実のものとして知った。

だが、そのうち、技術の格差や物量の差なんて、条件さえ整えば克服できるものだと思った。冷静になって考えてみれば驚くほどのことではなかった。

宗一郎が、最後の最後まで後悔したことは、世界の状況をぜんぜん知らなかったことだ。学校教育と報道検閲によって日本が世界一すぐれた国だと思い込まされていた。世界を相手に戦争をするなら、世界の状況を知らなければ、判断が狂って負けるのは当然だと思った。

「いままでの俺は、監獄のなかで仕事をしていたようなものだな、という気がした。外界から遮断されてね」

東海精機では労働者が団結して、労働条件の改善と、生活と権利を守る運動が始まった。これは明治生まれの職人親方には理解しがたいことだった。徒弟制度の奉公人から身を興してきた宗一郎は、技術の現場では革新的なエンジニアではあったが、社会制度に関するかぎり、このときはまだ人並みに封建的な考え方をもっていた。

名義上は東海精機の社長であったが、さっさと会社経営から手をひいてしまい、浪人生活を始めてしまった。

妻には「人間休業」と宣言し、「軍がいばりくさる時代が終わってよかったなぁ。これからしばらく何もしないよ。お母さん、当分養《やしな》っとくれ」と言った。

このとき、宗一郎の動きが、ぴたりと止まった。

自伝『スピードに生きる』には、そのいきさつが率直な言葉でこう綴られている。

終戦の年に、トヨタから来ていた重役と意見があわず、トヨタから離れてしまった。理由は簡単で、私にいわせればいわゆる素人（技術者から見て）は技術を軽視する向きが強く、それが私には不快だったからである。

トヨタでは私に手伝えといったが、もうトヨタの指令を受けるのはいやだし、私は生きる屍にはなりたくない、また格子なき牢獄に入るのもいやだから、おれはおれの個性で仕事をするんだという考えになっていた。

また、そのころ、トヨタは解体されるなんて噂があり、一方、従業員にも悪いのがいた。共産党のバリバリで、それがとってもうっとうしかったから、これ幸いと縁を切ってしまった。トヨタは四〇パーセントの株をもっていたが、これを機に私の分だけ全部トヨタに引き取って貰った。売った金が四十五万円、当時としては大金だったが、ちょうど一年、尺八を吹いたりして遊んでいる内に、全部使ってしまった。久し振りに身軽になったので、遊ぶことも遊んだが、一方ひそかに次の道を考えてもいた。

言葉を選んでいるが「生きる屍」とか「格子なき牢獄」とまで書いている。敗戦後に流行した言葉とはいえ、トヨタの子会社となった東海精機に未練はなかった。

株式を売り払って手にした四五万円は、現代の価値でゆうに二億円をこえる。もっとも敗戦直後の激しいインフレで一年もしないうちに四分の一に価値をおとした。

浪人生活を始めるにあたっては、まず酒を確保した。知り合いの酒店からドラム缶一本の酒の主成分であるエチルアルコールを闇価格の一万円で買い、炒った麦と杉の葉をいれてウイスキーらしい味にした合成酒を作った。こういうことにも創意工夫する人である。

昼間は琴古流の尺八を習いに行ったり、将棋を覚えたりでブラブラ過ごし、夜は毎晩のように友だちを呼んでは宴会を開いた。気が向けば闇マーケットを散策し、屋台でドブロクを飲んだ。暇つぶしに磐田の警察学校の科学技術担当の講師になったが、自家製の合成酒をさげて登校し、技術の手ほどきを終えると、学生たちに酒をふるまった。こんなふうにブラブラしている宗一郎を見て、衆議院選挙に出馬しないかと誘いにくる者がいた。戦後の社会を理解できていないのだから、政治家になる気はさらさらなかった。

社会の混乱がおさまるのを宗一郎は待った。浪人生活をすることで混乱の渦から抜け出し、じっと世の中の動きを見ていた。新しい民主主義の社会とは、どんな社会なのかを観察し、新しい日本社会で、いったい何をやったらいいのかを模索していた。

妻のさちは、なにもやらなくなってしまった夫を見て、「敗戦のショックで、すっかりふぬけになったのか」と心配していた。敗戦による急激な社会変化にショックをうけて無気力になる者が多く出たために「敗戦ボケ」という流行語が生まれていたからである。

さちは、食べ盛りの三人の子供のために、家庭菜園を作った。庭に肥溜《こえだめ》を掘り、野菜を栽培する。収穫した野菜は食用にもしたが、豆腐や油揚げなどと物々交換して一家の食料を調達していた。悪性インフレのために金があっても物が買えない時代であった。

しかし、宗一郎は家庭菜園を手伝ったりすることもなく、ほんとうに何もせず着流し姿でブラブラしていた。さちは不安になりながらも、夫の再起を信じていた。

敗戦から一年後の八月一四日に東海精機の社長を正式に辞任した。

そして一七日後の一九四六年（昭和二一年）九月一日、浜松市山下町三〇番地に本田技術研究所を設立したのである。この研究所は会社法人ではなく個人商店であった。

いよいよ本田宗一郎が活動を再開した。

かねてより所有していた六〇〇坪の敷地に、天竜の持ち山から木材を運び、八〇坪の小さな工場を建設した。庭には空襲で落とされた焼夷弾《しょういだん》の破片が飛び散っていて、草むらから蛇が出たりする工場だったが、東海精機にあったいくつかの壊れた工作機械を運び込み、修理して動かした。アート商会浜松支店時代から共に働いてきた実弟の本田弁二郎も参画し、本田技術研究所は活動を開始した。

宗一郎が最初に手を出したのは、織物機械の開発であった。浜松は江戸時代から紺屋町であり、織物が盛んだった。おりからの衣料品不足で、織物機械一台あれば、いい商売ができた。織物で儲けた成金は、織機《しょっき》を一回ガチャと働かせれば一万円儲かると揶揄されたところから「ガチャ万」と呼ばれた。ガチャ万は闇市でも盛り場でも札びらを切って遊び、羽振りのいいところをみせつけていたのだった。

当時の織機はシャトル式と呼ばれる昔ながらの機械を自動化したものだった。そこで、さっそく独自のアイディアで、幅が広い織物をハイスピードで織るロータリー式の織機を考案し、研究開発に着手した。しかし、いまひとつ乗り気がしなかった。やはり自動車関係の仕事をしてみたかった。一時はピストン製造を考えて東京まで調査へ行ったこともあったが、アート商会の親方である榊原郁三と競合することになるのであきらめた。浜松の海岸で電気製塩をやって塩一升と米五升を物々交換したり、スリガラスやアイスキャンディーの製造機械を作ったり、ベニヤテックス（繊維板）や食器も作ったりした。

そんなとき、宗一郎は素晴らしい物にめぐり会ったのである。

陸軍が使用していた六号無線機の発電用小型エンジンだった。

弟子のひとりが軍需工場の焼け跡でこのエンジンを拾い、アート商会の看板を受け継いで自動車修理工場を経営していた川島末吉のもとに持って来たものだった。偶然、アート商会に立ち寄った宗一郎が、この小型エンジンを見た。

その瞬間、本田宗一郎の頭に、ひとつのアイディアが生まれた。

このエンジンで乗り物を作れないか。

自転車に搭載すればいい。バイクモーターだ！

バイクモーターは自転車に小型エンジンを搭載した、もっとも原始的なオートバイとして古くから存在していたが、オートバイが急速に進化発展するなかで、いわば忘れられた存在だった。日本には大正時代からイギリス製のスミス・ウイングホイール補助エンジンなどが輸入されていた。

だから、小型エンジンでバイクモーターを作るというアイディアは本田宗一郎の独自の発想ではない。おそらく、そのような発想をした者は何人もいるはずだ。この六号無線機発電用の小型エンジンを見ただれもが、バイクモーターをこしらえたらどうだろうと、考えないはずがない。だが、宗一郎だけが抜きんでた。それは実行力があったからだ。自分のアイディアを信じて、まっしぐらに実行していく力があった。その力を構成していたのは鍛えあげられた技術だ。これなくして本田宗一郎の実行力はあり得ない。

このとき、戦争から敗戦まで、くすぶり続けていた本田宗一郎のエネルギーに火がついた。

さっそく、この小型エンジンを自転車のハンドルの前に搭載して、ゴムローラーでフロント・タイヤを駆動させてみたが、満足に走らなかった。次は三角フレームの真ん中にエンジンを搭載し、ベルト・ドライブでリア・タイヤを駆動するバイクモーターを作ってみた。発電機のエンジンは一定の低回転でまわるために、ギアで一次減速をしてからリアタイヤをまわす大型プーリーを駆動させた。スピード調節はスロットルでおこなったが、当初はあまりコントロール性がよくなかった。しかし、この駆動システムは具合がよく、工場近くの坂道で何度もテスト走行しながら、よく走るバイクモーターに仕上げていった。

バイクモーターが完成すると、宗一郎が自ら焼け跡の街を乗りまわした。女性でも乗れるバイクモーターに仕上げるために、妻のさちにも乗せた。さちは、モンペをはいてバイクモーターに乗って走ると、キャブレターから混合油が吹き返して衣服が汚れることを指摘し、すぐさまそれは改良された。宗一郎はこのバイクモーターで夜の遊びにも出かけた。大きな排気音がするので、さちは、夫がどこで何をしているのか想像がついた。

いったんやる気になれば猪突猛進、三十九歳になっていた本田宗一郎は再び大爆発の行動を開始した。まず、有り金をはたいて、六号無線機発電用の小型エンジンを買い占める。丈夫なフレームをもった実用自転車を買い漁る。腕のいい職人を求めて、東海精機で働いていた者やアート商会時代の弟子たちに声をかけて、人材を集めた。工場の電力が不足すれば、自動車のエンジンを改造して自家発電機を作った。必要な工作機械があれば、部品をかき集めてきて自ら設計製作をして、生産体制を整えていった。

東京の蒲田で五〇〇台の小型エンジンが売りに出ていると聞いたときは、壊れた軍用六輪トラックを拾ってきて薪の炉を搭載した木炭エンジンに改造して買いに出かけた。この仕入れ旅行は珍道中となった。鉄道の踏切でエンストしたところに急行列車がやってきて大事故を起こしそうになったり、服がススで汚れていたために箱根のホテルでは宿泊を拒否されたり、修理に立ち寄った神奈川県平塚市の自動車修理工場の経営者と宗一郎が修理の方法をめぐって大立ち回りの喧嘩を演じたりした。

ホンダのバイクモーター・エンジンは市場価格で八〇〇〇円だった。ラーメン一杯が二〇円、サラリーマンの初任給が一〇〇〇円を越えていない時代だから、けっして安くはない。だが、大人気となり売れに売れた。闇市にながれたものは、二万五〇〇〇円の値段がつけられた。敗戦後の混乱期は続いており、公共交通機関の汽車も電車もバスも人があふれ、屋根の上まで人を乗せるほど混雑していた。クルマを持っている金持ちでもガソリンが統制されていたから、満足にクルマを働かせるだけの燃料が手に入らない。しかし小型エンジンのバイクモーターは少ない燃料で実によく走った。

本田技術研究所に胴巻きに札束を詰め込んだ怪しげなブローカーたちが集まってきた。統制経済の時代であったから、商品を自由に流通させる者は、ようするに闇のブローカーだった。彼らは現金でバイクモーター用のエンジン一式を買うとリュックサックにつめて大都会へ運んでいった。

バイクモーターは、その排気音から「ポンポン」あるいは「バタバタ」とニックネームがつけられ浜松の名物となった。噂を聞きつけた日本各地の自転車店やブローカーがホンダのポンポンを買うために、浜松に集まってきた。

本田技術研究所は大いに活気づいた。宗一郎は先頭にたって猛烈に働いた。もはや軍や役所のいいなりになって仕事をするような時代は終わったのだ。一握りの金持ち自動車オーナーや運送会社、バス会社だけをお客とする時代も終わった。これからのお客は一般市民だった。少しでもいいもの、安いもの、それを求めて生活に役立てて生きていく庶民だった。庶民の生活に役立つ大衆的なオートバイは、新しい巨大な市場を開拓する。得意とする創意工夫で大衆商品を作ればいい。自由競争を理想とする社会がはじまったのだ。ポンポンの成功で、そのことにはっきりと気がついた。ひとりの庶民として生きることに誇りをもつ本田宗一郎が待ちに待った時代がやってきたのであった。当面の目標は、丈夫で乗りやすいバイクモーターの開発になった。

本田技術研究所は一〇人ほどの従業員をかかえる工場へと成長し、本田宗一郎は浜松のベンチャービジネの旗手として有名人になった。敗戦一年後の一九四六年（昭和二一年）は、戦前からの大型オートバイ・メーカーである陸王ですら年間一二七台しか生産しておらず、発売されたばかりの中島飛行機系ラビットや三菱系シルバーピジョンなどスクーター新興勢力は合計三〇〇台ほどの生産台数であった。そんな状況だったところへ、名もないメーカーが毎週一〇台のペースでバイクモーターを生産販売したのである。

宗一郎を昔から知るものは「あの変人が、またもや調子に乗り出した」とささやき、一般市民はその成功を憧れのまなざしで見つめていた。浜松の自動車や自転車業者のなかには、本田宗一郎の成功に続けとばかりに、ポンポンの製造を始める者も出てきた。

以後、数年間にわたってオートバイ製造は流行となり、浜松を中心として、まるで雨後の竹の子のようにメーカーが生まれてきた。正確な数字は不明だが、浜松に約四〇社、東京では約六〇社、全国でおよそ二〇〇社以上のオートバイメーカーが乱立したという。なかにはエンジンとフレームを買ってきて組み立てだけをするような「五台メーカー」と呼ばれた実体のないところも多くあった。

浜松を中心とした新興オートバイ・メーカーの競争は、本田宗一郎の独壇場が続いた。ライバルが出てくれば、さらに闘志を燃やして突っ走る。宗一郎は根っからのファイターであった。

ホンダのポンポンは、他のメーカーの製品よりも、はるかに信頼耐久性が高かった。買い集めたエンジンは一台ずつ一週間かけて丁寧に分解整備し、重要パーツのマグネットやキャブレターは、宗一郎と弟の弁二郎が必ずみずから調整した。そのうえで工場近くの六間通りや真向坂でテスト走行をして出荷された。買って来たエンジンをそのまま自転車に搭載するような手抜きの仕事は、お客様を大切にする苦労人の職人魂が許さなかった。

「お客様に迷惑をかけてはならない」とは、本田宗一郎が死ぬまで言い続けたことだ。

また、ユーザー・サービスのために、闇ガソリンを安心して使える方法を考え出していた。ガソリンは統制品で正式に入手するのが難しく、人びとは闇ガソリンを使ったが、警察官の経済取り締まりがうっとおしかった。そこで戦争中の代用燃料だった統制されていない松根油《しょうこんゆ》に目をつけた。この松の根から採る油を燃料にすると、エンジンからは独特の松脂《まつやに》臭い排ガスが出る。この松根油を闇ガソリンにまぜれば、取り締まる警察官の鼻をごまかすことができた。ガソリンではなく松根油を燃料にしていると言い張れるわけだ。そのためにホンダは、松根油の組合を結成し使用権を得ると、ユーザーを組合員にして松根油を配給したのである。こうしてホンダのユーザーは安心して闇ガソリンを使うことができた。

宗一郎は持ち山に入ってダイナマイトを仕掛けて土をほじくりかえし、松の根っこを集めた。ときに張り切りすぎて山火事を起こしてしまい、他人の山に燃え広がりそうになり、必死の消火活動をしたこともあった。

ホンダのバイクモーターは一週間で一〇台生産される計画で、生産計画が達成すると従業員全員に焼酎がふるまわれ宴会が始まった。本田宗一郎は従業員をねぎらうことを、いつも忘れていなかった。

その頃、一九四七年（昭和二二年）三月、本田技術研究所に、高等教育を受けたエンジニアが初めて入所してきた。浜松工業専門学校機械科（静岡大学工学部の前身）を卒業した河島《かわしま》喜好《きよし》である。戦後の混乱で就職難のさなか、父親の友人の口利きで、研究所に入所することになった。本田宗一郎は、すでに浜松の有名人であったから、河島はその存在と商品のバイクモーターを知っていて、興味を持っていた。河島は動く機械が大好きだったのである。

入所の面接は、河島の実家と二〇〇メートルも離れていなかった宗一郎の自宅でおこなわれた。それは当時「二八〇〇円住宅」と呼ばれた簡素な建て売りだった。

宗一郎と初めて会った河島の印象は「こわい人だと思った」というもので、世間知らずな学生の人間観察であることを差し引いても、当時の宗一郎がたたえていたただならぬ迫力を、この第一印象が物語っている。

しかし宗一郎は、河島の入所をなかなか認めようとしなかった。学校出は高給取りなので、技術研究所では雇えないというのである。だが、河島は粘り、毎日のように研究所へ通い、とうとう入所の許可を得てしまった。こうして一二番目の所員となり、六坪の事務所と八〇坪の工場をもつ本田技術研究所で働くことになった。

入所してみると、本田宗一郎が嘘を言ったのではないことがわかった。月額一八〇〇円の給料は遅配、欠配の連続だった。研究所には十分な数の工具を揃える金もなく、八ミリ・スパナは二本しかなかった。

当時、ホンダのバイクモーターは作るそばから売れていたのだが、宗一郎は経理、営業といった部門にはまるで無頓着だった。アート商会、東海精機と会社を興してきて、製品のコスト管理や生産効率の向上には人一倍の努力をはらう金銭感覚はあったが、経営や営業を担当したことなどなかったから金勘定が下手だった。営業のほとんどを友人が経営する大和商会にまかせていたが、ポンポンを仕入れた自転車店やブローカーに夜逃げをされ、代金の回収ができなくなることがたびたびあった。ポンポンは飛ぶように売れていたが、売掛金の回収がわるい悪循環の経営状態だった。

しかし、本田宗一郎とホンダには勢いがあった。このままでは終わりそうにない巨大なエネルギーがあった。

河島喜好は、何でもかんでも自分の創意工夫と腕一本でやってしまう宗一郎の情熱的な仕事ぶりと、その人柄に魅せられて嬉々として働き始めた。「万能の神みたいだ」だと思ったのである。工具や工作機械まで手作りするし、セメントが必要なら工夫して作ってしまうし、左官をやれば本職はだしの腕を発揮する。いったん研究や開発に手をつけると、すべてを忘れて没頭し、食事もせず、昼夜の区別なく働く。一段落つくと「おい、腹へったな、俺、生きているの忘れてた」と言ったりした。宗一郎は煙草を吸わないこともあって仕事中に一服することがなく、愛煙家の河島はときどき宗一郎の目を盗んでは工場のトイレで煙草をふかした。

本田宗一郎は、驚くほどタフだった。「俺は、たとえロビンソン・クルーソーの孤島に流されても生き抜いていくつもりだし、瓦《かわら》の上にまかれても、芽を出し花を咲かせる自信がある」と真顔で言い、それは比喩《ひゆ》などではなかった。

ただの熱血漢というのでもなかった。手抜き仕事をしている従業員を見つけると容赦なく往復ビンタを見舞ったりする厳しい社長ではあったが、四十歳になる苦労人らしいきわめてクールな一面を持ち合わせていた。本田宗一郎は、こんなことを河島によく語って聞かせた。

「今はこんな混乱した世の中だから仕方がないが、そのうち必ず本物と偽物の差がはっきりするときがくる。目先にこだわらず、メシが食えている間に、しっかり地力を蓄えておくことだ」

宗一郎は近くの学校のグランドを借りては、オートバイのテスト走行だといって、よくレースをやった。

河島も参加して懸命になって走っては、エンジンを整備したり、改良点のヒントをつかんだりした。

河島喜好は、やがてホンダの研究開発エンジニアとしてレースで大活躍を演じることになる。ホンダ・レーシングチームの初代監督として、マン島TTレースと世界オートバイ・グランプリを制覇し、本田技研工業の第二代社長となる人物である。

本田宗一郎は驀進していた。

一九四七年（昭和二二年）になると、戦争中に製造された六号無線機用の発電用小型エンジンが底をついた。そこで、この小型エンジンを改良するかたちで、すぐさまエントツと名づけた独自の排気システムをもつ2《ツー》ストローク・エンジンを開発して特許を出願した。エントツ・エンジンを搭載したバイクモーターが完成すると、嬉しくなった宗一郎は、さっそく乗りまわし、料理店に出かけて遊んでいる間にバイクモーターを盗まれてしまった。

しかし、エントツ・エンジンは吸気と排気の効率を大幅にアップした独特の機構をもつエンジンだったが、精密に製造しないと凸型のピストンが焼き付きを起こすので量産市販はできなかった。

休む間もなく、エントツ・エンジンを改良して、2ストローク五〇cc、〇・五馬力のA型自転車用補助エンジンを開発した。これが第一号のホンダ製市販エンジンとなった。一二月二二日、折からの停電をついてベンチ・テストがおこなわれ、A型は暗い工場のなかで真っ赤な排気を吐いてバリバリとまわった。

このA型エンジンは、宗一郎が工場の床にチョークで書いたアイディア・スケッチを、河島が設計図に描きおこして設計されたが、素性のいいエンジンで、大きな不具合もなく安定した商品となった。ホンダのバイクモーターの駆動系は、Vプーリーをつかったベルトで、このベルトの張りを調節する方法のクラッチ手動変速システムが考え出された。A型を搭載した自転車は、エンジン前方にキャブレターがあり、マフラーをリアまでとりまわし、本格的なオートバイに近づいたレイアウトになった。

A型のプロトタイプを作ったときはガソリンタンクに湯タンポを使った。この湯タンポがアルミ鋳造《ちゅうぞう》だったところから、宗一郎は鋳造製法に目をつける。ブリキ板でタンクを作ろうと考えていたが肝心のブリキが不足していて入手できない。そこで材料が手に入りやすいアルミ鋳造のガソリンタンクを採用することになった。鋳造のほうが材料が無駄にならないところも宗一郎のお気に入りだった。

「日本は資源の少ない国だ、だから材料を無駄にするような生産をしてはならない」とこの頃から言っている。

そのためにA型は、すっきりとしたデザインのティア・ドロップ形のタンクが搭載された。このタンクは茶色に塗られ、金色のエンブレムが書き込まれた。そのエンブレムは、羽根をデザイン化したもので、これがホンダのウィングマークのはじまりとなった。

この鋳造技術と同様に、浜松には楽器や自動織機の製造、木工製造、機関車製造工場などでつちかわれた工業生産技術が発達していたので、ホンダの商品開発は、多くの協力工場を得て急速に進展することができた。宗一郎は、自社製エンジンの品質を向上させるために、組み立て担当者別にナットの色を決め、だれがどのエンジンを組み立てたのかをわかるようにする品質管理を実施していた。

A型の名称は、ホンダのオリジナル第一号エンジンという意味があったが、エンジンとリアタイヤのプーリーを結ぶベルトがAの形をしているところからついたとも伝わっている。

ホンダではA型エンジンを自転車に搭載して販売もしていたが、エンジンとガソリンタンク、駆動用のプーリーとゴムベルトなどをセットにして売り出し、ユーザーはこのセットを買い、近くの自転車店で自転車への装着をおこなうのである。一セットの値段は小売りで一万六〇〇〇円。小学校教員の初任給が二〇〇〇円の時代であるから、これは現代の軽自動車ほどの価値があった。

自転車にA型エンジンを装着すると時速二〇キロほどで走れた。エンジン・パワーからいけばもっと速く走れたが、自転車のフレームでは、これ以上のスピードは無理だった。バイクモーターの泣きどころは、このフレームにあった。人力を動力として設計された自転車のフレームに、小型とはいえエンジンを搭載すれば、エンジンのパワーにフレームが負けてしまう。所員がこぞってバイクモーターに乗ってお花見に出かけたときは、あまりにも次々とフレーム関係が故障するので、お花見どころではなく、修理をしながら走るツーリングになってしまったことがあったほどだ。エンジンもまだまだ非力で、箱根の山道でテスト走行をすると、すぐにオーバーヒートしてしまい三分の一しか登ることができなかった。

それでもA型は最初のヒット商品となり、六か月で一四三〇万円を売り上げ、一年間で五〇ccバイクモーター・エンジンの国内シェア六六パーセントを占めるにいたり、台湾への輸出も開始された。

翌一九四八年（昭和二三年）三月、山下工場が手狭になり、浜松市野口町五四八番地にエンジン組み立て工場を増設した。引っ越しのためのトラックを借りる予算もなく、借り物のリヤカーに組み立て機械を載せて山下工場から野口に運ぶ、三日がかりの移転になった。野口工場の開所式には浜松市長が臨席し、宗一郎が尺八独奏する派手なものになったが、まだ従業員は二〇名たらずだった。

そして、その年の九月二四日、本田宗一郎は、満を持して資本金一〇〇万円で本田技研工業株式会社を設立した。昔からの友人で元浜町の溶接職人親方である増田儀一が出資者のひとりになって加わり、いよいよホンダの疾走が始まった。

本田宗一郎が興した三番目の会社は、最初から自分自身が社長になった。これまで信頼して経営をまかせてきた加藤七郎は戦争中に病死していて、他に人材がいなかったこともひとつの理由だが、それは大勝負にのぞむ強固な決意のあらわれだった。

会社組織発足と同時に、A型よりパワーのある2ストローク九〇ccのB型エンジンを発売するが、不具合の多いエンジンで、ごく少数を売っただけですぐに生産中止した。続いて本格的なオートバイを目指した2ストローク九八cc、二・三馬力のC型を生産する。しかし、エンジンは良かったが、やはりフレームが弱かった。C型は自転車型のダイヤモンド・フレームにリヤカーの太いタイヤをつけた、強化型のポンポンであったが、関連パーツがエンジンのパワーアップについていけず、走れば必ずどこかが壊れるようなオートバイだった。結局、故障が多く、クレームが多発してしまい生産中止となった。しかしC型は、宗一郎に本格的なオートバイの開発を決意させる契機となった。バイクモーターからオートバイへの移行を促進する製品となったのである。

ひたすら前進を続ける宗一郎は、ささいな失敗には目もくれず、矢継ぎ早に新製品を開発していった。次の商品開発は、C型での失敗を総括して、いよいよ本格的なオートバイを作ることであった。開発のなかで、もっとも重要なポイントは、いかにしたら乗りやすく扱いやすいメカニズムで、丈夫で長持ちするかである。これはお客様第一の姿勢だ。生産効率をあげることにも口やかましかった。コストをさげて市販価格をさげる目的だが、なにごとにつけても無駄を嫌った。しかもホンダの商品は個性的でなければならなかった。「個性のない技術は、価値が低い」と宗一郎は言った。

こうした開発姿勢は、現実と理想と夢までがごちゃ混ぜになり、獲得目標だけが高く多くなって、現実が追いつかないことがしばしばだった。それは失敗の連続となった。しかし、本田宗一郎は失敗をぜんぜん恐れなかった。

「失敗を恐れたらチャレンジはできない。人生、失敗なんていくらでもある。いいと思ったことをやって、しくじったのは無駄にならん。これじゃいけねえんだってことがわかっただけでも、儲けものなんだぞ」と言い続けた。「同じ苦労をするなら、先にしたほうがいい」と苦労をいとわなかった。

四機種目は、九八cc2ストロークD型エンジンを、生産性の良いプレス・フレームに搭載したオートバイで、一九四九年（昭和二四年）八月にドリームの名で販売が開始された。当時、ヨーロッパで流行していた合理的なデザインのチャンネル型プレスフレームが、この初代ドリームの大きな特徴だった。浜松の知人が所有していたドイツBMW社のオートバイを参考にしたものだ。ベンケイというニックネームで呼ばれたD型エンジンは、ヘッドやコンロッド、クランクケースがダイキャストで、宗一郎の特許である新型のロータリーバルブ機構が組み込まれ三・五馬力を発生した。

宗一郎はオートバイらしいスタイルをしたD型の完成がよほど嬉しかったらしく、プロトタイプを完成させた従業員たちに、ポンと三〇〇〇円を渡して「酒を飲んでこい」と、気前のいいところをみせた。

このドリームの名は、以後長くホンダのスポーツ・オートバイにつけられる商標になるのだが、ドリームD型のプロトタイプが完成したときの酒盛りで、「これで俺の夢が実現した」と宗一郎が言ったことから、この名がついたと伝えられている。従業員のひとりが「まるで夢のようだ」とつぶやいたという説もあるが、はっきりとした記録がない。晩年になって本田宗一郎は「私が夢のようなことばかり言っていたから、だれかがドリームと名づけたんじゃないか」と語った。車名などには頓着せず、ただひたすらよりよい新製品を作ろうと熱中していた雰囲気が伝わってくる。

ドリームD型は、その新しさを感じさせるユニークなデザインに人気が集まり、月産五〇台を記録するほどよく売れた。その結果、ホンダのA型からD型まで、五年間での生産台数合計は約一万台になった。

この頃、ビジネス誌『ダイヤモンド』が小さな記事で、浜松の本田技研工業の成長について報道した。バイクモーターを流れ作業で合理的に量産している、という内容だった。宗一郎の発案で、ライン生産方式とまではいかないが、生産効率をあげるために合理的な流れ作業を実施していた。しかし、それは理想が高く、現実が追いついていかないために、生産効率を大きく向上させたとは言いがたいものだった。だが、何度、失敗しようが、宗一郎は理想を語り続け、理想を実現するための挑戦をやめなかった。

その本質的な意味を、本田宗一郎はこう言った。

「うちの製品は、組むのに腕だのコツだのがいるようじゃ駄目なんだ。工場の従業員も、販売店の修理工も、俺みたいな奴ばかりじゃない。名人芸がいるようなものは作るな」

これは生産効率をあげてコストをさげ利益を大きくする、という発想ではない。新人の従業員が組んでもピタッと組めるようなメカニズムであれば、それは組み立て精度がしっかりしていることだから、丈夫で長持ちする商品になる。修理のときでも手間がかからず、どんな販売店でも修理ができて、しかも修理代が安くなる。そのような、すぐれた大衆商品を作るための考え方だ。

当時、この記事を読んだソニー創立者の井深大は「非常に印象的で、私は面白いと思った」と長く記憶にとどめている。

創業当時から働いていた従業員たちは、ホンダが中小企業から国際企業へと成長していくなかで、このポンポン時代にこそ、ホンダの企業フィロソフィが芽を出したと異口同音に言っている。それらはすべて本田宗一郎の説教や怒鳴り声のなかに種があった。

宗一郎は社内飲み会で酔っぱらって気分がよくなると、従業員を相手に大言壮語した。

「みんな見てろよ。いまに世界のオートバイ業界を征服してみせるからな。十年もすれば間違いなく世界のホンダになっているよ」

すると弟の本田弁二郎がこう続ける。

「そうだ、そうだ。みんなも兄貴の腕は先刻承知だろう。ずっと一緒にやってきた俺が保証するんだから間違いない」

こんな雰囲気のなかで調子にのった宗一郎は、かの名文句を口にした。

「世界一でないと、日本一じゃない！」

本田宗一郎が「世界一」を意識したのは、一九四七年（昭和二二年）八月に、日本人水泳選手の古橋広之進がロスアンジェルスで開催された全米水泳選手権で驚異的な世界新記録を樹立したときだ。四〇〇、八〇〇、一五〇〇メートルの自由型三種目で世界記録を更新した古橋広之進は、一躍国民的英雄となり「フジヤマの飛魚」のニックネームがついた。侵略戦争とその敗戦で自信喪失し、明治以来の欧米人への抑えがたいコンプレックスをかかえこんだ日本人は、この世界新記録樹立にわきあがった。日本人でも国際社会で活躍し、世界一になれる。この水泳選手が日本人に与えた夢と希望は、負けたはずの戦争に勝ったような、はかりしれない波及効果があった。とりわけ古橋広之進が浜松出身であったことから、遠州人たちはすこぶる熱狂した。

本田宗一郎は古橋広之進に強く影響された、と河島喜好は言っている。

「『日本人はアメリカに戦争で負けて、すっかり自信をなくしている。けど古橋コウノシン（ヒロノシンが正しいのだが、本田はこう言っていた）は裸一貫頑張った。古橋が遠州人なら、おれだって遠州人だ。やらまいか！』と、こうなったわけ。私には『河島、おまえは中学で古橋の一級下だろ、しっかりせい！』と（笑い）。そのうち、どんどん言うことが過激になってきちゃって『浜松でボソボソやってたって、たかが知れてる。東京へ出るんだ』になり、ついには『世界一でないと日本一じゃない』という、あの名文句が出てくるに至るんです。そこまで発想が飛んじゃうか、すごいオッサンだなぁ、と、あきれ半ばで、でしたがね（笑い）。夢のようなでっかい目標を、まず口走ってしまう。いったん口にした以上は、いつか必ずやり遂げる。それが、おやじさんです。そう分かったのは、ずーっと後になってからですが」

「やらまいか！」とは遠州弁で「やってみないか、チャレンジしてみないか」といった意味がある。浜松の人びとは、この言葉に誇りをもっていて、現在でも「やらまいか精神」と言ったりする。

本田宗一郎の大言壮語は、アート商会や東海精機で働いてきた古くからの従業員には、頼り甲斐のあるものだったろうが、新参者や第三者からみれば大風呂敷にしか聞こえなかった。しかし、宗一郎はいつも本気で真剣だった。大風呂敷をひろげているとは、これっぽっちも思っていなかった。

一九四九年（昭和二四年）になると日本には不況の風が吹き荒れた。敗戦復興途中にある日本経済はあまりにも脆弱で不安定だった。

ホンダは不況の波をうけて資金繰りが苦しくなった。宗一郎は持ち山を売り払い、自宅を抵当に入れて借金をし、その日暮らしのような経営を続けていた。市内のネジ店や鉄材料店などや部品商は、ホンダとは現金取り引きしかしないと言い出していた。工場ではストーブにくべる薪《まき》すら買えなくなるときがあり、従業員たちは近くのドブ川のハメ板をかっぱらってきて暖をとった。

宗一郎は、冬と長雨が嫌いになっていた。寒さと雨続きはオートバイ商売の敵だった。

毎朝、みずから雨戸を開けて、空を眺めた。晴れの日だと「おっ、晴れだ。今日はオートバイが売れるぞ」と言った。それはほんとうのことで、長雨が続いたりすると、売れ行きが鈍り、支払いに追われて、倒産寸前に追い込まれたりすることがたびたびあった。

「せっかくここまでやってきたのに、つぶれるのか」と、妻のさちの前で目を潤ませることもあった。

ホンダには、技術者はいたが、経営者がいなかった。

本田宗一郎は、信頼できる経営者が欲しかった。

第9章

藤沢武夫の登場

ホンダは深刻な不況のなかで倒産の危機にあえいでいた。従業員を四〇名までに増やしたといっても、浜松地方の小さな新興オートバイ・メーカーにすぎなかった。全国の二輪の市場では、財閥系の三菱重工と中島飛行機系の富士産業スクーターが人気商品で、オートバイは戦前からの大型車メーカーが苦戦しており、群雄割拠する戦後のメーカーは小型オートバイの生産販売に活路をみいだしていた。

一九四九年（昭和二四年）のことである。

ホンダに、ひとりの強力な助っ人があらわれた。

この年の一〇月、本田宗一郎とともにホンダを世界的なメーカーに育てあげた藤沢武夫《ふじさわたけお》が常務取締役として入社してきた。

宗一郎より四歳年下の三十八歳で、大柄でゆったりと動く男であった。

好みの句は「白鶴高く翔びて群れを追わず」。

ホンダに入社した藤沢は、年越しの資金を捻出するために、すぐさま在庫のA型エンジン一〇〇台を台湾に輸出する営業を開始した。その営業手腕は見事で、A型は一台あたり手数料込み四五米ドルで輸出され、暮れには一〇〇万円ほどの売掛金を回収した。

これで倒産が回避されたと常務の増田儀一が、工場にいた宗一郎に報告に行くと、股の下に七輪を置いてハンダ付けの最中だった。仕事が忙しく一週間も髭を剃っておらず、まるで山賊のような風体になっていた。倒産が回避されたと聞くと「そうか。よかった。じゃあ一杯やりに行こうか」と言った。

藤沢は凄腕のビジネスマンであった。迅速にホンダの営業をたてなおし、経営状態を安定させていった。それまでホンダが発行する手形はまったく信用がなく、割り引く者などいなかったが、藤沢が参画して以来、経営状態はあきらかに向上していった。ホンダは資本金を二倍の二〇〇万円に増資する。増額分の二五パーセントは藤沢の出資であった。

藤沢が入社して八か月後の一九五〇年（昭和二五年）六月に朝鮮戦争が勃発した。日本は朝鮮戦争の特需で一気に不況を脱出したばかりか、好景気となった。

その年、ホンダは販売台数日本一のオートバイ・メーカーになった。全メーカーの国内合計販売台数は三四三九台で、そのうち八七六台をホンダが売った。二位は昌和、三位はエーブスターであった。この年から今日にいたるまでホンダは日本トップのオートバイ・メーカーとして君臨することになる。

藤沢武夫は、一九一〇年（明治四三年）に東京の小石川区（現在の文京区）で生まれた。

父親の秀四郎は、映画館で映す宣伝広告のスライド制作の会社を経営していた。アイディアマンで、プロデューサーの才能があり出雲安来節一座の東京公演を成功させたこともあった。しかし関東大震災で会社が焼失し、大きな借金を残した。金勘定が下手で、運がわるいところがあり、めまぐるしく職業を変えた。晩年は喘息《ぜんそく》を病み、貧困のなかで亡くなった。遺言は「人間なんていうのは、どこまでいったって同じだからな」という哲学めいたものだった。

少年時代の藤沢は、借金取りが次々と玄関先にあらわれる家で育ったが、ごく普通の目立たない少年だった。京華中学校から学校教員をめざして東京高等師範を受験したが失敗し、十七歳で社会に出た。受験の失敗からいささか厭世的な気分になり、職業を転々とかえる生活を続けた。やがて郵便物の宛名や賞状、謄写印刷などを手書きする筆耕《ひっこう》職人になった。

二十歳になると陸軍歩兵五七連隊へ幹部候補生として志願入隊するが、一年後に伍長で除隊した。軍隊の生活は嫌いではなかったが、肌に合わなかったと言っている。結局、元の筆耕業に戻り、二十四歳になるまで、この手作業の仕事で生活を支えていた。

そこから藤沢武夫の人生は大きく変わる。突如として鋼鉄小売り商店に入社し、営業の仕事を始めたのだ。口下手なので営業が苦手であったはずだが、この突然の転身を「直観だった」という。その直観は見事に当たり、営業成績は急上昇していった。初任給は一五円だったが、一年目には一五〇円に跳ね上がり、五〇〇円のボーナスをもらった。店主が徴兵されると、店をまかされて体験的に経営を学んだ。そして三十三歳で、切削《せっさく》工具製造業の日本機工研究所を設立して独立した。

本田宗一郎との縁は、この時代に生まれた。大手の取り引き先が日本最大の軍用機メーカーの中島飛行機製作所だったので、その技師であった竹島弘に「浜松に本田宗一郎という、大変に素晴らしい叩き上げの天才技術者がいる」と何度も聞かされた。竹島は浜松工業高等学校を卒業しており、当時、中島飛行機にピストンリングを納入していた東海精機の本田宗一郎に注目していたのである。藤沢は、この天才技術者の名前を忘れなかった。

一九四五年（昭和二〇年）の日本敗戦により中島飛行機は軍需財閥企業として解体されたので、藤沢は切削工具製造業に見切りをつける。疎開予定地だった福島へ引っ込み、材木商に転業した。戦後の復興には必ず多量の木材が必要と読んだからである。

三年後の夏、発動機の部品を買うために上京した藤沢は、市ヶ谷の公衆便所で用をたしているときに竹島弘の姿を見かけ、偶然の再会をする。そのとき何を思ったのか、藤沢は本田宗一郎の消息をたずねている。竹島は、本田宗一郎がしっかりした経営者と組めば大きな成功をおさめるだろうと思っていた。その人材が浜松にはいないと藤沢に言った。とっさに藤沢は「それは、俺がやる」と答えた。藤沢武夫は、苦労人らしく自分の能力を発揮する器を知っていた。だれか巨大な可能性をもつ人物のしたでナンバーツーとなって働くことが望みであった。ナンバーワンは不向きだと自分すらも見切ることができる人だった。

そして翌年、「経営と営業の人材」を求めていた宗一郎は、東京・阿佐ヶ谷の竹島の家で藤沢武夫と初対面することになる。

このとき、藤沢は「どんなことをしても闇屋はやらない」と言い切り、宗一郎を感激させている。

本田宗一郎は、藤沢武夫の第一印象を、こう語っている。

「食うか食われるかというときだったから、私は、ひと目見て、これは素晴らしい奴だ、とすっかり惚れ込んじゃって、すぐウチで働いてもらうことにした。それは勘というか、インスピレーションというか、言葉では説明できるものじゃありませんね。話しているうちに、こいつは俺にないものを持っている。頼れるな、という感じがしたんです。過去にさまざまな体験をして、自らの欠点と長所がだんだんわかってくると、自分にはないものを相手に求めたくなるものです。そういう人間にめぐり会ったときの感じは、口では言えないな」

その点、藤沢武夫は慎重だった。浜松の宗一郎の家を訪ねて、妻さちと会い、ホンダの工場を見学する。納得ずくで、ホンダへ入社する腹を決めた。

これは劇的な出会いというべきことなのだろう。しかし、四十二歳の本田宗一郎と三十八歳の藤沢武夫は、ともに苦労人である。相互に鋭い人間観察があった。宗一郎は晩年になって「藤沢は見かけに依ず書生っぽいところがあって話の筋を通す。そんな初々しさというか、若さを大事にしていましたね」と語った。藤沢は「本田宗一郎は何事につけても、もっともらしいことを言うのがうまいと思った」と言った。これらの発言は、劇的な出会いとはいいがたいほど醒めている。双方の人柄を短い言葉で鋭く言い当てている。もっといえば辛辣なところがある。ここまでお互いに見切ったうえで、ふたりは手を組んだ。

不思議に気があった。体型も性格も正反対だったが、話をしていると、どんどんと意気投合していく。何もかも語りつくす長い時間を毎日のようにもった。朝から晩まで、昼飯時も、酒を飲んでも、電車の吊り革にぶらさがりながらも話し合った。話が終わらず、旅館に泊まり込んだこともあった。そんな時間が楽しくて仕方がなかった。宗一郎が「すべてを話し、もう話すことがなくなった」と言えば、「社長と僕の意志の疎通は、どんな問題でも、二分間話し合えば片づく」と藤沢が言うぐらいに、相互の理解を徹底的に深めていった。

ふたりは話しながら、巨大な夢をふくらませていった。意志一致した目標は、ホンダを大きくして世界一のメーカーにすること。それは、戦後社会からしか生まれようのない、どこにもないユニークで自由な会社であること。具体的な目標は、月商五億円であった。現実の月商が三〇〇〇万円のときである。

もちろん、言い争いになり口喧嘩になることもあった。しかし、アート商会浜松支店を加藤七郎と組んで株式会社にして以来、経営パートナーの重要性を認識してきた宗一郎は、間違いに気がついたら謝り、「藤沢の言っていることが、もっともなことだと思ったら、それは世界中の人の言葉だと思わなければしょうがない」と言い、無二のパートナーを放さなかった。

藤沢も宗一郎を社長として尊重し、技術と生産の分野には、けっして口を出さなかった。運転免許を取得したが、ハンドルを握りもしなかった。

後に藤沢は「初対面の本田宗一郎は、たとえようのない男性的魅力にあふれていた。この男をつかまえることができる人物が浜松にはいなかったのだ」と豪語することになる。

しかし、このふたりは、仲よしの友だちというような関係ではなかった。十二分に話し合い、意志一致した目的を持ち、任務分担をわきまえた、いわば同志であった。宗一郎は「いい製品を効率よく作る」、それを藤沢が「売りさばき金を儲ける」。しかし、大衆市場では必ずしも、いい製品が売れるとは限らない。宣伝や販売戦略がわるければ、いい製品といえども売れない。いい製品だと確信して売り出しても、大衆に見向きもされないことはしばしばある。現実には、売れた製品が、いい商品になってしまう。とはいえ、いい製品だと確信して大々的に売り出した後に不具合が露呈することもある。

生産と営業を分担して担当するふたりには、必然的にそのようなシリアスな緊張関係が生まれていく。そのなかで、宗一郎と藤沢は、信頼を武器に、平衡関係を維持していった。

ホンダの営業を仕切るようになった藤沢の当面の政策は、販売力をつけることであった。当時、オートバイの販売は自動車販売店が兼業でやる程度のもので、ホンダの看板をあげる代理店は全国で約二〇軒しかなかった。この代理店網を拡大整備することが藤沢の大きな仕事になった。

代理店網を拡大整備するために、一九五〇年（昭和二五年）三月、藤沢は自己資金をはたき、東京駅近くの中央区京橋槇町《まきちょう》に東京営業所を開設し、みずから所長になった。宗一郎と藤沢は、東京に本社を移転する計画であったが、何人かの取締役と取り引き銀行が東京進出に反対して営業所開設の資金を出し渋っていたからである。そのために自費をはたいての東京進出であった。所員は三人しかおらず、事務所の備品は、机がふたつ、暖をとり湯をわかす七輪がひとつ、電話は古い知人からの借り物だった。

ホンダの東京進出、それは本社や工場の移転を計画するだけでなく、浜松地方の人脈と金脈から離脱することであった。具体的には、それまでホンダの営業活動をしていた大和商会との決別、静岡県下の地方銀行から東京に本店を置く大手銀行との取り引き開始計画である。

ホンダの東京進出が始まった。九月には東京北区の上十条に一五〇〇平方メートル（四五〇坪）の組み立て工場を建設した。浜松の工場でエンジンを製造して東京へ運び、オートバイの組み立てがおこなわれるようになった。

宗一郎も東京へ引っ越してきた。農協のトラックを借りて家財道具を運び、家族を連れて、東京工場に近い池袋に住んだ。ホンダの幹部社員も次々と東京へ引っ越した。

その頃の東京は、まだ戦争の傷痕を残した首都だった。盛り場には闇市マーケットがはびこり、上野駅地下道には浮浪者や戦争で孤児となった少年たちが生活していた。初の一〇〇〇円札が発行され、山本富士子が第一回ミス日本に選ばれた。イギリスの小説『チャタレイ夫人の恋人』がわいせつ文書として発行禁止処分になり、日本を間接統治するGHQは共産党およびそのシンパを公職から追放しようとしていた。

宗一郎は、この東京進出にあたって、こんなふうに言っている。

「私のような人間が、浜松のような田舎にいると、どうもまわりの雑音が多くてね。田舎の人は、自分と同じ思想、同じ歩調をとらないと、つべこべ言って排撃する気風が強いでしょう。例えばね、赤いネクタイを締めて、酒でもひっかけて深夜に帰宅しようもんなら大変ですよ。おまけにこっちはオートバイでぶっ飛ばして来るんだから、たちまち評判になって、奥さん、お宅の旦那は毎晩遅いじゃないですか。気をつけなさい、なんて近所の人が女房にご注進する。私は人に迷惑をかけなければ、自分は自分だと思って、あたりの噂なんか気にしないで振る舞っていたけど、いつまでもこんなところにいたんでは窒息しちゃう。これでは自分の個性が押しつぶされてしまうし、新しいデザインの考案だってむずかしいと思ってね。それで東京へ出てきたんですよ」

二二年ぶりに東京へ出て来た宗一郎は、さっそく新エンジンの開発に着手した。

念願の小型4《フォー》ストローク・エンジンの開発であった。

ホンダは、2ストローク・エンジンの製造を続けていたが、宗一郎は大いに不満だった。かつてA型エンジンを台湾に輸出したときに、オーバーヒートなどのエンジン不調が続発したことがあった。この原因が、2ストローク・エンジンの限界にあると見切った宗一郎は、4ストローク・エンジンを開発すれば、台湾や東南アジア、世界各国どこの国へもホンダのオートバイが輸出できるとの結論に達していた。

もとより「竹筒の上下にフタをしたような単純な構造の2ストローク・エンジン」は好みではなく、より機械的な4ストロークの方が好きだったことも大きな理由のひとつだ。また、4ストロークの開発は、より困難で新しい技術テーマにチャレンジすることであり、宗一郎の心はときめいていた。

この新エンジン開発計画は藤沢武夫も大いに賛成し、一日も早く開発してくれと催促さえしていた。高級大型オートバイ用のエンジンだと考えられていた4ストロークを、小型オートバイに搭載することができれば、世界中のオートバイ・メーカーの常識を打ち破り、新興メーカーにすぎないホンダの存在を強くアピールする技術になると、戦略的に考えていたからである。

一九五一年(昭和二六年)五月一〇日、宗一郎は珍しく藤沢を工場へ誘った。

東京十条工場へ向かうクルマのなかで、普段は喋りまくって運転がおろそかになりがちな宗一郎がじっと黙っているので、藤沢はいったい何事が起きたのかと思っていた。

ふたりは、東京十条の工場へ着くと、一坪ほどの小さな設計室に直行した。

製図版の上に、書きあがったばかりの一枚の設計図が置いてあった。

宗一郎は、その設計図を藤沢に見せると、「これでもう大丈夫だよ。ホンダは大変な勢いでのびるよ」と言った。

その図面こそ、新型4ストロークのエンジン、ホンダE型の設計図であった。

河島喜好が設計したE型エンジンは、4ストローク一四六cc、五・五馬力で、ヘッドは一体ダイキャスト製でドライサンプ式給油だった。2ストローク九八ccのD型エンジンに比べると、排気量は五〇パーセント増で、馬力は八〇パーセントも増えていた。当時の4ストローク小型エンジンの吸排気方式はサイドバルブが主流だったが、このE型はバルブをヘッドに置いてプッシュロッドで駆動する、より高性能なOHV(オーバーヘッドバルブ)であった。「このエンジンは、他社の二〇〇ccエンジンに負けない内容がある」と宗一郎は、言い切った。

Ｅ型エンジンは、ドリームＤ型改造フレームに搭載されて走行実験を開始した。その最終テストは箱根の山越えであった。

当時、日本の小型オートバイは、箱根の山を一気に登り切ることができなかった。勾配のきつい山道を連続走行すると、オーバーヒートを起こしてしまうからである。トラブルを起こすのはエンジンだけでなく、フレームにガタが出たり、ハンドルが壊れて取れたりする。雨が降れば、電気系のリークで、ライダーが感電することもあった。箱根の山を一気に登り切る小型オートバイができれば、それは日本一の高性能小型オートバイということになる。

テスト・ドライブは台風襲来の激しい雨をついて七月一五日に決行された。ライダーは、設計者である河島がみずから引きうけた。

静岡県の三島から箱根のワインディングロードを登り始めたドリームＥ型は、大型のアメリカ車ビュイックで後を追った宗一郎と藤沢を尻目に、ぐんぐんと急勾配のワインディングロードを登り、ビュイックを振り切ってしまった。

宗一郎たちが山頂に着いたとき、河島喜好はエンジンを止めて一息ついていた。ずぶ濡れだったが、得意そうな顔で、ふたりの到着を待っていた。ホンダＥ型エンジンは平均時速七〇キロで箱根の山をノンストップで登り切り、オーバーヒートしなかったのである。

頂上に到着した宗一郎は、大雨のなかに飛び出しドリームＥ型を点検すると、河島と手を取り合い、涙を流してテストの成功を喜んだ。

冷静な藤沢も、雨のなかに立ちつくし、歓喜するふたりを見つめて感動していた。

こうしてE型エンジンの潜在的な性能が確認できると、宗一郎は、安定して馬力を出すための改良を河島に指示した。馬力が安定すると、その次は馬力を落とさずにエンジン音を低下させる研究、燃料消費量の低下、そして製造コストダウンの工夫と、宗一郎の研究開発活動は際限がなかった。「次から次へ、とんでもない要求がぶつけられた」と河島喜好は言っている。

その一方でホンダは、通産省に月産三〇〇台生産の届けを出す。統制品であったガソリンの割り当て配給を受けるために、予定生産台数を届け出る義務があった。しかし、この月産三〇〇台の数字を信用する者はいなかった。ガソリンの割り当てを増やすために大袈裟《おおげさ》な届け出をしたとの噂が広がった。

こうしてホンダ初の4ストローク・オートバイ、ドリームE型が完成し、一〇月に発売された。ユーザーが待望していた高性能小型オートバイは、発売直後から人気車種となり、注文があいついだのである。

日本の経済は、一九五〇年（昭和二五年）六月に開戦した朝鮮戦争の影響で急速に復興しつつあった。この戦争は、東アジアの東西冷戦構造を象徴する戦争で、大韓民国と朝鮮民主主義人民共和国の戦争であったが、それは西側自由主義陣営と東側社会主義陣営の戦争でもあった。日本は朝鮮半島で戦うアメリカ軍の後方基地となり、戦争による特需で景気が急上昇した。ドリームE型は好景気の波に乗った。

ホンダの東京工場では増産体制が組まれ、ドリームE型が日産一三〇台のペースで生産された。これは日本における一日あたりのオートバイ生産台数の最高記録となった。月産三〇〇台の届出を、大法螺だと嘲《あざ》笑った連中は、完全に時代を読み間違っていたのである。

ホンダは、ドリームE型のヒットを足場に、一気に勝負に出た。翌一九五二年（昭和二七年）四月、浜松市から東京駅近くの中央区槇町三丁目に本社を移転し、六月には資本金を六〇〇万円に増資した。

休む間もなく、宗一郎は、カブF型の開発に着手していた。

免許証制度が改正され、許可をうければ無免許で乗れるオートバイが、それまでの六〇ccから九〇ccとなり、ガソリンの統制が廃止されたことで、大衆的なオートバイ・ブームが起こってきた。新人サラリーマンの年収が一〇万円にせまるほどまでに日本経済は成長し、大衆の購買力が大きくなっていた。ホンダが、このビジネス・チャンスを見逃すはずがなかった。

カブF型は、敗戦直後に流行したポンポンをさらに洗練させたバイクモーターだった。ターゲットのユーザーは、女性をふくむ軽便な乗り物をもとめる人びとで、そのための工夫がこらされている。A型エンジンの改良版である小型軽量の2ストローク五〇ccエンジンを自転車のリア・フォークに装着する。この位置は、オイルやガソリンで衣服を汚さないための発想からもとめられた。また、リアの低い位置にエンジンがあるので、重心が低くなり、走行安定性が増した。このエンジン位置を採用したのはカブF型が最初ではなく、イギリスのBSA社のバイクモーターなどがすでに商品化しているシステムだった。BSAはベルト・ドライブだったが、F型カブはチェーン駆動で、凸凹道やヌカるんだ道でも力強く走るように性能向上の工夫がこらされていた。

開発にあたってとくに重視されたのは軽量化で、従来のバイクモーターの重量は一四キロもあったが、軽合金ダイキャストをふんだんに使ったカブF型は半分の七キロに仕上がっていた。エンジン・パワーは一馬力で、トルクが太くて使いやすいエンジンだった。どんな自転車にも、リアタイヤを外すことなく装着できる手軽さも、開発段階から意図されていた。

カブF型は、開発当初、バンビィと名づけられていたが、発売直前にネーミング変更がなされた。カブは、駆け出し、新米、猛獣の子供を意味する英語だが、一説にはオイチョカブからとったとも伝えられている。どちらにせよ小型エンジンらしい愛嬌のある、いい響きのネーミングだった。

カブF型の開発にあたって、宗一郎は全社的イベント型のテストを実施した。バイクモーターは、ユーザーがエンジンと備品をセットで買い、自分の自転車に装着する商品である。そのためには、どんな種類の自転車に取りつけられても、確実に作動する商品でなければならなかった。そこでいろいろな種類の自動車にカブF型エンジンを装着した試作車を数台用意し、埼玉白子工場から浜松工場まで二泊三日間かけて往復する長距離ロードテストを実施することにした。この大規模なテスト走行には免許を取ったばかりの者をふくむ白子工場の男性従業員全員が参加した。ベテランのライダーはエンジンをいたわって運転してしまうから、運転に慣れていないビギナーのライダーが必要だった。ユーザーと同じレベルの運転をする乗り手でなくては、テストの意味がなかった。設定されたテスト・コースは箱根の山を越える難コースであり、途中で転倒し負傷するライダーも出たが、意気軒昂な従業員たちは、風雨をついてテスト走行をやり切った。まさに全社一丸となって成功させた大規模テストであった。

このカブF型は、「アメリカのデパートでクリスマスのプレゼント用に手軽に買えるような商品にしたい」との藤沢武夫の発案から、それまでのこもむしろにくるんだ木箱梱包を止め、赤と青の文字がすべてアルファベットで印刷された紋章付きのカラフルな段ボール箱に梱包して販売することにした。こうした商品性を向上させるセンスは、エンジンとタンクのシルエットやカラーリングにも発揮されていた。ガソリンタンクは正円形で純白に塗られ、丸みをおびたエンジンカバーは鮮やかな赤というカラーリングであり、ここから「白タンクに赤いエンジン」の宣伝用キャッチフレーズが考え出された。

販売ルートは、これもまた藤沢のアイディアで、従来のオートバイ販売店ではなく、全国各地にあった自転車店へ呼びかけて新規開拓をした。新しい商品には、新しい販売ルートがふさわしいと藤沢は考えたのだ。オートバイ店はオートバイメーカー各社の商品をあつかうが、自転車店のルートを開拓すれば、それはホンダ独自の小売店網になる。さらに将来的に、それらの自転車店がホンダの専売店に成長する可能性もあった。これは将来を見越した考え抜かれた販売戦略である。

全国五万五〇〇〇軒の自転車店にダイレクトメールを送り、販売店になることを提案してみると、三万店からの応募があり、そのうち一万三〇〇〇店をカブF型専用の販売店網に組織することができた。

一九五二年（昭和二七年）六月に二万五〇〇〇円の定価で発売されたカブF型は、凄まじいヒット商品となった。当初は月産三〇〇台が予定されたが、半年後には月産七〇〇〇台に達した。アメリカ統治下の沖縄、台湾やフィリピンにも輸出された。少数のサンプルが北米、南米、ヨーロッパへも輸出された。

こうしたホンダの躍進にたいして、従来のオートバイ愛好家は、ホンダの販売戦略を軟派だと批判し「モーターサイクルを売り薬みたいに売るのは苦々しい限りだ」といった偏狭な意見を口ばしったが、大衆的なオートバイ・ブームになんの影響も与えなかった。

ドリームE型の売れ行きも相変わらず好調で、カブF型とあわせるとオートバイ業界ぜんたいの月産量の八〇パーセントをホンダが占める月があり、月商四億円を記録した。二年前の年間売り上げが八三〇〇万円、前年度が年間で三億三〇〇〇万円である。爆発的な急上昇であった。

ホンダは株式会社発足から五年で、名実ともに日本一のオートバイ・メーカーに成り上がったのである。この奇跡のような成功は、産業界の衝撃的なニュースとなった。松下電器を創業した「経営の神様」松下幸之助が、ホンダ東京工場の見学を希望して押し掛けてくるなど、ホンダは産業界の寵児《ちょうじ》となった。

藤沢武夫の経営戦略は徹底した先手必勝で、一気呵成の勝負を仕掛けていった。経営方針は「売掛金は最小、在庫も最小」というもので、そのために販売店からの集金を厳しくして、容赦なく現金で取り立てた。カブF型にいたっては前金をとってから販売店におろしていた。そのために「金の亡者」と陰口をたたく者さえ出てきた。

藤沢は、こうして売上げを現金で回収すると、納入業者への支払いは五か月の約束手形をきった。これで常時二、三億円の現金を手元に置くことになる。この豊富な現金をもって、経営基盤の整備、社内体制の確立、大型設備投資など大胆な政策を実施していった。

経営上の最大の課題は、メインバンクを決めることであった。静岡の銀行とは東京進出をめぐっての議論で気まずくなっていたし、さらなる拡張政策を進めるには大手銀行との取り引きが必要だった。

東京の金融機関経営者のなかでホンダに注目したのは三菱銀行専務の川原福三であった。川原は日本橋支店を通じて、本田宗一郎と藤沢武夫から面談を申し込まれ、空襲で焼け残った威風堂々とした三菱銀行本店の豪華な応接室を用意して待っていた。そこへあらわれたのが派手なカラーシャツにハンチングをかぶった宗一郎とスーツ姿の藤沢だった。ビジネスには縁のなさそうな派手な姿の客が応接室に向かうのを見て、思わず振り返って見てしまう行員もいた。

ふたりは川原に向かって、独創的な技術開発をおこなう新しいスタイルのメーカーについて熱心に語った。学歴もないふたりだが、だからこそホンダが成功したら、それは新しい時代の企業像となるのではないか。それが戦後社会の理想的な企業というものではないか、と力強く夢を語るのだった。

川原は「では、いま築いている会社は将来、子供や孫に残すつもりなのか」と質問すると、ふたりとも「そういうつもりは一切ない」と言い切った。

ホンダが同族会社を拒否する経営理念を対外的に表明したのは、このときが最初であった。川原はふたりの戦後型経営者の覚悟と哲学を理解した。以後、三菱銀行はホンダの最良なメインバンクとなった。

大手銀行とのパイプを切り開いた藤沢武夫は、ナンバー・スリーの常務から、専務取締役に昇進し、経営、営業、総務の最高責任者になった。このときホンダは、宗一郎のワンマン体制から、鮮明な業務分担をしたツーマン体制へと経営体質を変化させ、本田宗一郎と藤沢武夫の経営パートナーシップを確立した。

宗一郎は、社内報『ホンダ月報』に「世界的視野に立って」と題する所感を発表し、二〇〇〇人の従業員を鼓舞し、さらなる成長拡大方針を打ち出した。

けれ共、之は吾が國——日本に於いて第一流になったということで、一度眼を世界的視野に転じます時、現在私達の到達してをり《ママ》ますレベルはまことに恥ずかしく、寒心に耐えないものであります。

本年の年頭の辞《ことば》にも申上げましたように、私の願って居りますのは製品を世界的水準以上にまで高める事であります。私は日本の水準と英・米等先進国の水準との開きの余りに甚だしい事をよく知って居ります。

ところが今回愈々《いよいよ》私の念願であった世界的技術の水準に於いて、世界市場で世界第一流のメーカーとの競争を実行に移すことになりました。

日本だけを相手にした日本一は真の日本一ではありません。世界一であって始めて日本一となり得るのであります。

宗一郎と藤沢は、しばしば従業員を集めて、ミカン箱の上に立ち演説をぶった。ふたりとも、わかりやすい言葉や喩《たと》えで話し、講談のような名調子と漫談のようなおもしろさがあった。しかも「世界一のオートバイ・メーカーになる」といった夢のような話があり、聞いている方は、大風呂敷を広げられて最初は唖然としていたが、経営者の勇ましくも強烈な意志を好ましいと思う従業員が増えていった。

資本と経営体制の整備、将来の展望を打ち出したホンダは、先進技術を標榜するメーカーらしく、総額四億五〇〇〇万円という、おそろしく大胆な設備投資をおこなうことにした。

その決断の背後には、日本を間接統治するGHQ、すなわちアメリカの経済政策の変換があった。GHQは当初、日本の経済を再編成して、天皇制軍事独裁政府の復活を抑止する目的に重きをおいた政策をもっていたが、朝鮮戦争を契機としてその方針を転換しつつあった。日本の防衛力を強化するために、日本経済を自立させ、産業力の増強をめざす政策に転換したのである。この政策転換にともなって、アメリカからの経済援助が産業界に流れ込むことになった。そこに目をつけたホンダは、欧米製のすぐれた工作機械を買いつけるために、通商産業省（以降、通産省）へ外貨割り当ての申請をおこなった。優秀な工作機械を輸入すれば、それは一企業の利益にとどまるものではなく、広く産業界に貢献するというロジックは説得力があり、ホンダは四億五〇〇〇万円にもおよぶ工作機械を購入する資金を調達できた。ホンダの資本金が六〇〇万円から一五〇〇万円に増資された頃の四億五〇〇〇万円である。さすがの宗一郎もこの設備投資は冒険だと思っていたようだ。後年こんな感想をもらしている。

「まだ日本も貧しい時代で、結局、自分が幸せになるには、日本を幸せにしなけりゃいけない。そういうふうに考えて、高い機械だったけど思い切ってどんと入れたんです。それでウチがもしつぶれても、国にそれだけの機械が残れば日本に貢献したんだと。こう言えばカッコがいいけど、まあ、あきらめと同時に捨てばちの気持ちといったところですかね」

とはいえ、高性能の工作機械を手に入れれば、ライバルたちとの差をぐんと広げる高品質の商品を作り出すことが可能である。

こうして買い入れが決定した約一〇〇台の工作機械は、ドイツ、スイス、アメリカから購入することになった。ほとんどはドイツ製の機械であったが、この機械購入を口実に、宗一郎はアメリカ視察旅行を計画した。外貨不足のために民間人の海外旅行が極端に制限されていたので、外国視察旅行に出るためには、それ相当の理由が必要だった。同時に設計課長であった河島喜好へもドイツ、スイスへの視察旅行が命じられている。

宗一郎が最初の海外視察にアメリカを選んだのは、企業幹部のアメリカ視察旅行がブームになっていたという理由もあるが、これは藤沢武夫の示唆によるところが大きい。当時のアメリカは、世界一の豊かさを誇り、巨大な大衆消費社会になっていた。その市場へ将来的には輸出をしたい。しかも日本の大衆文化は大正時代から圧倒的にアメリカの影響をうけてきた。日本の大衆市場の成長方向を占うためにもアメリカ視察は必要だった。そのことを藤沢武夫は理解していたのだ。

宗一郎は、社内報に、関係各位、従業員諸君に向けた「ご挨拶」をしたためた。

アイデアと工作技術に於いては欧米の技術水準に劣らぬ、いや、彼等を凌駕する自信を持っておりますが、工作機械の性能すなわち精度と速度に於いてはその開きが、余りにも甚だし過ぎます。（中略）生粋の技術者であり生来の野人である私のことゆえ赤毛布《あかげっと》の失敗珍談、その他御興味そそる話材もあろうかと存じます。

国のドルを費やして旅行する以上、決して無意義な旅行には致しません。出発に際して心中に期するところを述べ暫く御別れの挨拶を申し上げます。

一九五二年（昭和二七年）一一月四日、本田宗一郎はパンアメリカン航空機で羽田国際空港を出発し、四六日間のアメリカ視察旅行をスタートさせた。

大型旅客機に乗った宗一郎は、アメリカ到着まで、旅客機の四つのレシプロ・エンジンがトラブルを起こさなかったことに、まず驚いている。東京のアート商会で奉公していた頃に、飛行機の操縦を習ったことがありエンジン・トラブルで墜落した経験があった。また、軍用機の修理をしたこともあったので、日本の航空機用エンジンが故障しやすいことを知っていた。だから、こんなに丈夫な航空機用エンジンがあるとは、驚きであった。あらためて「日本はエライ国と戦争をしたもんだ」と思った。

アメリカに到着すると自動車の街デトロイトを目指した。それからシカゴ、ニューヨーク、サンフランシスコを巡った。アメリカに関する知識に乏しかった宗一郎は、何もかもが珍しく思えた。レディファーストのエチケット、個人の自由が大きくしかし差別のある多民族社会、夜になると光り輝く街の大通り、巨大なモータリゼーション、キリスト新教によるアメリカ民主主義と合理的精神など、ひとつひとつに感動し、それは刺激となって視察を推進させていった。とくに感心したのは、徹底したコマーシャリズムで、企業の営業や宣伝広告活動の熱心さときめ細かさに圧倒されている。コカコーラの自動販売機が、一〇セントで瓶《びん》売り、五セントだと紙コップ売り、と選択できることにも大いに感心している。社会構造にも、鋭い好奇心は向けられた。社内報にはこんな観察メモを書いている。

私が、いちばん驚いたのは二十二か国もの人種が、ある秩序のもとに生活している事実だった。ある秩序とは、義務と権利が屹然《きつぜん》とした世界、ということだ。

もちろん、宗一郎の目は、自動車産業や社会構造にばかり向いていたわけではない。酒の席では「アメリカに着いた最初の夜に金髪を抱いて度胸をつけた」などと、一九五〇年代でもきわどい法螺話をして座を盛り上げたが、初の海外旅行で大いに異文化体験を楽しみ学んできた。

アメリカの国内線の各航空会社では競争が必死で、こんな美人が？ と思われる様なスチュワーデスを揃えての激戦である。飛行機等は、どれにしても至れり尽くせりの設備と性能で、機内の装飾も大同小異とすれば、あとは美人で来いという訳か。競争の相手が少なくなるに従って、サンフランシスコ—ハワイ—日本と、美人の質が落ちてくる。ハワイから乗り込んだスチュワーデスに、私は本国に帰れば、使うことがないであろう言葉を、心置きなく、コーヒーを持って来たときに、使ったものである。オー・ビューティフル・フェース。羽田に着くまで彼女は、私と顔を合わせると、ニコッとするのである。英語は心得て置いて損はない。

こうして初めての外国旅行から無事に帰国した。

大量の工作機械を買いつける作業が終わると、今度は、その機械を稼働させる新工場の準備に入った。埼玉県大和町白子にあった一万平方メートル（三五〇〇坪）の廃工場を買い、同じく大和町新倉に一〇万平方メートル（三万坪）の工場用地を確保した。

「借金で買った機械の償却が遅くなる」と、機械が届いたその日から稼働させるせっかちな計画を立て、工場建設と同時に工作機械の配置、地盤整備をすませる突貫工事が始まった。

その間にも、ホンダの成長拡大政策と新製品の開発は休むことなく続いていた。

新しいオートバイ商品はベンリイJ型で、これは4ストロークの八九cc、三・八馬力のエンジンを積む実用車だ。届け出許可制の九〇ccオートバイのユーザーを狙った新商品である。

一九五三年（昭和二八年）になると、一月に、本社を中央区槇町二丁目に移転した。

それからは矢継ぎ早に、四月に白子工場開設、五月に大和工場（後の埼玉製作所）の一期工事が完成し、そこへ前年に買いつけた工作機械の一部が到着した。六月はホンダに労働組合が結成され、七月になると浜松・住吉工場開設。八月にベンリイJ型が発売され、十月には農業用機械の分野に進出するために汎用H型エンジンを発売した。年末に資本金を六〇〇〇万円に増額し、翌年の一月には、創立六周年記念と銘打って株式を公開し、東京証券取引所で店頭販売を開始した。大企業や金融機関からの大型資本参加を拒

ホンダ・レーシングチームが初挑戦した国際レースは日系人の多いブラジルであった。レース会場のサンパウロ市のインテルラゴス・サーキットには日章旗がひるがえった。このレースに出場して負けず嫌いの精神に火がついた。

敗戦直後の日本でも西日本を中心に各地でオートバイ・レースが開催されていた。ホンダ・レーシングチーム最初のワークスライダーである大村美樹雄は各地のホンダ販売店から要請をうけてレースマシンをもって遠征していた。

否して、広く個人から大衆資本を集める方針であった。

藤沢武夫は、凄まじいスピードで会社を拡大し、次々と社内体制を整備していった。従業員の労働環境の向上にも熱心に力を入れ、公平性のある給与体系の整備、従業員持ち株制度、持家制度、永年保障制度を確立していった。

こうしてホンダは、押しも押されぬトップ・メーカー企業へと脱皮することができた。


本田宗一郎はアイデアにあふれた技術力と爆発的なエネルギーをもっていて、藤沢武夫は緻密で論理的で、素晴らしい底力と瞬発力があった。

熱血漢の宗一郎と相対するときの藤沢は常に冷静な観察者であった。

宗一郎の激しいエネルギーを前にすると、そのパートナーは必然的に客観的な立場をとらざるを得ないという理由もあるが、藤沢にはもとよりプロデューサーの才能があった。そのために「影の仕掛け人」とか「策士」「冷静なリアリスト」と呼ばれるようになっていく。ときに宗一郎も、藤沢のことを評して「ひやっこい奴だ」と言ったりした。

藤沢武夫は、この時期に、すでに独自の経営哲学を表明していた。

それは「万物流転《ばんぶつるてん》の掟から逃れる経営哲学」である。

読書家で、歴史物や哲学書を好んで読んでいた藤沢は、小説では夏目漱石、徳冨蘆花のファンであったが、座右の書は一風変わっていた。それは東京帝国大学教授であった平泉澄が一九三六年（昭和一一年）に上梓した『万物流転』であった。平泉澄は、国粋主義者として皇国史観を指導した歴史学者である。

『万物流転』について、藤沢は、こう書き残している。

万物流転――私の好きな言葉である。東洋風なあきらめと、人間修業のきびしさを感じさせる。（中略）不壊の白珠、長良の橋、全て万物流転の掟以外にはない。物を主体として考えたものは、月変わり、星移る間に、すべて泡沫のように消えて、今は残骸をとどめるのが万物流転の掟である。富と権力をのみ頼りにすべきではない。ただものの考え型、心のおきどころだけが永久に残り栄えるのだ。

永久に残り栄えるものは、金と権力だけでは作れず、思想と精神がなければ、万物流転の掟から逃れられない。金と権力は手段にすぎず、思想と精神を鍛え語りつぐことで企業は永遠に栄えていくのだと藤沢武夫は考えた。ホンダが今日も、企業フィロソフィーの「人間尊重」と「三つの喜び」、「社是」と「運営方針」を大切に守り続けることによって、大胆な方針変更を恐れず実行する原点がここにある。

ロマンチストを自称し、ハッピーエンドの物語を愛すると語っていた藤沢は、日本の古典芸能を愛好し、和装を好む粋な男でもあった。その反面、リヒャルト・ワーグナーに魅せられ、ドイツの音楽祭に出掛けたりした。この勇猛果敢なワーグナーの音楽を、ナチス・ドイツが大衆煽動の道具として使ったことはよく知られた話である。

藤沢武夫は、スター経営者・本田宗一郎のプロデューサーとして最高最大の才能を発揮していった。宣伝広告を一手にとりまとめ、当時としては画期的な企業PR戦略をたてて、ホンダと本田宗一郎の好ましいイメージを発信した。本田宗一郎の著書を何冊も企画出版して、成り上がりの人生を物語にまとめあげ、大衆にうける痛快な語録を連発させた。そうしてマスコミの関心を集め、その人生物語を映画にまで売り込んだ。ラジオが最大の電波メディアであり、テレビが急速に普及を始めていた時代だったが、それらの電波メディアの軽薄さを嫌い、本田宗一郎とホンダのプロモーションには好んで本と映画をつかった。

こうして本田宗一郎という男の個性を時代のイメージにまで高め、スター経営者として演出し、戦後日本社会の英雄にした。ホンダは、革新的な技術による大衆商品のメーカーだからこそ、封建的な経営をしない合理的な会社組織をもち、戦後日本社会の夢と希望を実現する会社をめざした。そのシンボルが本田宗一郎だった。

宗一郎が愛するレースこそ、ホンダの神話になりえると着目したのも、藤沢武夫であった。企業はいかに急成長しようとも一朝一夕では世界一になることはできないが、レースではそれが可能だと考えた。そもそも企業の成長など富と権力の栄達にすぎない。世界最高峰のレースに挑戦し、最短時間で世界チャンピオンを獲得すれば、その挑戦物語こそがホンダの神話となる。つまり「世界一でなければ、日本一ではない」という本田宗一郎の考えが現実する。ホンダの神話は、ホンダの思想と精神を語り広め、ホンダの存在を確固たるものにする。

本田宗一郎は、いつでもレースをやりたかった。

藤沢武夫は、いつ、どのようにして、ホンダのレースをスタートさせればいいのかを考えていた。

第10章

世界グランプリ制覇「宣言」

一九四九年（昭和二四年）二月、ホンダの三六番目の従業員として、十七歳の大村美樹雄が入社してきた。大柄な少年で、戦争中は少年航空兵に憧れていたが、敗戦後はオートバイが大好きになっていた。通っていた中学校が新制高校に生まれかわり夜間部が新設されたので転入し、家計を助けるためにホンダに就職した。ホンダは株式会社組織になって半年たらずであった。

入社すると、野口工場の組み立て係に配属され、完成検査の試運転を命じられた。工場ではC型一〇〇ccやA型自転車用補助エンジンを一日に一五台ほど組み立てていた。大村は、オートバイに乗ることができる試運転の仕事が楽しくて仕方がなかった。

就職して半年ほどすぎた夏の終わり、オートバイ販売店の店頭に貼られた一枚のポスターに目を奪われた。それは九月下旬に浜松で開催されるオートバイ・レースを告知するポスターだった。戦争で中断されていたオートバイ・レースが、浜松で再開されるのだ。レース会場は野口工場にほど近い野口公園のグランドだった。

若い熱血漢の大村は、このレースに出場してみたいと思った。だが、新入社員にオートバイを買う金はない。そこで無鉄砲な計画を思いついた。

ホンダの野口工場には業務用連絡車として三台のバイクモーターが配備されていて、従業員の足になっていた。この連絡車のフレームに、毎日組み立てられるエンジンから調子のいいものを選びだして搭載すればレースに勝てるのではないかと考えたのである。試運転を担当していたから、調子のいいエンジンを選ぶことはたやすいことだった。

しかし、最大の問題は、社長の許可を得ることである。

一日に三回、野口工場の現場視察に来ていた宗一郎の厳しい仕事ぶりは、身にしみて知っていた。手抜き仕事やモタモタした仕事をする従業員を発見すると、大声で怒鳴り、機嫌がわるければ殴り、手あたり次第に工具を投げつける、相変わらずの熱血社長であった。大村も、言葉たらずの説明が、嘘をついたと断定され、三〇発も頭を殴られたことがあった。

「テメエみたいな馬鹿面《づら》は、明日から弁当もって会社に来るな!」

これが当時の宗一郎の得意な捨てセリフであった。

すぐにカッとなって、口より先に手が出るので、幹部社員のひとりである実弟の本田弁二郎が「そんなに殴りたいなら、俺を殴れ」と怒ったときは、本当に弁二郎の頭を殴りつけてしまい、「殴ったな!」と弁二郎が椅子を振り上げて応戦する兄弟喧嘩になった。この兄弟喧嘩はその後もたびたび続いた。社長の暴力に応戦できるのは本田弁二郎しかいなかったからである。

大村は、いったい、どうやったら社長の許可をもらえるものか、頭を悩ませていた。直属の課長にレース出場の計画を打ち明け、宗一郎の承認をとってもらえるよう「オヤジさんに言ってくれんかね」と頼み込んだ。しかし課長は、そんなことは自分で言えと相手にしてくれない。仕方がないので、宗一郎の機嫌がいいときをみはからって話そうと思っていたのだが、なかなかそのチャンスをつかまえられないでいた。

そうこうするうちにレース開催日がせまってきた。切羽詰まった大村は、腹をくくって無断でレースに出場しようと決めた。宗一郎に怒鳴られようが殴られようが、解雇されたって、もうかまわなかった。ただひたすらレースをやってみたかった。調子のいいC型エンジンを選び、入念に整備すると、連絡車のフレームに搭載してマシンを作り、勇んで野口公園の特設オーバル・コースへ持ち込んだ。

大村のライディング・ファッションはどれもこれも古道具屋で買った旧日本軍の放出品で、戦闘機パイロット用の革ヘルメットにゴーグル、そして手袋、厚手の兵隊ズボンに長靴《ちょうか》をはき、スパッツをつけた。コーナーリングのたびにマシンを支える左足には雑巾を膝あてがわりに巻きつけ、背中に「ハママツ／オオムラ」、胸に「ホンダ」と布切れで作ったワッペンを貼りつけた厚手のセーターを着た。

ホンダC型は一〇〇cc以下の九級レースにエントリーできた。ライバルは、川西航空機系のポインター、藤田鉄工所オートビット、宮田製作所アサヒなどだった。九級はもっとも排気量の小さいクラスで、同じ国産でも大型車のメグロなどは三五〇ccから五〇〇ccクラスの三級レースでトライアンフやBSAなどの輸入車を相手に競争する。ホンダは浜松では有名なメーカーではあったが、全国規模でみれば、この頃は排気量の小さなバイクモーターを生産する弱小メーカーのひとつにすぎなかった。

予選第一レースが始まる時間になると、宗一郎がレース会場にやって来ているのを、大村は発見した。真剣に他社のマシンを観察している。みつかってしまうのは時間の問題だった。だが、もう後には引けなかった。レースの勝負にすべてを賭けるしかなかった。勝てば文句を言われまいとたかをくくった。

大村はレースで大活躍を演じた。予選から決勝まで、常にトップを走り、だんとつの速さで優勝した。

表彰を受けた大村のところへ、宗一郎が笑顔でやって来た。その笑顔を見た大村は、これなら無断借用をとがめられ、怒鳴られることはないだろうと安心した。

「おまえ、なかなか速いな」

宗一郎が、声をかけてきた。大村は、すぐにでも無断借用を詫びようと思ったが、宗一郎は興奮して言葉を続けた。

「おまえに、レーサーを作ってやるよ」

大村は驚きと喜びで言葉につまった。

「だけどな、ケガと弁当は自分持ちだぞ。わかったな」

宗一郎が厳しい声で言った。

このレース直後に、大村は本社工場の試作係に転属され、たったひとりでC型エンジンのチューニングをしたり、レーシング・オートバイの研究開発を担当することになった。大村は熱心に研究に取り組んだが、新人にはわからないことばかりで、宗一郎と弁二郎、そして河島喜好が暇をみつけては技術指導をしてくれた。この三人は人一倍レースが好きだったが、創業したばかりのホンダはあまりにも忙しく、レースに熱中している余裕はなかった。

試作レーサーが完成すると、宗一郎、弁二郎、河島、大村の四人は、夜明けを待って浜名湖第三鉄橋でテスト走行をした。この鉄橋は舗装路で、直線二〇〇メートル走行をすることができた。弁二郎がマシン整備を担当し、河島がストップウォッチを握ってタイムを計測し、計算尺で平均時速を計算した。

こうして開発されたレース用オートバイをもって大村は、日本各地で開催されるオートバイ・レースに出場する活動を始めた。ホンダのバイクモーターを売る販売店から依頼がきて、その地方の小さなレース大会に出場することもあった。レースで活躍し優勝するメーカーのポンポンやオートバに人気が集まるからである。

東京でも一九四九年（昭和二四年）に多摩川スピードウェイが再開され、オートバイ・レースが開催されると二万五〇〇〇人もの観客が集まった。七月には東京周辺に駐留する米軍兵士のライダーを多数招待して日米対抗レースが開催され、遠征した大村は七級レースで優勝した。

一九五〇年（昭和二五年）になると、第一回全国プロ選手権レースが船橋オートレース場で開催されることになった。車券を発売するギャンブルのオートレースである。

この情報を聞きつけた大村が「プロのレースが始まるが、参加していいものだろうか」と宗一郎に承認を求めると、たった一言「やれ」と指示が出た。

こうして大村は、全国各地で開催されるアマチュアのオートバイ・レースに出場しながら、船橋のオートレースも走り、「貫禄を感じさせる豪放な走り、実力がある力走型の天才肌」とオートレース専門誌で紹介されるライダーに育っていった。

しかし、当時のホンダは、圧倒的に強いといえる成績をあげてはいない。全社をあげてレースに取り組んでいたわけではないので、東京発動機トーハツ、山田盛輪館ヤマリン、新明和興業ポインターといったメーカー・チームと勝ったり負けたりのレース活動を続けていた。

宗一郎はレースの開催日になると、必ずといっていいほど全国各地のレース会場に駆けつけてきた。レースとなると宗一郎は、いつも興奮気味で、マシンの整備をしている大村たちを黙って見ていられず、工具を握って整備の陣頭指揮をとった。同伴してきた妻のさちが「あなた、洋服が汚れますよ」と注意しても「うるせーなー」と答えて、嬉々としてオートバイを整備した。

浜松でアマチュア・レース大会が開催されたときは、ライバル・メーカーの北川自動車工業の社長がポートトリーロビン号でエントリーしてきた。負けてはならぬと、宗一郎もレースに出場したが、ムキになって走ったために転倒して、左手を捻挫してしまった。本田宗一郎は選手としてレースに出場すると、必ずアクシデントを起こしている。だれよりも速く走りたいと思うあまり、マシン性能や運転テクニックが宗一郎の突っ走るイメージに追いつかなくなってしまうからだろう。

宗一郎は、この頃から、ライダーたちに「世界最高のオートバイ・レースはイギリスのマン島TTレースだ。ホンダはこのレースに参加するつもりでいる」と大言壮語することがあった。

マン島TTレースは、日本人のレースファンの間でとても有名なレースだった。大正時代から、オートバイ雑誌は多くのページをさいて、この伝統的なレースを報道していたし、一九三〇年（昭和五年）には、四十一歳の多田健蔵が日本人として初出場し、これも大々的に報道された。イギリス製ベロセット三四八ccに乗った多田は、ジュニア・クラスで一五位の成績を残し、完走を認められ、表彰をうけている。

日本のオートバイ・レースは、オーバルコースを使ったレースがまず盛んになり、そのうちにヨーロッパの影響を受けてロードレースが開催されるようになった。一九五三年（昭和二八年）には、名古屋TTと呼ばれた公道レースの全日本選抜優良軽オートバイレースが開催され、各メーカーから一九チームがエントリーした。ホンダは従業員の鈴木義一他二名がチームを組んで、ドリーム号で出場した。公道をつかったロードレースだったので、スピード違反で検挙されるライダーも出る混乱気味のレースとなった。ホンダ・レーシングチームは、惜しくも総合優勝を逃したがメーカー・チーム賞を獲得した。鈴木義一は、のちにマン島TTレースに初出場するホンダ・レーシングチームのキャプテンとなる、従業員ライダーである。

続いて開催されたハイスピード・トライアルともいうべき富士宮観光協会主催・第一回富士登山レースは、宗一郎が「オートバイで山に登って何になるんだ」と言い出したためにホンダ・レーシングチームは欠場した。しかし、静岡県のホンダ販売店の要請で、大村美樹雄が個人資格で急遽出場している。この時代のホンダ・レーシングチームの活動は、宗一郎を部長とするクラブ活動のようなもので、ワークス・チームと呼べるような組織ではなかった。

だが、そんな穏やかなレース活動の日々は長く続かなかった。

一九五三年（昭和二八年）一一月三〇日、日本小型自動車連合会の会長・栗山長次郎は、外務省で一通の国際郵便を発見した。それはブラジルのパウリスタ・モーターサイクル協会からの招待状だった。内容は、「サンパウロ市政四百年祭記念オートバイ・グランプリ」への参加要請であった。日本チームを招待したいというのである。ライダー一〇名、メカニック二名、団長一名の合計一三名の招待を予定しており、日系ブラジル人が多いサンパウロ市としても日本チームの参加を期待していると書かれてあった。参加費用は全額を主催者が負担するという。しかし、エントリーの締切りは、栗山がこの招待状を発見したその日であった。招待状は未決のまま外務省に放置されていた。栗山はあわてて各メーカーと折衝し、ホンダ、目黒製作所メグロ、みづほ自動車製作所キャブトン、新明和興業ポインター、目黒系のモナークモーターの五社一〇名の選手団を組織してサンパウロへ連絡したが、残念ながら「締め切りを過ぎたので一名分の費用負担しかできない」との返事があった。

参加を予定した五社のうちホンダとメグロだけが、自費参加でもいいから出場したいと決意を表明したために、この二社で不足分の費用を半分ずつ負担することになった。メグロはライダーの田代勝弘の単独遠征を決めていたが、ホンダはライダーの大村美樹雄とエンジニアの馬場利次を遠征させるというのだった。船便でオートバイを運んでいる時間はないので、分解して手荷物にし、空路でブラジルへ運ぶことになった。

初の国際レース参加、そのライダーに抜擢された大村は嬉しかったが、大いに困った。一二五ccクラスに出場すること、レースは一周八キロのコースを八周すること以外に、何の情報もなかったからである。しかし楽天的で情熱的な性格の大村は意気軒昂だった。レースに参加して四年のキャリアがある。すこしはレースというものを知っている。やってやれないことはないだろう、と思った。

ホンダでは、宗一郎の陣頭指揮のもと、特別のレーシング・マシンが製作されることになった。エンジンはドリームE型の一五〇ccエンジンのストロークを短くした一二五cc、OHV、六馬力が特別に組み立てられた。ミッションは二速のものしかなかった。シリンダー・ヘッドは、冷却効率がいいといわれる青銅鋳物で作り、フレームは大村がダートトラック・オーバルレースに使っていたマシンを基本にしてあらたに作られた。こうして製作されたマシンは、ロードレース用のマシンとは考えられないような中途半端なものであった。だが、それはホンダが総力を結集して短時間で作りうる最良のマシンだった。

翌年の一月一二日、ブラジル遠征出発の前夜、大村は宗一郎から呼び出された。自宅へ駆けつけると、マッサージをうけている最中だった。大村の顔を見ると、寝たままの姿勢で「いや、ごくろう」と言った。そして力強い言葉でつけくわえた。

「勝つということは不可能だろう。だが、何とかして完走してくるんだ」

宗一郎の言葉を噛み締めた大村は、パリを経由する六日間の空の旅でようやくサンパウロへ到着した。レース・コースはのちにＦ１グランプリが開催されるインテルラゴス・サーキットで、当時は二二のコーナーがある複雑なロードコースだった。路面はアスファルトで、各コーナーにはバンクがついていて走りやすかったが、大村が持ち込んだホンダ・ドリームＥ型改の二速ギア仕様は、あきらかに戦闘力不足だった。ヨーロッパ各国から招待されたトップクラスのライダーはワールド・グランプリ用のマシンを持ち込んでいて、勝負にならないことはすぐに判明した。ヨーロッパ勢のマシンは、ＤＯＨＣの高性能エンジンで、およそ一五馬力を発生し、五速以上のクロスミッションを装備しているばかりか、アルミ製の軽量なリムとハブを装着し、冷却フィン付きの大型ドラム・ブレーキまで備えていた。それにひきかえ、大村のホンダは、サスペンションひとつとってみても、フロントは当時の実用自転車のような松葉フォーク、リアはスプリングもダンパーもないリジッドだった。

だが、大村はあきらめることなく、慎重にトレーニングを開始した。レース・マシンを温存するために、地元の日系ブラジル人から英国車のＡＪＳ二五〇cc市販オートバイを借りてコースを覚えていった。コースに慣れると、ドリームＥ型改で試走してみたが、フレームが強度不足でしなってしまい、高速コーナーではアクセルを全開にすることができなかった。直線でもコーナーでも、ヨーロッパ勢のマシンに簡単に抜かれた。しかし、あくまでも完走を狙って着実に練習を続けていった。

そのときの心境を、大村美樹雄はこう語っている。

「ヨーロッパ勢のマシンが走り始めたときは、絶望的な気持ちになりました。ピストルをかまえている相手に日本刀で切りかかるようなものだと思いました。こんなに性能格差があるなら、心配したって仕方がない。焦ったってしょうがない。完走すればいいんだと、開きなおって腹をくくり、堅実なレースをやってやろうと覚悟を決めました」

大村を襲った最大のアクシデントは、メグロYレックス三五〇改の一五馬力を持ち込んだ田代勝弘が練習中に転倒してしまい左手を負傷し、レースに出場できなくなったことだった。

たったひとりの日本人選手となってしまった大村の奮闘は、二月一三日のレース当日まで続いた。

一二五ccのレースは、イタリアのモンデアルとMVアグスタの対決となった。ネロ・バガーニのモンデアルが、MVアグスタ勢を振り切り、八周六四キロのレースをトップでフィニッシュした。そのときカーナンバー163の大村は一周遅れになっていた。順位は参加二五台中の一三位だった。優勝したモンディアルの平均速度は時速一六〇キロで、ホンダはそれより四〇キロも遅かった。

真夏のブラジル・サンパウロの日中の気温は四〇度に跳ね上がる。汗まみれになった大村は、周回遅れになった悔しさを堪え、完走を最大の目標として、とにかく走り切ったのである。宗一郎の指示どおり完走できたことが何よりも嬉しかった。

帰国は米国経由で五日間の旅になった。帰国した大村がその足で、東京八重洲の本社に報告に出向くと、宗一郎は応接室のソファに寝ころがって書類を読んでいた。大村の顔をちらっと見ると「おう、ごくろう」とだけ言って、また書類を読み出した。それっきり、何の言葉もなかった。

ねぎらいの言葉を期待していた大村は悲しい気分になって浜松へ帰った。

ところが浜松では、工場でも、事務所でも、ホンダの従業員が集まる大衆酒場でも、大村は英雄になっていたのである。だれもが握手を求め、健闘を讃えてくれた。目を輝かせてレースの話を聞きたがった。

実は、国際電話ですでに結果を知った宗一郎が喜び勇んで「大村が国際レースで頑張った」と、言いふらして歩いていたのであった。

大村は苦労したかいがあったと思った。心の底から嬉しかった。

このブラジル国際レースへの遠征は、ホンダの国際レース挑戦計画の先駆となった。

すでに本田宗一郎と藤沢武夫のふたりは、とてつもなく巨大なレース計画を話し合っていた。

世界選手権ワールド・グランプリ最大のレースであるマン島TTレースへの挑戦である。

本田宗一郎は、このレース計画の意味をこう語っている。

「TTレースに参加して優秀な成績を上げないと、世界のオートバイ市場をイタリア、ドイツなどから奪い取れない。つまり技術が向上しないから、輸出を増やすことができないんです。もうひとつは、ちょっとセンチメンタルかもしれないが、技術の勝利が日本人に大きな希望を与えるだろうと考えたのです。敗戦直後、水泳の古橋広之進選手の大活躍が、自信を失った日本の若者に、はかり知れない慰めと自信を与えたでしょう。あれを技術のほうでもやってやろうとね」

自らレーシングカーのステアリングを握って黎明期の日本レース界で活躍した宗一郎は「若い人たちは、レースで勝ったクルマに乗りたくてしょうがないんだ。ホンダのクルマは技術が優秀だからレースに勝った、そのクルマに俺は乗っているんだというプライドがあるんですよ。ホンダのクルマに乗ることで、自分に誇りが与えられるんです」という若い気持ちを知りつくしていた。

しかし、宗一郎と藤沢が、無謀ともいえる世界グランプリ挑戦計画を打ち出したのは、国際市場の開拓、技術力の向上、製品のイメージアップを求めただけではなかった。それらのことは、むしろ表向きの理由であった。

そのとき、ホンダは倒産の危機にあった。

急激に成長してきた、その反動で、深刻な経営危機に襲われていた。

二年前に四億円を投資して買いつけた工作機械で飛躍的に生産技術を向上させていたが、その後に発売したベンリイJ型、ドリーム6E型、汎用H型エンジンが、不況の影響もあって予想以下の売れ行きであり、販売計画に狂いが出ていた。しかも、ホンダのオートバイの人気が低下しはじめていたのである。

ヒット作であったカブF型は、鈴木自動車のダイヤモンド・フリー号などライバル機種の登場で、市場独占状態が崩れていた。カブF型は、クラッチやマフラーは丈夫だったが、フライホイールにガタが出たり、ネジ類が貧弱で、不評の原因になっていた。ベンリイJ型はタペット鳴きとギア・ノイズがうるさく、ユーザーからクレームが出る始末だった。

ドリーム6E型は、二〇〇ccから二二〇ccにサイズアップしたエンジンに問題があった。スムーズに回転しないというのである。宗一郎が原因を追求する一方、藤沢の判断で旧型ドリームの生産を再開して、その場をしのいでいた。

このトラブルの原因は、エンジン本体ではなくキャブレターにあった。宗一郎みずから小田原のキャブレター・メーカーに飛んでいき改良をほどこす。販売現場では、ホンダとキャブレター・メーカーのサービスマンが、ユーザー、代理店、販売店へ直接出向き説明とお詫びをしてキャブレターの交換をした。こうしてドリームは本来の性能を発揮するようになったが、経営的にみれば焼け石に水であった。

経営危機を決定的に深刻にしたのは、一九五四年（昭和二九年）年頭に発売したホンダ初の本格的スクーター、ジュノオK型が完全な失敗作だったことだ。

このギリシャ神話の女神の名前をつけた高級スクーターは、宗一郎が凝りに凝った設計をした、経営悪化をはねかえす起死回生モデルのはずであった。ボディ自体は日本初のFRP（強化プラスチック）製で、美しいスタイルに仕上がったが、雨でも乗れるように屋根をつけ、高級セダン並の方向指示ランプや豪華なインパネ、シガーライター、セルモーターを装備したために、重量が一七〇キロという重いスクーターになってしまった。当時のユーザーは家の土間にスクーターを入れることが多く、この重さはとりまわしをひどく不便にする以外の何ものでもなかった。また車体の重さにたいしてエンジンのパワーが非力で、爽快に走らなかった。そればかりか、大きな風防のために走行中にバランスが崩れやすく、斬新な技術であったはずの片持ちのサスペンションは重い車重を安定して走らせることができなかった。オートバイ用の一八九ccエンジンを、デザインを優先するがために、ボディ内部に搭載したのはいいが、冷却が不十分だったので、オーバーヒートをたびたび起こした。ボディ・カウルに大型のエアインテークをあけて空気を流しオーバーヒート対策をするというアイディアが提案されたが、宗一郎は「俺の顔に穴をあけるのか」と言って応急対策を拒否していた。

複合的なトラブルを発生させてしまったジュノオK型は、返品が続出した。結局、この画期的なスクーターは三〇〇〇台で生産中止になった。後にイタリアのスクーター・メーカーが、ジュノオK型のボディ・デザインを買いにきたというほど素晴らしスタイルだったが、アイディアに技術が追いついていかない典型的な商品だった。

このドリームとジュノオの失敗で宗一郎が学んだことは「大衆は品物のどこがいいか悪いかわからないけれど、いいか悪いかだけは見抜く力をもっている。いいか悪いかを判定するが、どこか悪いと言ってくれないところに怖いところがある」であった。

連鎖的な商品のトラブルを抱えてしまったホンダは、売り上げ見込みの二五パーセントしか達成できず、その結果、一五億円にもおよぶ手形の決済に追われていた。この情報が外部に漏れると、マスメディアは一斉に「ホンダ倒産か」の記事を書きたてた。

宗一郎は、勇猛果敢な社長の体面を保っていたが、家人の前では完全に元気を失っていた。

雨の日が続くと「今日も雨だよ。雨が降るとオートバイが売れないな。早く天気にならないかなあ」と泣き言を口にして、溜め息をついた。

給料の遅配が心配されたときは「会社のみんなに給料を払えないのに、自分がもらってくることはできない」と妻さちの前で泣き出したこともあり、「この家を売って、みなさんに給料を払おうか」という妻の気丈な言葉に励まされている。

経営危機に陥った宗一郎は不眠に悩まされていた。

若い頃から寝つきがわるかったので睡眠薬を常備薬としていたが、仕事のことが頭から離れず、あれこれと考えごとが浮かび、そして考えれば考えるほど苛立って興奮してしまい眠れなくなるのであった。ある晩は、夜なきソバ屋のチャルメラがあまりにも耳につくので、ソバを全部買い取って帰らせたこともあった。宗一郎には、意外なほど神経質な一面があった。

だが、こんな苦境の最中にあっても骨のあるところをみせていた。ある政党の関係団体から公的な大型融資を斡旋するから、融資された資金の一部を政治献金しろという誘いがあったが、即座に断っている。また、いくつかの大企業からは、リベートの支払いを条件に在庫オートバイの大量一括買い取りの話が持ち込まれたが、「リベートが気にくわない」と話にのらなかった。

藤沢武夫は経営危機を食い止めようと、必死の努力を続けていた。

取り引き先の部品会社を集めて、代金の三〇パーセント支払い、手形の発行休止、さらに注文部品の減少という強引な対策を表明し、了承を得た。そしてメインバンクの三菱銀行へ出向き、倒産寸前の状況を洗いざらいぶちまけて融資を受ける。三菱銀行副頭取の前に藤沢が短刀を置いて「支援してくれなければ切腹する」と発言したとの噂が流されたほど、切羽詰まった融資の交渉であった。

この年の暮れには、年越し手当ての交渉で、結成されたばかりの本田技研工業労働組合が粘りに粘り、なかでも埼玉製作所組合がハンスト戦術で経営陣を激しく追いつめた。藤沢武夫は埼玉製作所組合との大衆団交に単身で出席し、経営危機の実態を正確に説明し、危機脱出のために労使協調を訴え、組合の了解をとりつけ交渉を妥結させた。

全従業員の協力を得られたホンダ経営陣は、かろうじて倒産を回避し、経営の再建を進めることができた。翌年になると、ベンリイ号は一二五ccにサイズアップ、ドリーム号はE70にモデルチェンジされた。どちらのモデルも市場では好評で、売り上げが徐々に回復していった。

こうして経営危機から脱出した藤沢は、経営不振の根本的な原因は、国内市場の不安定さにあると考えた。国際的に自立していない日本経済は、アメリカ経済の影響をもろにうけてしまう体質であった。しかも政府の経済政策は、戦前からの統制経済政策を色濃く残したもので、中央官庁の許認可権があまりに強く、企業の自由競争を抑制している。国際的にひらかれた資本主義の市場経済は自由競争によってのみ鍛えられるとの認識をもつ藤沢は、日本政府の経済政策に見切りをつけようと考えた。この国内市場で勝負しているかぎりは、いつまでたってもホンダは自立できないと思った。ホンダが独立独歩の企業であるためには、じかに国際市場を開拓し、世界企業として生きる以外の道はないと考えた。世界中の個人顧客を相手に商売をすることで、ホンダは独立独歩の企業として存在し得るという考え方だ。そのような理想を実現するための世界進出である。

この頃、藤沢武夫は「会社が倒産したら宗一郎を教祖にした新興宗教を作る」と言ったことがあった。だがそれは、あながち冗談ではなかった。

レースという名の新興宗教をやろうと、このようなシナリオを考えていたと思われる。

ブラジル国際レースに挑戦し、外国メーカーとの技術格差を思い知る。そして、技術の戦いが布告される。具体的には、世界最大のレース、マン島TTレースへの挑戦をぶち上げることだ。戦いであるならば、負けてはならなかった。生き残るためにも、勝たなければならなかった。この遠大な戦いは、ホンダ従業員の団結を促進し、技術力を向上させ、商品イメージを高めるために、企業フィロソフィを内外に鮮明に表明する手段であった。だからこそ、ホンダのレース活動は、血湧き肉躍る、素晴らしい物語である必要があった。後に、世界グランプリで勝つようになると、ホンダは自ら大規模な映画撮影チームをヨーロッパに送り込み、記録映画『世界のランキングを求めて』を制作し、同タイトルの写真集も発行している。

しかし、これは危険な賭けでもあった。もし、敗北に終われば、それこそホンダは倒産へと追い込まれかねない。市販車の技術で負けて市場を失うわけでもなく、経営の失敗で倒産するというわけでもなく、レースの結果でホンダという企業の運命が左右されてしまう。

マン島TTレース挑戦チームの監督として指揮をとり苦闘を展開した河島喜好は、ホンダの第二代社長になる前から「ホンダは二度と社運を賭けたレースをしてはいけない」と言い続けた。

藤沢武夫も、その危険性は先刻承知であった。そのためにレース活躍やその成果を、直接的に営業活動や広告宣伝に使うことを許さなかった。レースは、ホンダの企業姿勢や思想と精神を伝える純粋な物語であるべきで、だからこそ、そこにコマーシャリズムを侵入させて、現実的な利用価値のあるものにしてはならなかった。これはホンダの神話づくりであって、レース活動と企業経営は、まったく異なる次元にあるべきであった。あくまでもこの考えにこだわったのは、レースの持つギャンブル性、選手の死亡事故をふくめたさまざまな危険性、そして勝負事につきものの麻薬的な魅力を察知していたからだ。

このような状況といきさつのなかで、かの有名な「宣言」が発せられた。

実際に起草したのは、署名者の本田宗一郎ではなく、藤沢武夫であったと伝えられる。正式に活版印刷された「宣言」は、重要な言葉をゴシック活字にしている。これも藤沢の指示であろう。

しかし、起草者がだれであろうが、本田宗一郎は、ついに全世界のレースを制覇するという「宣言」を発したのである。あっぱれな決意であった。

宗一郎がオートバイに乗って走っている写真は案外残っていない。1953年型ドリーム3Eを軽くコロがす珍しい写真だ。この笑顔に注目してほしい。オートバイやクルマを運転しているときの宗一郎の表情は、いつも楽しげである。

若き日の藤沢武夫。本田宗一郎ひとりでは今日のホンダはあり得なかった。宗一郎は成功するためにはパートナーが必要だと知っており、ベストパートナーを探していた。そして藤沢武夫という最高のパートナーに恵まれた。

宣言

吾が本田技研創立以来ここ五年有余、劃期《かっき》的飛躍を遂げ得た事は、全従業員努力の結晶として誠に同慶にたえない。

私の幼き頃よりの夢は、自分で製作した自動車で全世界の自動車競争の覇者となることであった。然《しか》し、**世界の覇者**となる前には、まず企業の安定、精密なる設備、優秀なる設計を要することは勿《もち》論《ろん》で、此の点を主眼として専《もっぱ》ら**優秀な實用《じつよう》車**を国内の需要者に提供することに努めて来たため、オートバイレースには全然力を注ぐ暇もなく今日に及んでいる。

然し、今回サンパウロ市に於ける国際オートレースの帰朝報告により、欧米諸国の実状をつぶさに知る事ができた。私はかなり現実に拘泥せずに世界を見つめていたつもりであるが、やはり日本の現状に心をとらわれすぎていた事に気がついた。今や世界はものすごいスピードで進歩しているのである。

然し逆に、私年来の**着想**をもってすれば必ず勝てるという**自信**が昂然《こうぜん》と湧き起り、持前の斗志がこのままでは許さなくなった。

絶対の自信を持てる生産態勢も完備した今、**まさに好機到る！**　明年こそは**T・Tレース**に出場せんとの決意をここに固めたのである。

此のレースには未《いま》だ曾《か》つて**国産車**を以て**日本人**が出場した事はないが、**レースの覇者は勿論、車が無事故で完走できればそれだけで優秀車として全世界に喧傳《けんでん》される。**従って此の名声により、輸出量が決定すると云われる位で、独・英・伊・仏の各大メーカー共、その準備に全力を集中するのである。

私は此のレースに**二五〇cc（中級車）のレーサー**を製作し、吾が本田技研の代表として全世界の檜舞台へ出場させる。此の車なら**時速一八〇km以上**は出せる自信がある。

優秀なる**飛行機**の発動機でも一立《リッター》当り五五馬力程度だが、此のレーサーは一立当り一〇〇馬力であるから丁度その倍に当る。吾が社の**獨創**《どくそう》に基く此のエンジンが完成すれば、**全世界最高峰**の技術水準をゆくものと云っても決して過言ではない。

近代工業の花形、オートバイは綜合企業であるからエンジンは勿論、タイヤ、チェーン、気化器等に至るまで、**最高の技術**を要するが、その裏付けとして**綿密な注意力と眞摯な努力**がなければならない。

全従業員諸君！

本田技研の全力を結集して**栄冠**を勝ちとろう。本田技研の**将来**は一にかかって**諸君の双肩**にある。ほとばしる情熱を傾けて如何なる困苦にも耐え、緻密な作業研究に諸君自らの道を貫徹して欲しい。本田技研の飛躍は諸君の人間的成長であり、諸君の成長は吾が本田技研の将来を約束するものである。**ビス一本しめるに拂**《はら》**う細心の注意力、紙一枚無駄にせぬ心がけこそ、諸君の道を開き、吾が本田技研の道を拓り開くものである。**

幸いにして絶大なる協力を寄せられる各外註工場、代理店、関係銀行、更には愛乗者の方々と全力を此の一点に集中すべく極めて恵まれた環境にある。

同じ敗戦国でありながらドイツのあの隆々たる産業の復興の姿を見るにつけ、吾が本田技研は此の難事業を是非共完遂しなければならない。

日本の機械工業の眞価を問い、此れを全世界に誇示するまでにしなければならない。**吾が本田技研の使命は日本産業の啓蒙にある。**

ここに私の決意を披歴し、T・Tレースに出場、優勝するために、精魂を傾けて創意工夫に努力することを諸君と共に誓う。

右宣言する。

昭和二十九年三月二十日

本田技研工業株式会社　社長　本田宗一郎

本田宗一郎は、「全世界の自動車競争の覇者となる」ことを堂々と宣言したのである。

まずは、マン島ＴＴレースに挑戦する。そして次なる目標はオートバイ世界グランプリ制覇であった。それは勝つ以外に終わらせることができない戦いであった。けっして負けてはならなかった。

第11章

長く曲がりくねった道

「宣言」を発した宗一郎は、三か月後にイギリスへ飛んだ。

一九五四年（昭和二九年）六月のマン島TTレースを現地視察するためである。

ホンダはまだ経営の危機をかかえていたが、藤沢武夫には、ひとりで金策をし倒産を回避する決意があった。

「こう世間がうるさいと、むしろ社長がいないほうがいい。後のことは引き受けるから、気分をかえてレースを視察して、ヨーロッパの工場を見学してきてくれ」

藤沢の気丈な言葉におくられてパリへ飛び、アドバイザー兼通訳の佐貫亦男《またお》と合流した。佐貫は、のちに東大教授になる航空機工学界の権威だが、戦争中は日本楽器のプロペラ部門に勤務していたので宗一郎とは旧知の仲であった。この視察旅行は、佐貫が書いた単行本『本田宗一郎』に詳しく記録されている。

ふたりの日本人は、パリからロンドンへ渡り、六月一三日、午前一〇時一五分発の英国欧州航空の旧型双発機でアイリッシュ海に浮かぶマン島ロナルズウェイ空港へ飛んだ。

マン島に到着すると、バスで首都のダグラスに移動し、朝日新聞ロンドン支局に予約を依頼しておいたビリアーズ・ホテルに部屋をとった。そしてすぐさまレース・オーガナイザーのACU（オートサイクル・ユニオン）のオフィスを訪ねた。そこで即座に、レースコースのどこでも自由に見学ができる報道用のパスが交付された。ACUとホンダは国際郵便で連絡をとりあっていたのだが、この迅速かつ合理的な対応を受けた宗一郎はイギリス人に好意をもった。

それから観客サービスのために運行されているコース見学のバスに乗り、食い入るようにコースを視察した。バスは最初、島をぐるりとめぐる一周六〇キロほどのマウンテン・コースをまわった。二五〇、三五〇、五〇〇ccの三クラスがレースをするコースである。

常設のグランドスタンドが建設されているスタート地点はダグラス市の北のはずれにあり、スタンドの反対側は大きな墓地であった。マウンテン・コースは、そこから一気にダグラスの町を走り抜け、いくつかのカーブをすぎると、田園地帯に出た。アップダウンのある長い直線で田園を突っ切ると、隣町へ続いた。町のなかの道は生活道路で、曲がりくねり、建物や壁で囲まれている。ジャンピング・スポットになっているS字コーナーもあった。すこしでも操縦を誤れば、コース横の家に接触してしまうロード・コースならではのリスクが見てとれた。この町と次の町をむすぶ道は、牧場地帯を突っ切る直線路で、ここでは最高スピードが出そうだった。いくつかの町を通過し、森を抜けると、コースはしだいに登り坂になり、やがて高原に出た。ここから豪快な高速コーナーが延々と連続するロング・アンド・ワインディング・ロードである。エンジン・パワーと高速操縦性が試される部分だ。周囲は丘陵地帯で、牧場が多く、ときおり海が見えた。これでもかと連続する豪快な高速コーナーが終わると、コースは森のなかに入り、ちいさなコーナーを走り抜けると、スタート・ラインに戻った。

マウンテン・コースには、さすがの宗一郎も驚かされた。凄いコースだとは聞いてはいたが、まさかこれほどダイナミックで複雑なコースだとは思っていなかった。このコースには、いろいろな種数の直線路、それぞれスピードの異なるさまざまなコーナー、急な坂道、長い坂道、ワインディング・ロード、交差点、四つ角と、すべての種類の道があった。また、強い海風が吹くコーナー、西日が眩《まぶ》しいカーブ、道路工事で路面を補修したところと、ありとあらゆる道路状況があった。まさに街道レース・コースであった。

見学バスは、グランドスタンド前に戻ると、今度は一周一七キロのクリプス・コースをまわった。このコースは一二五ccとサイドカーのレースをおこなう田園地帯をめぐるショート・コースだ。クリプス・コースは豪快な高速ワインディング・ロードの部分は少なかったが、マウンテン・コースを凝縮したような街道コースであった。

コース見学が終わると、ホテルに戻り、目をつけておいた近くのオイスターバーで牡蠣と蟹の夕食をとった。ふたりはこの店が気に入り、毎日のように昼も夜も通いつめた。

翌日の月曜日からレース・ウィークが始まった。宗一郎は早朝からパドックに出かけ、参加車両を子細に観察した。おもな出場マシンは、一二五ccはドイツのNSUとイタリアのMVアグスタ、二五〇ccは同じくNSUとMVアグスタ、三五〇ccはイギリスのノートン、AJS、ベロセット、BSA、ドイツのDKW、イタリアのモトグッチ、MVアグスタ、五〇〇ccは三五〇ccと同じメーカーのマシンが多かったが、イタリアのジレーラが目立って速かった。サイドカーはドイツのBMWの独壇場だった。

宗一郎は、パドックを歩いて世界最新鋭のマシンを観察しながら「ドイツのマシンの美しさは印刷の美しさだ」と言った。どのマシンも、均一の仕上がりであったからだ。その点、イタリアのマシンは各チームそれぞれの工夫がこらされていて、なかには耐久性において疑問になるような芸術的工作もあったが、個性的に見えた。宗一郎は個人的にはイタリアのマシンを好んだが、一般市販車メーカーの社長という立場では、ドイツの大量生産的なマシンを熱心に観察していた。

多くのマシンが採用していたエアダクト付きのドラム・ブレーキや、ガソリン・タンクに空気を取り入れて加圧するレーシングマシン独特の工夫は、宗一郎にも覚えがあることだった。

なかでも強い興味をひかれたのはイタリアのジレーラ五〇〇cc直列四気筒エンジンであった。このエンジンに装着されたデル・オルト社の四連キャブレターをじっと観察し、同じキャブレターが二五〇ccのモト・グッチにも装着されていることを確認すると、宗一郎の目はきらりと光った。

パドックをうろつくふたりの日本人が、マシンを観察し、しきりに写真撮影をしていることは、すぐにグランプリ界の噂となった。

何人かの新聞記者に話しかけられ、取材を受けた。なかにはホテルへインタビューに行きたいと時間を約束した記者もいたが、約束の時間になってもあらわれず、宗一郎を怒らせた。新聞記者の質問を受けた宗一郎は、TTレース参戦の計画があることだけを明らかにし、ホンダ・レーシングチームのキャプテンである鈴木義一の名前をあげて日本人ライダーが優秀であることを話した。

多くの新聞はトピックスとして宗一郎たちの活動を報道した。たいていはパドックでマシンを観察する写真を掲載し「日本も来年参加か？　本田宗一郎氏と佐貫亦男氏は来年のTTレース参加を計画中で、月曜日にレース・パドックで要点を調査した」というような内容の記事を書いた。こうした記事には、冷やかな論調が感じられた。当時、日本は世界第四位のオートバイ生産国であったが、グランプリの世界でそのことを知っている者はほとんどいなかった。ましてや三年後に、ホンダのオートバイがこのレースを制覇すると予想した者は、ひとりもいなかった。

宗一郎は、取材に来た記者たちに、NSUやジレーラのエンジン馬力を必ず質問していた。彼らは口々に、NSU二五〇ccが三六馬力、ジレーラ五〇〇ccが六五馬力だと答えた。記者たちの言うことが本当ならば、NSUはリッターあたり一四四馬力、ジレーラが一三〇馬力である。それは宗一郎の推測を大幅に上まわる数字であった。トップクラスの高性能オートバイでもリッターあたり一〇〇馬力くらいではないかと見当をつけていたからである。宗一郎は、その馬力がハッタリではないと理解すると、「うーん」と唸って考え込んでしまった。

レースが始まると、グランドスタンドや名物コーナーで熱心に観戦し、「あのマシンはマフラーを針金でくくってあるだけだったから壊れる」とか「エンジンのプラグコードが外れそうだ」と予測し、それはことごとく当たった。

レースを観戦していて、宗一郎は幸福な気持ちになった。集まったオートバイ愛好家やレース・ファンは、アベックや家族連れが多く、和気あいあいとレースを楽しんでいる。興奮して無闇やたらにオートバイを乗りまわしたり、狼藉をはたらくような者はいなかった。TTレースの開催期間中のマン島は、オートバイ好きの天国になっていた。

最終日の五〇〇ccレースが、霧のために短縮されて全レース・スケジュールが終わると、宗一郎は「一二五と二五〇なら勝てる公算がある」と言い出して、しきりに考え込むようになった。

翌日になると、レンタル・オートバイでコースを走りたいと言い出したが、たまたま空車がなく、それはあきらめた。かわりにタクシーをチャーターして、もう一度コースを走って視察した。

五〇〇ccのレースでイギリス人ライダーが事故死した場所では、タクシーを止めて現場を歩いて観察した。直線路であったが、霧のために視界が悪く、出っ張った石垣に接触して事故を起こしたことがわかった。宗一郎は無言で事故現場をにらみつけていた。

レースの視察が終わると、イギリス、西ドイツ、イタリアを駆けめぐる、サンプルの買いつけと工場見学の旅行が始まった。

イギリスでは、エイボンのレーシング・タイヤと軽合金リムを買った。それからマン島で紹介され、工場見学の許可をもらっていたキャブレター・メーカーに出向いた。そのメーカーの専務が応対に出たが、なぜだか不機嫌で、意地悪だった。

「キャブレターは日本の代理店を通して買え、工場見学は許可しない」と言い、もうひとりの重役を残して、さっさと退席してしまった。

宗一郎は怒りで真っ赤な顔になり、怒鳴った。

「マン島では工場を見せるといったからやって来たんだ。子供の使いじゃあるまいし、これでは何のために来たことになるんだ」

残った重役が「まことにご不満に存じますが、何か行き違いがあるようで」と取りなしたが、もうおさまらなかった。

「ご不満だと、当たり前だ。お前らそれでも英国紳士か」

重役は黙った。宗一郎はとどめの啖呵《たんか》を切った。

「ざまあみろ、声なしだろう」

こうしてイギリスを後にすると、西ドイツのハンブルグへ飛んだ。ホンダに工作機械を販売している商社の案内で、ＢＭＷの小型セダンでアウトバーンを走りめぐる工場見学のスケジュールが組まれていた。フォルクスワーゲン社、ダイムラー・ベンツ社、ＢＭＷ社といった大手のカーメーカーとオートバイ・メーカーのホレックス社、ＮＳＵ社、チェンダップ社、さらには航空機メーカーとして知られるハインケル社やプレス工場のワインガルテン社、研磨盤やホーニング盤、歯切盤などの工作機械メーカー、そしてミュンヘン科学博物館。（現ドイツ博物館）を見学してまわった。

忙しいスケジュールだったが宗一郎は精力的に行動した。アウトバーンでＢＭＷが水漏れを起こせばみずから修理し、ホテルの水洗トイレが壊れればそれも直し、しゃにむに日程を消化していった。オートバイ工場では素性を隠して見学をし、重要部品をつまみあげて調べたために「あなたは同業の専門家ですね」と指摘されて、正体を白状して謝罪したり、プレス工場へ行けば「あれっ、俺がやろうとしていることをやっていやがる」と叫んだりした。

次はイタリアだった。最初に、マン島で強い興味をもったキャブレターのデル・オルト社を訪ねて四連キャブレターを買った。その足でモト・グッチ社を見学する。ここでは風洞実験設備を丹念に見た。そしてスクーター・メーカーのイノチェンティ社と軽四輪のイセッタ社を見学し、ホイールのボラーニ社ではレース用のリムを買った。ランブレッタ・スクーターの販売店ではたくさんのパーツを買い込んだ。高級車のランチア社見学の後に、ジレーラの工場見学を希望していたが、これは実現できなかった。

初めてのヨーロッパ視察旅行は、宗一郎に強い影響を与えた。新しい文明国家であるアメリカとはまったく異なった伝統文化をもつ欧州の国家をめぐり、近代という時代の源流を肌で感じることができた。そして何よりもヨーロッパは自動車の生まれ故郷である。自動車の原点を深く考えることもできた。

同行した佐貫は、決められたスケジュールをきちんと守る宗一郎との移動生活は楽であったが、何もかもに強い好奇心をむけ、それが質問となって返ってくることに驚かされた。警察官の制服の色の違いといった些細なことでも、知らないことがあれば、わかるまで知ろうとする。技術者としての勘の良さにも、佐貫は何度も感心させられている。工場視察をしながら、説明を通訳していると、「ちょっと、待って。そんなことでは、こんな部品を作れるわけがない」と言い出すことがあった。そんなときは、たいてい佐貫の誤訳か誤解であった。

こうして一か月間の視察旅行が終わった。最後の難関は、税関と航空会社だった。

宗一郎は肩にタイヤとリムをかつぎ、スーツケースはオートバイのパーツであふれていた。この不思議ないでたちの日本人の中年男は異様に目立ち、航空会社は荷物の重量超過料金を取り、税関吏はパーツ類の輸出証明がないと文句をつけた。

元気一杯にヨーロッパを飛び回っていた宗一郎だが、経営危機を忘れることは一時もなかった。ホンダ倒産の夢をみて、汗をびっしょりかいて飛び起きる。そんな夜が続いていた。腹をくくって日本を出てきたはずだが、不安は心に突き刺さっていた。資金繰りに失敗すれば倒産してしまう約束手形の決済日を、この旅行中にむかえているはずであった。何の連絡もなかったので、うまく手形を落とすことができたのだろうと考えていたが、どうしても不安をぬぐいさることができなかった。

帰国した宗一郎は、羽田空港の税関を出ると、出迎えた藤沢武夫に、不安を隠しきれない顔で、こう聞かざるをえなかった。

「一〇日の手形はどうなった、落ちたかい」

藤沢が笑顔で答える。金融機関からの融資、猛烈な売掛金回収などで現金をかき集め見事に手形を落とし、経営危機を乗り切っていた。

「大丈夫、何とか乗り切ったよ。会社のことは心配ない。これからはまた前進、前進で、社長に頑張ってもらう舞台が整いました」

その言葉を聞くと、感情をおさえきれず、人目をはばかることなく嬉し泣きをした。

このとき宗一郎は、工場視察の最中に拾ってきた一本のプラス・ネジを、藤沢に見せている。このネジこそ、工場の自動化を大きく促進させていく魔法のネジだったのである。ころんでもタダでは起きない宗一郎であった。

「私はマン島のレースを観て完全に高慢な鼻をへし折られたが、しかしそれと同時に新しい、かつて感じたこともなかったほどの強い勇気がわいてくるのを覚えさせられた。それは一種の闘志ともいえる。必ずスピードに勝ってみせる。そして日本のエンジンの技術を世界に披瀝してやろう」

マン島でうけたカルチャーショックは、すでに闘志に昇華されていた。どんな苦難でも、真正面からぶちあたり、生きがいのある仕事に転化してしまうのは、宗一郎の才能のひとつであった。

だが、ホンダの技術陣は、大きな不安をもっていた。

ホンダ・レーシングチームの初代監督となる河島喜好も「社長はどえらいラッパを吹いてくれたな、と内心では心配もしたし、恐ろしくもなってきた」と思っていた。

河島が「社長、本当に、TTレースに出るのですか」と真意を確かめると、宗一郎は「どんなことがあ

創業2年、1950年(昭和25年)にホンダは日本のトップメーカーとなった。本田宗一郎の表情にも風格があらわれているが、まだまだ夢の途中。自動車メーカーとなり世界のレースを制覇する大目的があった。(右から2人目が宗一郎)

1954年(昭和29年)高級大型スクーター・ジュノオ発売記念会の社員集合写真。従業員と腕を組んで満面の笑顔をみせる宗一郎。魅力的な笑顔である。藤沢武夫、レーシングライダー鈴木義一の顔も見える。(中央列右から2人目が宗一郎)

ってても出る。ぐずぐずしていては、世界の技術レベルから置いていかれる」と答えた。「宣言」を発してしまったのだから、もはや一歩も後に引けない状況をみずから作り出していた。

宗一郎は、マン島TTレースのコースは、箱根湯本から宮の下へ登る道とよく似ているから、そこを時速一八〇キロで疾走するオートバイを作るのだと言った。そんなふうな物言いをされると、河島もやってできないことではないとは思ったが、しかし、オートバイ・メーカーを創業して七年しかすぎていないホンダにとって、一年後のTTレース出場は無茶な計画だった。

技術的な問題は深刻だった。当時のホンダの二五〇ccは最高一三馬力だったが、同じ二五〇ccのエンジンで、ドイツのNSUは三六馬力、イタリアのMVアグスタは三九馬力も出ていた。この圧倒的な馬力の格差は、奇跡のような技術開発をしなければうまらないことを意味していた。そんな困難な開発を、たった一年間でできるはずがなかった。

しかし、困難な道を前にしたときこそ宗一郎は燃える男だった。ヨーロッパのメーカーとの大きな技術格差は、世界制覇の格好のエネルギー源になった。

一〇月になると、埼玉製作所内に「TTレース推進本部」を設け、闇雲にレーサーの開発に着手した。エンジンは市販の二二〇cc4E型をチューンアップし、フレームはヨーロッパのレーシングマシンを手本にして鋼管ダブルクレードルを組み上げ、アールズフォーク、スイングアームのサスペンションを急いで設計し、試作した。

宗一郎の胸算用では、この試作レーシングマシンに、新開発の二五〇ccエンジンを搭載し、従業員ライダーの大村美樹雄を乗せて、来年のTTレースに打って出ようというものだった。

しかし、この試作レーシングマシンは最高時速一五〇キロを記録するにとどまり、時速二〇〇キロ以上の超高速で疾走するヨーロッパのグランプリ・マシンとは比べ物にならなかった。二五〇cc高性能エンジンの開発は遅々として進まず、目標とするリッターあたり一四〇馬力を発生させることができなかった。

この頃、ホンダは、商社をかいしてイタリアのモンディアルのワークスマシンを入手した。一九五一年（昭和二六年）のTTレース一二五ccクラスで上位を独占した単気筒マシンである。このモンディアルをテストした宗一郎は、またもやその高性能に圧倒された。一二五ccのモンディアルが、ホンダの二五〇ccよりも速かったのである。

絶望的な技術格差を思い知らされた宗一郎だったが、そんなことでTTレース出場の意志を捨てるはずがなかった。

高性能エンジンを開発する技術的な方針は固まっていた。高回転、高出力のエンジン開発である。より多くの混合気を吸収し、完全燃焼させて爆発力を強め、効率よく排気する、高回転エンジンである。

しかし、試作された高回転エンジンは、次々とクランクシャフトとコンロッドを連結するベアリングを焼きつかせた。宗一郎はみずから、ボールを間びいたベアリングを設計し高回転技術を開拓していった。

エンジン開発方法は典型的なトライ・アンド・エラーで、良いアイディアが出たら必ず実際に試作してみて、テストを続け徹底的に突き詰める。どんな突飛なアイディアでも、それがいいと思えば、おっくうがらずに試作してみる。経験を積み重ねることによって、技術を向上させていく方法であった。

燃焼についても徹底的な研究がおこなわれた。排ガスを分析し、完全に燃焼しているかを調べ、キャブレター、吸気排気系、バルブ、燃焼室形状、プラグと燃焼速度の向上と完全燃焼をもとめて改良とテストがつづけられた。点火プラグの火花の波形コントロールの方法を学ぶために、トランジスタの実用化に成功したばかりのソニーへ相談に出かけている。この研究の最中に、世界中のエンジンメーカーが燃焼の研究をおざなりにしていたことがわかり、思わぬ発見に喜んだ宗一郎は継続的に徹底した燃焼の研究をすることを決めた。他メーカーがやっていないことは、技術上のマージンになるからである。

だが、どんなに宗一郎が頑張ってレーシングマシンの開発をしたところで、一年という時間はあまりにも短すぎた。マン島TTレースを制覇する高性能エンジンもフレームもサスペンションも、開発できるわけがなかった。しかもホンダは、倒産の危機から立ち直ったばかりで、膨大な予算と多くの人材をレーシングマシン開発プロジェクトに注ぐことができなかった。

思わぬ障害は、外務省が多額の外貨を持ち出すTTレース遠征の許可をしぶったことだ。

宗一郎は四面楚歌《しめんそか》の状況におちいった。

ここにきて、「宣言」で表明した一九五五年（昭和三〇年）のマン島TTレース出場を断念せざるをえなくなった。

不出場に関する宗一郎の発言はひとつもあきらかにされていない。ホンダの名で「資金不足で参加を延期する」と、言葉少ない記者発表があった。

有言実行を旨とする本田宗一郎は断腸の思いであった。

第12章

スター経営者

本田宗一郎は、戦後社会を突っ走っていた。

ネクタイ姿を嫌い、アロハやチェック柄のシャツを愛用し、藤沢が選んできた英国製の赤いMGのスポーツカーを足にしてエネルギッシュに走りまわる。町中でホンダのオートバイをみつければ、「故障はありませんか」とライダーに気さくに声をかけた。社内では作業服を着て各職場を歩いて点検し、オートバイの研究開発に没頭する。日常的な経営、営業、管理は、藤沢に社長印を預けてすべてを一任し、研究現場で油まみれになって働いていた。

この頃、ホンダの工場を取材した企業経済誌の高名なる編集長は、本田宗一郎の破天荒な行動に唖然とさせられている。

赤いチェックのシャツを着た宗一郎が丁寧な挨拶をした後、なぜか、突然、猥談を始めたのであった。それはアメリカ視察旅行におけるサンフランシスコでの一夜の法螺話である。こうして編集長を煙に巻くと、すぐに工場見学へせきたてた。工場に入ると、最初にトイレへ案内し、従業員が気持ちよく使えるために当時最新設備の水洗で、どこの職場からも近いことを強調して説明した。工場にお稲荷さんや神社を奉っている経営者がいるが、社長の宗教を会社に押しつけてはいけない、とも言い放った。

それから若い従業員をつかまえて「おまえたち、女の穴をあけることは得意のくせに、なんだそのネジの締め方は！」といきなり怒鳴り、従業員はあらたまった敬語をつかわず普通の口調で「社長、社長がもっと穴を研究して教えてくれなくちゃ駄目だよ。しっかり頼むぜ」と言い返した。すると従業員たちの間に入ってオートバイのエンジンを整備し始め、整備が終わるとオートバイに飛び乗り、勢いよく建物の外へ走り出した。「財界のご意見番」と呼ばれた編集長は開いた口がふさがらなかった。

その夜、赤坂の料亭でもよおした編集長を囲んでの宴会には、ホンダの白い作業服の上に真っ赤なコートを着た宗一郎があらわれ、席につくなり下品な冗談を連発した。同席していた藤沢との会話は漫才師のように絶妙で、相互にボケと突っ込みを見事に演じ、宴席の笑いを誘う。名うての編集長は呆れながらも驚きをかくせなかった。

そのとき創業一〇年をすぎたばかりのホンダは、全従業員数約二五〇〇名の平均年令が約二十五歳で、当時としては女性の比率が高い男女比七対三の、すこぶる若い企業であった。

「社長や重役が芸者にうかれて会社の金を浪費するなら、工員だって、すべてその権利があるはずである。働くのは一切平等だからである。社長だから、重役だからといって、何も特別に偉いわけではない。社長という名称は統率上の名称であり、工員は工員という名称にあるだけであって、会社の席はすべて同じはずである」

これが宗一郎の経営者哲学であり、社長とは次のようなものだと言った。

「社長とは、会社という機構のなかの単なる一職名にすぎない。人間の価値のランキングではない。それだのに、社長になると、天皇になったつもりで、社員と一線をかくしたがる。これでは本当のことを社長に言う奴はいなくなる。社長とは危ない商売だ」

宗一郎は、ホテルの宿帳の職業欄に「会社員」と必ず書いた。

工場にいても研究所にいても、従業員食堂で昼食をとった。社長だからといって特別なメニューではなく、従業員たちと一緒の列に並んだ。ホンダには部長や役員の専用食堂などなかった。

ある日、従業員食堂で冷飯を食べ、目を吊り上げて怒鳴った。

「こんな冷えたメシを従業員に食べさせて、いい仕事ができるか！」

昼食が終わると、だれかれかまわず将棋に誘い、負けると「お前はインチキしないといい奴なんだがな」と憎まれ口をたたき、勝てば「どうだ、参ったか」と高笑いをした。

徹夜の仕事になると、従業員食堂で夜食が用意されたが、必ず最後に並んで食べた。工場を視察していて、懸命になって働いている従業員の姿を見て感激し、いきなり後ろから抱きついたこともあった。

新入の従業員への訓話は、本音をはっきりと語り、透明感のある姿勢を強調していた。

「私自身にしても、自分が可愛いし、人のために仕事をしているというよりは、自分自身のために仕事をしていることはたしかだ。人間、どのような理由をまことしやかに述べようと、所詮《しょせん》は自分が可愛いことに変わりはない。究極においては自分のために働くのである。私は会社のために働きに来るなどという社員は嫌いだ。自分のためにいかに働くかが問題である、会社のためなどと、昔の忠君愛国みたいなことを振り回されるのはいやだ。それが欺瞞《ぎまん》行為であることは、本人がいちばんよく知っているはずである。人はだれでも、自分の生活をエンジョイしたい、自由になりたいということで仕事に精を出すものなのだ」

相変わらず、気が短く、怒ると口より先に手が出て、ベルトコンベアーを流れるエンジンを放り投げることもあった。設計室の机は、叩きつけたハンマーやスパナの跡で傷だらけだった。

従業員たちは、帽子のかぶり方で機嫌を判断した。あみだにかぶっているときは機嫌がよく、目深《まぶか》なときは怒っている信号なのである。そんなときは手近にある工具や定規をサッと隠して、安全に怒られることを選んだ。

いつも「おい、アレどうした」とか「おーい、アレを呼べ」というような言い方をして、従業員が「アレ」の意味をすぐにわからないと癇癪《かんしゃく》を起こすこともあった。

しかし、宗一郎が豪胆磊落な性格であることや、いつも真剣勝負で怒っていることを従業員たちは知っていたし、怒り狂い怒鳴り散らすその理由も「人真似をしたとき」や「非合理な設計をしたとき」「お客さんや社会に迷惑をかけたとき」「モタモタした行動をとったとき」などと、きちんと筋が通っていた。

もちろん、この時代は小学校教育でさえ暴力が容認されていたが、何もそこまで怒らなくていい、と従業員たちは思った。怒鳴られやすい者や殴られやすい者が出て、公正を欠いていると思う従業員もいた。どうしても宗一郎の気性に馴染めない者は退職を選ぶことしかできなかったが、しかし、憎めない人柄から「オヤジさん」のニックネームがふさわしい人気のある社長であった。

「藤沢さんに怒られると胃が痛くなったが、オヤジさんに怒鳴られると、目が覚めるような気持ちになった」と、ホンダの従業員ライダーとしてマン島TTレースに遠征した鈴木淳三は言っている。

二五〇〇名の従業員をかかえる社長となって、さすがの宗一郎も短気な性格を反省している。

「私は一時の感情にかられて、人を怒鳴ったり、殴ってしまうことがありますよ。しかし、後できまって、馬鹿な真似をしたな、と悩むんです。俺はいったいどういう人間なんだ。なぜ、あんな馬鹿のことをやったんだろう、って自分で自分がほとほと嫌になっちゃうんだから始末が悪いよ。まあ、ウチの連中にしてみれば、オヤジはしまったという顔をしているなと、ちゃんと知っているんですよ。それだからこそ勘弁してくれるし、どこにも行かないで私のまわりにいてくれたんでしょう」

その一方で冷徹な人間観察をする一面もあった。側近にこんなことを言っている。

「俺がちょっと大きな声を出すと、怒鳴られた、怒鳴られた、と言ってまわる奴がいる。そいつにしてみりゃ、本田宗一郎の身近にいるということを証明するために吹聴してまわっているだけなんだ。そういう人間の気持ちもわかってやろうな」

ホンダは、株式会社というよりは、本田宗一郎の道場だと、ホンダの従業員たちは思うようになっていった。

ホンダで労働組合が結成されたときは、従業員を同志だと考えていた宗一郎には、ホンダにおける労働運動という発想じたいが理解しがたいことだった。東海精機時代から組合が大嫌いだったが、それはイデオロギーとは縁遠い嫌悪で、ゴチャゴチャと口うるさい輩《やから》が大嫌いなだけであった。

組合結成の理由のひとつが宗一郎の暴力だったと語り伝えられている。だが、主な理由は一般の企業労組と同じように生活と権利を守るための労働者の団結、そして経済と政治の闘争が目的だった。

宗一郎は真剣に組合と闘ってしまう生真面目な経営者であったから、ストに対抗して出社拒否を続けたり、「第一次回答がウソになってしまうから第二次回答をしない」と筋を通したつもりが労使交渉に油を注ぐ結果にもなった。後に定めた「わが社の人事方針」には「監督者は従業員の私的な相談にも応じてやる」「幹部と自由に論議する権利を与えること」といった項目が入ったリベラルなものになった。

「組合対策などという言葉はあり得ない。あるとすれば人間対策ですよ。すべては理論的で、そこに浪花節は入らない」

と宗一郎は言っているが、その実、感情をあけっぴろげにした男で、よく笑い、あけすけに話し、そして涙もろかった。従業員がケガをしたと聞けば泣き、組合と話し合いが成立したと泣き、年越し一時金の賃上げを要求してハンストをした組合員には見舞い金を出す。プレス機械の操作を誤って従業員が手首を切断してしまったときは、「俺はこれから親御さんのところへ行って謝ってくる。だが、どう言って謝ったらいいんだ」と大声で泣いた。本田宗一郎は、まぎれもない古き良き人情社長であった。

ライバル・メーカーであった東京発動機（トーハツ）の赤司大介社長は、雑誌のインタビューに答えて宗一郎についてこう語っている。赤司は、京都大学経済学部卒業後、大企業の役員を歴任してきた、トーハツ創業者の長男である。その意見は、当時の企業経営者たちの一般的な見解であったと言っていい。

「立派な方だと思いますね。正規の学問も修めず独力で叩き上げてね。独走的な技術屋さんで、ソロバンを無視してでも製品の改良に努めるというようなところがありますね。もうひとつは一代で叩き上げたこと、私とは別な意味で真似のできない迫力を持っていられる方ですよ」

一流国立大学出の二代目社長に、婉曲な言いまわしで低学歴と言われようが、費用対効果の計算ができないと揶揄《やゆ》されようが、日本敗戦によって封建的な古い秩序が弱体化し、個性を尊重する大衆的な勢力が台頭する、この時代こそ、まさに本田宗一郎の晴れ舞台であった。

このホンダの成功は、ひとえに一般大衆にむけたオートバイ生産をめざしたことにあった。だれにでも手軽に乗れるオートバイである。それまでオートバイは、一部の愛好家が乗る趣味性を満足させるモビリティでしかなかった。

ホンダでは、試作車が完成すると動力性能のテストばかりではなく、どんな種類のオートバイでも商用に使われることを前提にして必ず積荷テストをおこなった。こうして開発されたオートバイは、軽便な輸送機械として商工業者や商店主など、初めてオートバイに乗った人びとの圧倒的な支持を受けた。

一九五六年（昭和三一年）に宗一郎が制定した「社是」は、このホンダの考え方を鮮明に言語化したものであった。もちろんプロデューサーは藤沢武夫で、ホンダの思想と精神を確固たる社是とした。

わが社は世界的視野に立ち、顧客の要請に応えて、性能の優れた、廉価な製品を生産する。わが社の発展を期することは、ひとり従業員と株主の幸福に寄与するに止まらない。良い商品を供給することによって顧客に喜ばれ、関係諸会社の興隆に資し、さらに日本工業の技術水準を高め、もって社会に貢献することこそ、わが社存立の目的である。

この「社是」は、安くていいものを求める大衆の声を真摯に受けとめ、大衆社会の成長を心の底から歓迎している。

また、ホンダの基本理念として「三つの喜び」＝「造って喜び、売って喜び、買って喜ぶ」（当時）を掲げ、「わが社の運営方針」を定めた。

一、つねに夢と若さを保つこと。

二、理論とアイデアと時間を尊重すること。

三、仕事を愛し職場を明るくすること。
四、調和のとれた仕事の流れを作り上げること。
五、不断の研究と努力を忘れないこと。

ホンダの社内は自由闊達な雰囲気で、役職や肩書を飛び越えて議論ができ、言いたいことをはっきり言う従業員が多かった。それが活力を生み、従業員の誇りにもなった。

宗一郎がいちばん嫌ったのは公私混同で、その発想は、社宅をできるだけ作らず、住宅手当てを増やす給与政策を生んだ。どうしても社宅を必要とする場合は、分散させた。「社宅は城下町の遺産だ」と言い切った。

一九五二年（昭和二七年）に宗一郎は、およそ一五〇件の発明特許を評価されて、その年度最年少の四十六歳で藍綬褒章《らんじゅ》を授与された。その授与式に作業服で出席したいと言い出して、藤沢武夫を喜ばせている。結局モーニングを着用して式にのぞんだが、その席上で「発明は苦労なのではないか」と高松宮に質問されて「恋愛と同じでございます。惚れて通えば千里も一里、といいますように」と答えている。

こんな本田宗一郎をマスメディアが放っておくわけがなかった。

初めて大きくマスメディアに登場したのは一九五五年（昭和三〇年）の『文藝春秋』一〇月号である。本田宗一郎の名前で書かれた文章は、田舎の鍛冶職人の倅《せがれ》が学歴もなくコネもないところから日本のオートバイ王になった半生を綴ったものだ。

この手記につけられたタイトルは『バタバタ暮らしのアロハ社長』で、リードには「レースでは瀕死《ひんし》の重傷、街ではスピード違反、しかもオートバイに生き抜いた男の立志傳《りっしでん》！」とある。
以来、人気沸騰の創業経営者として、当時のマスメディアの中核をなす雑誌ジャーナリズムの引っ張りだこになる。そこでは読者の期待に応える大活躍を演じた。

——背広はあまり着ないようですね。

そう、いつもこの恰好です（派手なチェックのオープンシャツに作業ズボン）。夏になればアロハだし、背広なんかめったに着ないね。第一東京にはめったに出ないもんね、もう二、三か月出てないかも知れませんよ。だからネクタイなんかめったにしめないね。金で首をしばられてる上あれで締められるのは沢山ですよ（笑）。

——この世の天国は何ですか。

第一に仕事を夢中でやっている時、そう云うだろうと思ったって？（笑）。いや本当なんですよ。この境地は人にはわからないでしょうがね。

『財界』一九五八年六月一五日号

——オートバイは、あのエンジンの音が魅力なのね。

カミナリ族の親分みたいにいわれますよ、評判わるい（笑）。カミナリ族製造株式会社だ（笑）。しかし、若者たちはみんな青春のはけ口を求めていますよね。ことに現代では単なる体力のスポーツじゃ満足できない、科学的なスポーツでなくちゃ承知しないんだ。

――神信心はなさるんですか。

無神論者、神様は僕一人でたくさん。

――お若い頃は、いい時代だったでしょうね。

そう、五十銭か一円で芸者が買えたし、名誉ある性病も頂けたけど（笑）、今の若い連中は、自分の給料、はたいても芸者の顔が見られない（笑）。戦争やって、そういう貧乏な遺産を与えておいて、年寄が若い連中を叩くばかりではいけないね。

『週刊明星』一九五九年七月二六日号

――なぜ、そういう服装を？

僕は生活を楽しくする主義なんです。ネクタイを変えるぐらいでは間に合わない。気分によってさまざまの色シャツにかえるのは楽しいですよ。そうすることによって自分の立場をフリーにし、考え方を自由にする。だいたい日本人は個性を尊重せず、郷に入って郷に従いすぎます。もっと自分のやりたいことをやるべきだと思いますね。

『朝日ジャーナル』一九五九年一二月二七日号

――カミカゼ族の横行、本田さんが高馬力のオートバイをじゃんじゃん作って売りまくった、という責任はありませんか。

酔っぱらいがいるからといって、酒屋が非難されちゃたまらんですよ。それは論理がおかしいね。

世をあげてスピード時代だ。輸出しなければいかんという時に、もぞもぞ世界最低の水準なみのものをつくっていてできますか。いま日本の自動車が売れないのは、悪口いうわけじゃないけれども、自動車としてあまりよくないから、売れないだけでね。専売公社をみなさい。あれだけの資金を投じていて一本だって輸出できない。それどころか、外国タバコがご覧のとおりどんどんはいってきている。なぜか。それは性能の悪いタバコを作っているからだ（笑）。

われわれだって性能の悪いオートバイつくっておったら、専売公社と同じだ。輸出もできんでしょう。公社が民間企業であったなら国民エンサのマトだね。

『朝日ジャーナル』一九六二年九月一六日号

宗一郎は、顔見知りになった記者連中には、「隠しポケットが七つもあるシャツを誂《あつら》えた」と話してみたり、名刺をもらうと「もうけた！　今夜はあなたと一緒に飲んでいたことにしよう」と言ってみたり、「遊び好きだが、恐妻家である」というイメージを強調して見せていた。「女房は神様の次だ。嘘を言っても、すべてお見通しだ」という卓越した発言もあった。

この頃の最大の悩みは、頭髪が薄くなってきたことで、「ハゲたのではない。顔が大きくなったのだ」というのが頭髪に関するお得意のセリフだったが、そんな冗談を口にしていても禿げるのが嫌だった。できることなら脱毛をくいとめたいと努力を重ね、薬好きもあって世界中から養毛剤を取り寄せては試している。ヨーロッパ視察旅行の際にもスイスの養毛剤を大量に購入してきて愛用したが、それは女性ホルモンが強いことがわかり「胸が大きくなってきたのでやめた」と言って笑った。

宗一郎は、この六〇年代前半に、たて続けに単行本を上梓している。所感集の『ざっくばらん』と『得手に帆をあげて』、自伝『スピードに生きる』で、次々とベストセラーになった。それは新しいスター経営者の登場であり、戦後社会の英雄誕生物語であった。すべてはプロデューサーたる藤沢武夫の仕掛けであった。

最初の本である『ざっくばらん』は、次のように歯切れのいい文章で、庶民の側から発言する、痛快無比の読み物であった。

僕は日本の道路を直すための迷案を一つ持っている。それは国会議員や建設省や都や県の道路行政にたずさわっているお役人に、自動車を自分で運転する義務を課せば、日本の道路はすぐよくなるだろうということである。とにかく後の座席にふんぞり返ってタバコをふかして運転手の苦労なんて何も知らずにのらくらしている連中が、道路行政の指導権をもっているなんてのは、最大の罪悪だと思う。道路公団の総裁以下、免許証を持たないものは、即刻首にするということになれば、高速道路だなどと銘打って蛇が蛙を呑みこんだような太くなったり、細くなったり、曲がりくねったみっともない高架道路を、有楽町あたりに通して得意になっているような恥知らずなことはできないはずである。

「テレビが盛んになって、子供が勉強しなくなったと非難されるが、社長はどう思うか」と聞かれたので、僕はこう答えた。子供の教育は、読み書きだけが目的ではない。立派な社会人として子供を育てるのが教育である。テレビはいろいろな社会情勢を知らせ、みんなの考え方を知るのにはなかなか大きな役割を果たしている。テレビばかりみていたから落第したといってテレビに責任をかぶせるのはよくない。ちょうど三歳ぐらいの女の子が、ズロースなしで外に飛び出すと、母親が女房の感覚で顔を赤くしながらズロースを持って追っかけている。このザマの方がもっと困るんだ。年頃になればズロースをはくなといってもはくんだ。テレビを見て勉強しないからといって、親父の感覚で進学させたいばかりに叱りつけるのはよくない。

警察の統計のナンセンスなのはいまに始まったことではない。前に、車名別の事故件数を出して物笑いの種になったことがあるが、最近もオートバイの事故は二十代が多いなんておかしなことを発表している。これでカミナリ批判をあおろうという魂胆らしいが、オートバイに乗っているのは二十代がほとんどなんだから、事故が多いのは当たり前だし、こと改めて批判をするまでもない。絶対数の比較だけで、相対比率でモノを見ないからこういう滑稽なことをトクトクと発表することになる。それを真に受けて、新聞記事にするジャーナリストもいるのだから呆れてものもいえない。

本田宗一郎の人気は、雑誌や本だけにとどまらなかった。

昭和三〇年代前半には、その半生をモチーフにした映画『東京の瞳』（大映）と『妻の勲章《くんしょう》』（松竹）が公開されている。どちらの映画も、日本映画の全盛期のプログラムピクチャーらしい、大衆娯楽作品で、ホンダが製作資金を提供していた。

国内ばかりか、アメリカ・ホンダの創業にともなって、『ライフ』誌のインタビューにも登場し、アメ

1955年(昭和30年)に始まった全日本オートバイ耐久ロードレース通称「浅間火山レース」は、日本初の本格的な二輪ロードレース開催をめざした。砂利道のコース、警察の介入などで困難をきわめたが名勝負が展開された。

浅間火山レースに出場したホンダ・レーシングチーム。黒い革のレーシングスーツは、まるで戦闘機パイロットのような姿だ。この浅間火山レースに、ホンダは大部隊を送り込んだが、情熱がカラまわりして失敗の連続であった。

リカのマスメディアにも注目された。

こうした本田宗一郎の一連の言動を批判的な目で見る人たちがいた。

それは「ホンダはアプレゲールである」という批判だ。アプレゲールとはフランス語で「戦後派」のことだが、戦後の日本でアプレゲールといったら、旧支配層とそれにつらなる保守派から、軽薄で頽廃《たいはい》的で虚無的だと批判される人びとのことだった。アプレと省略するのが流行語になった。

しかし、そんな批判には、「私にいわせれば、現在、主権在民になっても昔の天皇絶対論を振りかざしていこうというふうな人がいかにアバン(引用者注アバンゲール＝戦前派)であるかという意味で私をアプレというなら、また何をかいわん、これを甘んじて受けている方が賢いものだということで、アプレ経営本田、という評に、感謝するわけである」と軽くいなした。

あるいはまた、頻繁にマスメディアに登場する宗一郎を「経営タレント」と呼んで、経営者としての本分を忘れた言動だと批判されることもあった。ひらたい言葉でいえば、調子にのりすぎている、という批判である。この批判には、慎重に、こう反論している。

「経営タレントをやっていい勉強になりましたよ。山のような手紙を読んでいると、つまらないことをいう奴も多いですが、なかにはなかなかいい意見もありました。もし、あちこちに文章を書かなかったら、おそらくこんなことを知らないで終わったでしょう。そのかわり、私は進むのも早いですが、退くのも早いですからね。今年に入ってからは、昨年、約束してしまったものの権利義務をはたしているもの以外はピタリとやめてしまいましたよ」

宗一郎が告白した、若き日の無茶な遊びに、眉をひそめたり、揶揄する人もいたが、それには真正面から、こう反論した。

「若いとき、悪遊びをしたことを、いまだに非難の種にする者がいる。子供のときに寝小便したことを、その子供が大人になっても持ち出すようなもので、その人間に低劣、偏狭を疑いたくなる」

また、宴会騒ぎ好きをあげへつらい、遊び好きだと批判する記事もあった。しかしこれも、「こんなに忙しくて疲れているから、ちょっと息抜きに……、なんてみんな言っていますけど、それは体裁が悪いから理屈をつけているだけでね。そんな卑怯なことを言って、女房の前じゃごまかせるかもしれないが、世間じゃ信用しないね。それより、はっきりと、遊びたいから遊ぶんだ、と言った方がさっぱりしていいよ。相手も早く自分のことを理解してくれるし」と言い切る宗一郎には歯がたたなかった。

とはいえ、プライベートな時間までとやかく言いたがる露悪趣味のマスメディアの目をくらますつもりもあって、新橋、柳橋、赤坂といった一流料亭が並ぶ町ではなく、下町の料理店で遊ぶことが多くなった。ひとりで小さな料理店へ行き、ホンダの社長であることを隠して遊ぶ。そこで、お茶の出し方、挨拶の仕方、灰皿の置き方を分析して、自分好みの店をみつける。そんなとき、耳鼻科の医者だと言ったりした。適当に小金を持っていて遊んでいても怪しまれないで、しかも職業的な質問がいちばん少ないのが耳鼻科の医者なのだ、という理由からである。これは夜の遊びの年期が入った粋人の知恵であった。

宗一郎は遊びの効用について、こう言っている。

「花柳界でほど生々しい勉強をしたことはないな。人を見るには、ほんとうにあそこはいい場所ですよ。芸者は、そりゃ顔には出さないが、やはり客の好き嫌いはありますよ。ああいうところで威張る奴は最低だね。他人の金でタダで飲んだり、芸者を抱こうという男も最低。まあ、遊びは自分の金を遣わなきゃ駄わね。自分の金を遣えばモテたいじゃないの。そうしたら、どうしたらモテるかを必死になって研究する目よ。

私は二十三、二十四のときから、さんざん道楽をした。いま社員と屈託なく同等に付き合わしてもらっているのも、ある程度デザインができるのも、すべてそういう遊びというものをやったおかげだ。デザインというものは、人の心を買う、ものだから、道楽した人でないと人の心に触れることがむずかしい」

リベラルであることを行動で示す宗一郎は、東京モーターショーに来場した皇太子の案内役をネクタイをつけないスーツ姿でつとめたりしたために、支配階級や上流階級の批判をかうこともあった。

だが、体ひとつで生きている庶民の反応はまったくちがった。

ざっくばらんな言葉で人生哲学を語り、たくましく生きる本田宗一郎の人気が急上昇していった。技術者ならではの合理的精神から飛び出す発言は裏表がなくてわかりやすく、完全な自由競争を求める思想は、権力や資本と無縁な庶民の圧倒的な支持を受けた。宗一郎の批判を口にした人たちは、庶民の足であるオートバイに乗らない人たちであったと言っていい。

そのような庶民の夢を実現する本田宗一郎は、一九五九年（昭和三四年）には、総理大臣の年収の一〇倍以上の年間所得四〇〇〇万円の報酬をえて、所有するホンダの株は時価二〇億円相当になった。まさに億万長者である。戦後社会ならではのジャパニーズ・ドリーム物語の主人公であった。

本田宗一郎のエネルギーはとどまるところをしらず、「世界一でなければ日本一ではない」路線を突進し、世界進出にむけてさらに燃えていた。

その先鋒隊となったのは、生まれたばかりのホンダ・レーシングチームであった。

第13章

浅間火山レース

マン島TTレース挑戦のプロジェクトは一進一退を続けていた。

高性能エンジンを開発し、世界グランプリへ遠征するのは、技術的にも資金的にも困難な問題を多く抱えていた。一気呵成にできることではなく、長い階段を一段ずつ登っていくような時間と体力が必要だった。人一倍に短気な宗一郎は、ことあるごとに苛立ったが、しかし、へこたれなかった。

目前に挑戦すべき恰好の目標があらわれたのである。

一九五五年（昭和三〇年）一一月に、上信越の名山である浅間山の山麓で、日本初の本格的なオートバイレース「第一回全日本オートバイ耐久ロードレース」、通称「浅間火山レース」の開催が発表された。

敗戦直後のオートバイ・メーカー乱立時代が終わり、業界が落ち着くと、日本でも本格的なロードレースを開催しようという機運が高まった。市民組織のMFJ（日本モーターサイクル連盟）が発足してレース開催を続けていたが、各メーカーの集まりである日本小型自動車工業会二輪部が主体となって日本モーターサイクルレース協会を設立し、マン島TTレースをお手本にしたロードレース開催を企画した。メーカーがこぞってバックアップするレース協会はMFJよりも豊富な資金と政治力があった。浅間、山中湖、小豆島、多摩湖、岩手県、小岩井農場の、六か所を候補地にして折衝を進め、その結果、浅間でのレース開催が実現することになった。

このニュースを聞きつけた宗一郎は「浅間火山レースで勝利する」と言い出し、レーシングマシンの開発に没頭した。

ホンダの最初の目標は、浅間火山レースの前哨戦ともいうべき、七月に開催された「ＭＦＪ第三回富士登山レース」であった。富士山の麓にある浅間神社をスタートし二合目までの二七キロの登山道を駆け登るタイム・レースである。モトクロスとトライアルが混ざったようなこのレースは、スピードレース好きの宗一郎の好みではなく、過去二回の大会にホンダ・レーシングチームは正式に参加していなかった。しかし、この年はちがった。浅間火山レースで圧倒的に勝つために、まずは富士登山レースの制覇を狙った。

ホンダ・レーシングチームは、一二五ccのモーターバイク・クラスに発売したばかりのベンリィ１２５を二台、二五〇ccライトウエイト・クラスには三台のドリーム２５０をエントリーさせた。ライダーはドリームに野村有二、鈴木義一、鈴木淳三、ベンリィに藤井璋美、高橋邦良で、全員ホンダの従業員だった。このうち鈴木義一と鈴木淳三は、後にマン島ＴＴレースへ出場することになる。

宗一郎は世界制覇の夢を従業員とともに実現するとの宣言にしたがって、チームのライダーを従業員のなかから選抜した。腕に覚えのある走り屋の従業員には、ホンダ・レーシングチームのライダーになる道が開けていたのである。ホンダのレーシングチームは、会社をあげて組織されていた。

七月一〇日のレース当日、揃いの黒皮レーシングスーツに身をつつんだホンダ・レーシングチームは、本田宗一郎の陣頭指揮でスタート地点の浅間神社に登場した。空にはホンダの社機であるパイパー・ペイサーが飛び、工場で製作されたばかりの新しいパーツを空から投下する派手なパフォーマンスがあった。

ホンダが万全の体制でのぞむレースである。

このレースに参加するマシンは、レース規則によって特製のレーシングマシンではなく市販車と定められ、一切の改造が禁止されていたので、宗一郎は秘術をつくして入念な整備をおこなったマシンを投入していた。

前評判では、二クラスともホンダの圧勝が予想されていたが、一二五ccクラスに思わぬライバルが出現した。ドイツのＤＫＷをサンプルにした２ストローク・エンジン搭載のＹＡ１を発表してオートバイメーカーの名乗りをあげたばかりのヤマハ発動機であった。

ホンダもヤマハも、レース一か月前から合宿練習に入るなど、最初からライバル意識をむき出しにしていた。

レース結果は二五〇ccクラスではホンダが一、二、五位と、ライバルのモナーク工業モナークや大東製機ＤＳＫを蹴散らして圧勝したが、一二五ccクラスでは新興のヤマハに負けてしまった。

宗一郎は悔しがった。４ストロークのホンダが、２ストロークのヤマハに負けたことが許せなかった。少年時代からモーターレーシングを体験してきたから、勝負には運がつきまとうことを知っていたし、勝つという決意が死亡事故を誘発する危険性も自覚していたから、勝てと口には出さなかったが、負けるなとは言った。

そんな気持ちをおおやけに発言してはいないが、親しい友だちには、こう心情を吐露している。

「レースで負けたら、癪にさわるんだ。普通、レースだから負けてもいいんだと考える。しかし、そうじゃない。レースが遊びだと思うのは、やったことのない人です。心からレースに打ち込んでやるから、負けたら悔しい。人はどう思おうと、ウチは負けたらいかんということでやっている」

ホンダ・レーシングチームのライダーには、体力トレーニングが奨励されていた。万が一のアクシデントが起きた場合、肉体的な被害を最小限にとどめるためである。

一一月の浅間火山レースに、ホンダは強力な体制でのぞむことになった。ライダー一〇名、メカニック二〇名からなる大型チームを編成した。

この日本最初のビッグ・イベントには三六社のメーカーチームが参加する。だからこそナンバーワン・メーカーのホンダ・レーシングチームが絶対に負けてはならないレースであった。とりわけて、2ストロークのエンジンに、ホンダの4ストロークが負けてはならなかった。

長野県北軽井沢に設定された一周一九・二キロのコースは、マン島TTレースをイメージしたものだったが、浅間牧場の私道や町村道、二級国道をつかった砂利と砂のダートコースだった。すべて舗装された公道をコースとするマン島TTレースとはくらべものにならない。おまけに公道部分には、警察が速度制限厳守を要求したため、公安委員会はレース走行時間や平均速度を公表しない条件で道路使用を認めた。第一回の浅間火山レースは、警察の介入で実に不思議なレースとなったが、今日でも日本でのモータースポーツ公道レース開催を警察・公安委員会がめったに認めない事情を考えると、これはむしろ奇跡的に実現した公道レース開催であったという他はない。

レースは第一日目に一二五cc、二五〇ccの二クラス、第二日目に三五〇cc、五〇〇ccの二クラスと、排気量別に四クラスに分けられていたが、一二五と二五〇の両クラスにもっとも多くのメーカーチームが参加することになり、これが実質上のメインレースとなった。

ホンダは一二五にベンリィJRA、二五〇にドリームSAZ、三五〇にドリームSBZ、五〇〇にドリーム350を三八〇ccにサイズアップしたSDZで全クラスにエントリーし、完全制覇を狙った。マシンはいずれも市販モデルをフルチューニングした改造レーサーだった。ホンダのワークスマシンは黒いフレームに赤いタンクのカラーに統一され、ひときわ目立っていた。

レース前の予想は、ホンダ優勢であった。大チームを編成し、エンジン・パワーにすぐれたホンダが、操縦性のいいヤマハより、結果的に勝るとみられていたのである。

またもやライバル意識を剥き出しにしたホンダとヤマハは、それぞれレース一か月前から浅間に合宿所を設営して練習とテストを重ねた。食料の買い出しでも競争になり、肉やタマゴの買い占め争いにまでエスカレートした。そのために浅間一帯の食料物価が一時的に上がってしまうという事件になった。

ホンダの合宿所には朝七時と夜十時に、必ず宗一郎からの電話連絡が入った。三日に一度は東京から自動車を飛ばして合宿所へやって来ては、選手を激励し、マシンの整備状況を視察した。

「レースは工場で整備しているときから競争が始まっているんだ」と宗一郎は言い、ホンダはレース直前まで工場でマシン・チューニングを続け、夜行列車や社機のパイパーで改良部品を運ぶ準備を整えるなど、またもや万全の体制をしいていた。徹夜作業が続き、開発スタッフが眠そうな顔をしていると、「勝とうというのに寝るなんて贅沢だ」と宗一郎は喝を入れた。

いよいよレース当日、ホンダ・レーシングチームは合宿所から出陣パレードをしてコースへ向かった。宗一郎を乗せたオープンカーを先頭にして、揃いの黒ヘルメット、黒革のレーシングスーツに身を包んだライダーたちが乗ったレーシングオートバイ数十台が隊列を組んで続き、轟音と砂煙をあげて浅間まで走った。ホンダの旗をつけたレース用オートバイはすさまじい爆音をあげ、沿道には見物の人びとが出た。宗一郎はオープンカーから「一列縦隊！」などと大声で号令を発し、十二分に気合が入っていた。

第一日目の第一レースは二五〇ccクラスだった。ホンダは谷口尚己、中村武夫、野村有司、鈴木義一、大村美樹雄の六人を出場させ上位独占を狙った。ドリーム改造のＳＡＺは、市販エンジンの一二馬力から一七馬力までパワーアップされ、ストレート・マフラーと巨大なエア・クリーナーを装着していた。ライバルは宗一郎の弟子である伊藤正の丸正自動車のライラック、新明和興業のポインター、モナーク工業のモナーク、大東製機のＤＳＫなど一一メーカーのチームである。

スタート直後はホンダが上位を独占して前評判どおり圧勝するのではないかとみられたが、チームメイト同士の接触事故から調子を狂わせ、タイヤ・パンク、バッテリー脱落、スロットル不調などマシン・トラブルが続出していった。レース結果は、ライラックに乗る弱冠十六歳の天才ライダー伊藤史朗が優勝し、ホンダは二位に谷口、六位に中村が入っただけで、チーム賞もモナーク工業にさらわれてしまった。二位になった谷口のマシンは満身創痍で、ブレーキ・トラブルのために、フィニッシュ・ラインで停止できず、コース前方にあった北軽井沢郵便局に突っ込んだ。

最初の浅間火山レースは、ホンダの惨敗に終わった。

このレースで優勝したライラックの丸正自動車は、アート商会浜松支店で奉公をしていた伊藤正が興したメーカーであった。伊藤は一九五〇年（昭和二五年）に浜松でオートバイの製造を始め、ホンダと決定的に異なった個性的なオートバイを製造したいと考え、シャフト・ドライブを採用した。ライラックは安定した性能とデザインの良さで人気を呼び、一時はホンダを追うメーカーとなった。ホンダが東京に本社を移すと、すかさず後を追って東京本社を設立したが、後に経営に失敗して倒産した。倒産の直前、主力取り引き銀行から鈴木自動車への吸収合併を打診された伊藤正は「私は本田の弟子だから、それはできない」と拒否してみせ、いさぎよく倒産を選んだ。

続く一二五ccクラスはホンダ・ベンリィ四台と五台のヤマハYA1、五台の鈴木自動車コレダが三つ巴《どもえ》の戦いを演じ、ヤマハが一位から四位までを独占する強さをみせた。ホンダのベンリィは大幅なエンジン・チューンがほどこされていたために馬力はあったが耐久性がなく、軽量化しすぎたフレームが操縦性を悪化させ、マシン・トラブルを起して、またもや次々と脱落し九位に入るのが精一杯というありさまだった。メインイベントの二レースを、たて続けにマシン・トラブルで失った本田宗一郎は、顔を真っ赤にしてメカニックを怒鳴り散らした。

「おまえたち、どこに目をつけているんだ！　ちゃんと整備していないから、トラブルを起こすんだ！」

強烈な怒鳴り声で、ホンダ・レーシングチームは引き締まった。その夜は、二日目のレースに出場するマシンを徹底的に整備することになった。

そのためもあって強力なライバルのいない三五〇ccクラスと五〇〇ccクラスにホンダは連勝し、ナンバーワン・メーカーの体面をかろうじて保つことができた。

宗一郎は、この第一回の浅間火山レースの経験から、外国製のマシンをサンプルにして自社製品に仕立てる日本のメーカーを毛嫌いし、口をきわめて罵《のの》しるようになった。他社のオートバイはヤマハYA1をはじめとして、外国製のフル・コピーが多いと指摘した。また浅間のコース自体も、操縦性にすぐれているマシンの方が有利なところから、エンジン・パワーを競い合うレースにならない、と言って批判した。砂

整備中の1961年のホンダ・レーシングマシン。この年にマン島TTレースの125と250の両クラスを初制覇し、両クラスのメーカー世界チャンピオンも獲得した。右は当時のレース責任者であり第二代社長となる河島喜好。

と砂利のコース、観客サービスの不在、レース中にコースを横断する不埒《ふらち》な観客、不慣れなレース運営など、たしかにマン島TTレースを見てきた目には、浅間のレースは泥んこ遊びにしか見えなかっただろう。しかし、それは宗一郎も知る日本の現実だったはずだ。正当な批判ではあったが、八つ当たりと言われても仕方がない。それほど敗北が悔しかった。

ともあれ、この浅間で手痛い敗北をきっした宗一郎は、レース部門のさらなる強化をもくろみ、レーシングマシンの研究開発を担当する技術部第二研究課を新設し、河島喜好を初代課長にすえた。

また従業員ライダーの強化養成のためにホンダ・スピードクラブを設立し、河島が初代監督をつとめ、クラブのメンバーのほとんどが第二研究課に属した。もちろんこの研究課がマン島TTレースに出場するグランプリ・マシンを開発する拠点である。

宗一郎は「オートバイの技術進歩のためにレースをやっている。だから、ライダーは当然ウチの社員でなければならない」との原則を打ち出していたが、やがてホンダ・スピードクラブは、ライダーとしてスカウトされた者が入社してクラブ員となる、勝つことを目標としたプロフェッショナル・チームへと、その性格を変えていく。

大役を与えられた河島喜好は、こう思った。

「やるっきゃない、これをやり遂げなければ俺の生きる道はない」

その道は苦難の連続だった。

第二回の浅間火山レースは、自動車工業会の協賛を得て、一周九・四キロの専用クローズド・コースを建設し、二年後の一九五七年（昭和三二年）に開催された。ホンダは、またもや大チームを組織して参戦する。しかし、結果は、惨敗であった。新しい技術を大胆に投入したマシンをレースに出場させたために トラブルが続発してしまった。

面子をつぶした宗一郎は、マン島TTレース挑戦で起死回生をはかろうと、グランプリ・マシンの開発を推進した。

ところが、開発は遅々として進まなかった。だいいち、まともな走行テストをする場所さえなかった。当時の日本には本格的なロードサーキットがひとつもなかったため、ホンダは荒川の河川敷の芋畑のなかにテストコースを建設していたが、それは幅三メートル、長さ一四五〇メートルの直線コース一本で、テストコースと呼べるようなものではなかった。だが、国内でそれ以外に高速走行テストができる場所は、運輸省（現・国土交通省）が東村山に所有するバンク付きオーバルコースしかなく、いつでもテスト走行に利用できるコースではなかった。自動車工業会が建設した浅間の専用コースは舗装されていないので、グランプリ・マシンのテスト走行はできない。河島たちは荒川の直線テストコースでグランプリ用のマシンを走らせて鍛えあげなければならなかった。

宗一郎は、この荒川テストコースにたびたび現れては、走行を視察し、ときにはレーシングマシンに跨がって走った。そのあげくにシフトチェンジをミスしてエンジンを壊したこともあった。

ホンダがようやく浅間火山レースを制覇したのは、一九五九年（昭和三四年）の第三回大会であった。そのとき、宗一郎は痔の手術のために荒川病院に入院していた。しかし、病院のベットでじっとしていることができる宗一郎ではない。痛みで歩くのも困難であったが、浅間まで這《は》うようにしてやって来て、チームのスタッフと勝利の喜びをわかちあった。

凄まじい勢いで「宣言」したはずのマン島TTレース挑戦は、しかし数年間がすぎても、いっこうに実現しなかった。

一九五七年（昭和三二年）の『モーターサイクリスト』誌に、いつになったらマン島TTレースに挑戦するのだ、という読者の質問が掲載された。

その回答は、本田宗一郎自身から文書で寄せられた。

「一．TTレースの参加については、その方針を変更しておりません。二．競争車の製作の現況と方針については、経済事情や社内業務の都合などを勘案して、現在私共が生産している製品に改造を加える方針をもって準備を続けております」

あまりにも素っ気ないこの文書から、逆に、強い苛立ちが伝わってくるようだ。

ヤマハは、一九五八年（昭和三三年）にアメリカのカタリナ国際レースに伊藤史朗とYD1改を遠征させ、六位入賞を獲得していた。これは日本製オートバイの、初の国際レース入賞記録となった。

ライバルに先を越された本田宗一郎は、ホンダのオートバイがマン島TTレースに出場する日まで、屈辱に耐えながらも、精進する以外に方法はなかった。

第14章

スーパーカブの大ヒット

一九五〇年代後半、ホンダは絶え間なく新型オートバイを市場に送り出していた。

幾度かの海外視察で、欧米先進国のモータリゼーションを知った宗一郎は、ドイツの高速道路アウトバーンを爽快に走行できるオートバイを世界標準と考えるようになった。今日同様に日本やアメリカは速度制限が厳しかったが、ヨーロッパ各国の高速道路はまだ速度制限がないところが多かった。アウトバーンはその代表的な存在であった。速度制限がないということは、最高スピードで走り続けられるということだ。そのクルマの最高速度が、たとえば時速一五〇キロであったら、その速度で何時間でも走り続ける。だからヨーロッパでクルマの最高速度といえば、瞬間的に記録する最高速度ではなく、巡行可能な最高速度のことであった。速度制限は厳しくなってきたが、この考え方は今日でもかわらない。

そのためにホンダのエンジン・テストは、長時間の高速走行を想定して、七〇パーセントのスロットル開度で百時間から二百時間の連続運転テストをするようになった。ホンダのオートバイは国際的な商品であるべきで、どんな国の道でも快適に走れるものでなければならなかった。

オートバイのデザインに関しても、欧米を旅しながら考えたことが反映されるようになった。

一九五七年（昭和三二年）に発売したドリームC70は、ホンダ初のOHC二気筒、二四七ccエンジンを搭載した、日本的なデザインの傑作だった。

ドリームC70の個性的なシルエットは、宗一郎がみずからデザインしたものである。欧米視察旅行でデザインの民族性に気がついた宗一郎は、日本独自のデザインを求めて奈良、京都など古都を旅することが多くなった。

ヨーロッパで発明されたオートバイは、多くの国で生産されるようになると、それぞれの国のデザイン・センスが発揮された。ドイツ人は合理的なデザインを好み、イギリスでは無骨でありながらも威風堂々としたスタイルになった。フランスやイタリアは、優雅な曲線をもったお洒落で、いかにもスタイリッシュである。アメリカのオートバイは大柄で野性的であった。ところが日本のオートバイは、独自のデザインではなく、これら欧米のデザインを真似したものばかりであった。

いつまでも欧米のデザインを真似しているようでは、世界の人びとから認められる商品にならないと、宗一郎は悟った。世界市場に向けてオートバイを生産するなら、日本美術のもつ美しさを基調としたデザインをほどこし、それを個性として認めさせる必要があると思った。またホンダが、日本的なオリジナル・デザインを確立すれば、欧米のメーカーが真似しようにも真似できないデザイン・センスとなり、世界市場での個性を獲得する武器になると考えたのである。

奈良や京都を旅しながら神社や仏閣、仏像や美術品を見学してまわった宗一郎は、仏像の眉から鼻にかけての美しい曲線に着目した。この曲線を現代的にアレンジしてドリームC70のガソリン・タンクのエッジに使ってみた。またぜんたいのシルエットを、神社や仏閣でよく見かける造形をイメージしてデザインしてみた。

このドリームC70の試作車が完成したとき、ホンダ・スピードチームのマン島TTレースのライダーだった鈴木淳三は、思わず「このオートバイは後ろから見ると鳥居みたいですね」とつぶやいてしまった。それを耳にした宗一郎は、カッと目を見開いて鈴木を見つめた。そんな目を見たことがなかった鈴木は、何か気にさわることを言ってしまったのか心配になったが、怒鳴られなかったので安心した。しかし、その宗一郎の驚きと興奮が入り交じったような目を鈴木はいつまでも忘れることができなかった。鈴木淳三は宗一郎のデザイン・コンセプトを見抜いてしまったのだ。

こうして発売されたドリームC70は、どこからともなく「神社仏閣デザイン」と名づけられ、人気と話題を呼んだ。この成功に気をよくした宗一郎は、神社、仏閣のみならず、日本の山の尾根や麓の曲線、数奇屋造りの民家の造形などからヒントを得たアイディアをオートバイのデザインに反映させていった。

本田宗一郎が、ホンダのオリジナル・デザインを追求しているときも、藤沢武夫は先進技術を標榜するホンダ独自の販売戦略を展開していた。

そのひとつが、画期的な商品保証制度である。一九五六年（昭和三一年）三月、新車の一年間保証制度をはじめた。新車購入後の一年間、ホンダの責任で起きた故障は、すべて無料で修理するという保証である。当時、日本の自動車メーカーで保証制度を取り入れていたのはトヨタだけで、それはわずか三か月間であった。

ホンダは一年間保証を実施するにあたって、すべてのホンダ・オートバイを五万キロの走行テストにかけた。日本各地の道路で、さまざまな季節に走行テストをおこなったために長期間の大規模なテストになったが、宗一郎は大いなる自信を得た。

「故障がなくなれば、売れ行きが鈍るなんて、そんなケチな考えは駄目だ。安全度が高くなるほど、利用者は増えるんだ。三百万人の日本人が、モーターバイクその他でエンジンを知っている。この新需要者に対して、安くて軽くスマートで丈夫なものを売りたい。買って一年はおろか、三年、五年は絶対に故障しないということになって、ホンダ・ドリームの真面目が発揮されるのだ」

五万キロ走行テストの結果、二年間保証をすることも可能との意見さえ出たが、それが実施されるのは八年後の一九六四年（昭和三九年）になった。

もうひとつ、藤沢武夫は、大量生産の大衆商品開発を考えていた。気軽に乗れ、便利で、経済的で、だれにとっても日常の道具となりうる、理想の乗り物である。そんな商品ができれば、かつてフォードが大胆な大量生産用の工場システムを開発して、一世を風靡したT型を安く大量に生産し、全世界を市場としたのと同じことができると藤沢は考えていた。

T型フォードの生みの親であるヘンリー・フォードは「何をしでかすかわからないアメリカ自動車界の風雲児」と呼ばれた。当時のアメリカでは、ガソリン・エンジン搭載の自動車を特許登録した者がいて、自動車生産をはじめようとする企業はガソリン・エンジン搭載の自動車を自由に生産することができなかった。そのために蒸気自動車や電気自動車が発達したのだが、やはり自動車の原動機はコンパクトで馬力があるガソリン・エンジンが最適だった。そこでヘンリー・フォードは、この特許そのものが大衆の利益に反するとして、大規模な裁判闘争をおこした。裁判は長期におよんだが、フォードの主張が勝利した。この勝利を手にしたフォードは、さっそくT型フォードの生産を開始した。一九〇八年（明治四一年）のことである。フォードの狙いは徹底したコストダウンをおこない一気に自動車の価格を下げることにあった。そのためにT型フォードの設計はもちろんのこと、工場の生産技術から見直し、ベルトコンベアー方式による大量生産システムを発明した。これがフォード・システムと呼ばれる大量生産とコストダウンを可能にした方式である。こうして廉価なT型フォードが発売されると、アメリカで飛ぶように売れた。アメリカン・モータリゼーションは、T型フォードによって始まったと言われるほど売れた。アメリカの市場にいきわたると、さらに世界各国へ輸出された。大量に各国へ輸出されたT型フォードは、それぞれの国でモータリゼーションを起こすという歴史的な自動車となった。二〇年間も生産が続けられ、その生産累計は一五〇〇万台になった。この記録は一九七〇年代になってフォルクスワーゲン・ビートルの二一五三万台に破られるまで世界最高記録であり続けた。もちろんアメリカのひとつの自動車メーカーにすぎなかったフォードを国際的な企業へと成長させるものであった。

藤沢武夫は、このT型フォードのような歴史的存在となるオートバイをホンダが作り出せないかと夢想していたのである。

その結論として、小型オートバイ、すなわちモペットの開発をするべきだと考えた。

日本は鉄道網が発達しているので、長距離を走る大型オートバイを実用に使うことはすくない。多くの商店主は仕入れや配達のために軽便な輸送手段を必要としているが、その小売店の財布を握る主婦は大型オートバイを危険な乗り物だと考えている。こうしたマーケティングから、日本人の生活に必要なのは、働く者の軽便な足になり、だれもが手軽に安全に乗れるモペットだと考えた。そうした便利で丈夫なモペットができれば、小型オートバイの本場であるヨーロッパへも、小型オートバイが発達していないアメリカにも、そして自動車が普及していない第三世界の国々へも輸出できる国際的な商品になると考えていた。

藤沢武夫は、壮大なビジネスモデルを構想していたと言わねばならない。

しかし、その具体的な商品イメージがわからなかった。

そこで宗一郎と藤沢は、小型オートバイの本場であるヨーロッパ視察旅行に出かけることにした。欧州文化視察のスケジュールも組み込まれたが、この旅行の主な目的は、ホンダのモペットの商品イメージを決定し、商品開発をスタートさせることだった。

羽田国際空港から、ふたりで一緒に南回りドイツ行き旅客機に乗り、機内からディスカッションを始めた。

せっかちな宗一郎は「はっきり言えよ。どんな設計のモペットがいいのか」とせっついたが、藤沢は「それがよくわからないんだ」と答える他になかった。ドイツへ着くまでの七二時間、藤沢はぶつぶつとモペットの話をふっかけ、その話があまりに抽象的で禅問答のようなので、しまいに宗一郎は苛立って横を向いてしまった。

ドイツ、イタリアで街を歩きスクーターや小型オートバイを見ながら、宗一郎は「こういうのか」と聞いてきたが、藤沢はすべて「ちがう」と答えた。どこにもないスマートで便利なモペットが欲しかった。

帰国した宗一郎は、さっそくモペットの開発に着手した。開発が進み、方針が定まると、こう言った。

「これは蕎麦屋の小僧が乗るモペットだ。片手で蕎麦をかつぐから、右手と足二本で運転できるモペットである。だが、発進のときは足一本でクルマを支えなければならない。手のなかに入るような小さくて軽いオートバイだ」

右手と足二本で運転できるといったら、それはオートマチック・クラッチ付のモペットだった。こうして新しいホンダのモペットの開発が推進していった。

最初の試作モデルが完成したとき、宗一郎は研究所から本社に電話し藤沢を呼び出して、見せた。

試作モデルを見た藤沢は、何気なく、自信のある口調でこう言った。

「うん、これは売れる」

「どのくらい売れるかね」

と、宗一郎が聞く。

「うん、まあ、月三万台だな」

「一年間で三万台ですか?」

若い者が聞き直した。

「いや、月産だ」

藤沢は、平然と答えた。

そのとき、一瞬、だれもが驚きで口をつぐんだ。宗一郎も、思わず息をのんでいた。

日本ぜんたいのオートバイ月間販売台数が二万台という時代である。その場にいた者は、藤沢の言うことが信じられなかった。

だが、この言葉は現実のものとなった。

一九五八年(昭和三三年)、ホンダ史上最大のロングセラーが世に出た。

スーパーカブC100の登場である。

定価五万五〇〇〇円のスーパーカブは、発売直後は他社のモペットと市場を争っていたが、しばらくするとぐんぐんと売れ始め、しまいには市場を独占してしまった。発売した年は、九万台ほど売れた。これはそれまでのホンダの年間総売り上げ台数を越える数字だった。ところが翌年になると爆発的に売れ、驚くことに年間四一万台を記録した。輸出がはじまり、発売八年で五〇〇万台、一五年目には一五〇〇万台に達した。スーパーカブ・シリーズはいまなお世界各地で生産が続けられ、二〇一七年一〇月の時点で累計生産台数一億台を突破した。アメリカのT型フォードを抜き、ドイツのフォルクスワーゲン・ビートルを抜いて、単一機モビリティの世界最高生産台数記録を更新中なのである。

スーパーカブC100は、スカート姿でも乗ることができるステップ・スルー式のフレームで、泥はねや水しぶきを避けるレッグシールドはエンジン・カバーを兼ねるポリエステル樹脂製だ。それまでポリエステル樹脂は、洗面器の素材としか考えられていなかったが、へこまず、つぶれず、傷が目立たず、錆びない。この強化プラスチック材料はモペットのボディ素材として最適だった。

低い位置に水平に近い角度で搭載された四九ccエンジンはプッシュロッド・タイプのOHVで、九五〇〇回転まで静かにスムーズにまわり四・五馬力を発生させた。最高速度は時速七〇キロで、通常燃費はリッターあたり九〇キロだった。ウインカー、ニュートラルランプ、テールランプは、バッテリーを電源とする安定した光量で、安全性の向上がはかられていた。開発に苦労したオートマチック・クラッチは遠心ローラーをつかったシステムで、丈夫で使いやすかった。スーパーカブは、他のどのモペットより、高性能であり高品質であった。特筆すべきは、その出足の速さだった。同じクラスの実用オートバイとくらべると格段に速かった。これがスーパーカブの人気の秘密であった。

スーパーカブの発売から半年後にクラッチが滑るというクレームが多発したが、ホンダは全力を挙げて改良に邁進した。改良部品ができると、正月休みを返上して一人ひとりユーザーを訪ねては交換修理を重ねていった。

このスーパーカブの大ヒットで、ホンダは資本金を一挙に約二倍の一四億四〇〇〇万円に増資した。この小さなオートバイが、どれほどの利益をもたらしたのかが理解できるだろう。

この勢いをもって一九五九年（昭和三四年）には、本格的にアメリカ市場へ進出することになった。世界の大衆市場を求めなければ、ホンダの自立はありえないという、世界戦略がついに実行にうつされた。

積極的に輸出を拡大するにあたって、藤沢武夫は、ヨーロッパはもちろんのことアメリカ、東南アジアの市場調査をしている。アメリカは自動車王国だが、年間六万台しかオートバイが売れておらず、ヨーロッパ各国の合計は年間三〇〇万台だった。この数字でもあきらかなように、北米のオートバイ市場は、魅力的なものではなかった。アメリカを代表するオートバイ・メーカーのハーレー社は、ごく少数の愛好家を相手に生産を続けている状態で、オートバイの社会的なイメージは良くなかった。かといってヨーロッパ各国は、大小のオートバイ・メーカーが存在していて食い込む余地は大きくない。そうした比較をすると、東南アジア地域が将来的にみてもいちばん有望だと思われた。

しかし藤沢は、もっとも可能性がある市場としてアメリカを選んだ。アメリカは巨大な消費社会であり、世界の消費動向のリーダーであるとの理由で選択したと言った。

凡庸な考えでは、先進国なみの経済成長をとげていない東南アジアがオートバイの市場としてふさわしいように思える。なにしろアメリカはオートバイが売れていない市場だ。だが、新しい市場としての潜在的価値は北米にあった。オートバイが売れていないだけで、消費力そのものは東南アジアとくらべものに

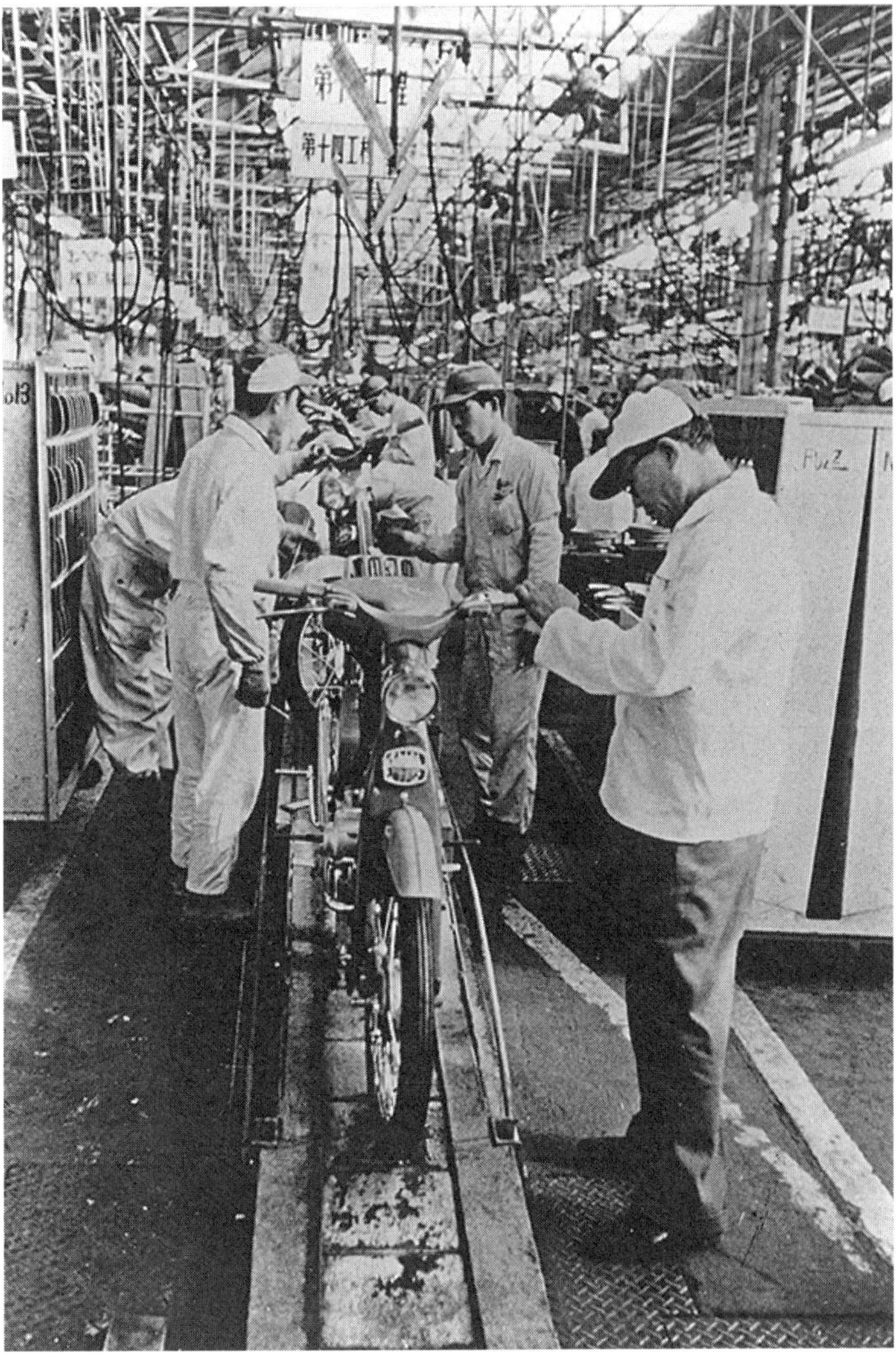

1958年に販売開始したスーパーカブの生産現場を埼玉製作所・大和工場で見守る本田宗一郎（右手前）。「安全で働きやすい高効率の工場」をめざして、整然とした組み立てライン工場を次々と建設していく社長であった。

ならないくらい大きく豊かだ。この市場の開拓に成功すれば、短期で巨大な利益が見込める。経済成長がゆっくりと進んでいる東南アジアの市場は、じっくりと時間をかけて開拓せざるをえない。それには小さい投資で少人数で開拓を始めればよく、スーパーカブの大ヒットで豊富な資金を手にしたホンダの営業が、資金にみあった大勝負をかけるべき市場は、やはりアメリカだと藤沢は考えた。

これは長期的展望のきいた決断でもあった。それから二〇年後の一九七〇年代後半から今日にいたるまで、日本の自動車産業は北米市場で大きな利益を稼ぎ出している。二輪と四輪の自動車メーカーに育っていたホンダは、アメリカのゼネラルモーターズ、フォードに続く北米三位の販売台数を記録することがあった。この一九五九年の藤沢武夫の決断がなければ、その成長はありえなかった。

とはいえ当時、世界トップクラスのオートバイ・メーカーに急成長したホンダにとって、アメリカ進出は大いなる冒険だった。

しかも商社などの既成の販売ルートを使わず、自前で販売網を作るという方針である。調査段階で、アメリカの大手販売代理店に「月間七五〇〇台販売」を打診してみたが、先方は「年間」と勘違いするほどで、自前で販売網を作る以外に大量輸出を実現する方法がなかった。

こうしてアメリカ・ホンダがロスアンジェルスに創立された。宗一郎は「アメリカへ進出するかぎり、あくまでもアメリカ人を雇うべきであり、それによりアメリカ人に歓迎されなければならない」と原則的な指示を出した。

多くのアメリカ市民は、オートバイを愛好する人びとのことを「ブラック・ジャケット」と呼び、無法の乱暴者と見ていた。宗一郎も「その頃のアメリカでは、オートバイはやくざっぽい若者の乗り物だった」

と言っている。オートバイが持っている野性的な魅力は、人間の生理を強く刺激するので、社会のアウトローである「ブラック・ジャケット」を生むことは当然のことだったが、だからといって欧州や日本のようにオートバイはごく一部のアウトローだけの乗り物ではないはずである。

ホンダは当初、小型スポーツバイクのベンリィを輸出してみた。しかし一か月で、たった八台しか売れない悲惨な結果になった。アメリカのオートバイ愛好家たちは、大排気量のオートバイが好みだったからである。そこで思い切った発想の転換をして、さらに小型のスーパーカブを売り始めた。ここでもまた、オートバイに乗ったことのない人びとをターゲットにした。

この販売政策は、ひとつの市場を開拓した。レジャー用バイクとして人気が出たのだ。そこでスーパーカブをベースにした、レジャー専用モデルを開発した。猟銃愛好家のためのハンター・カブと釣り愛好家のためのフィッシング・カブである。ピックアップトラックで山や海の近くまで行き、そこから狩猟場まで山道や海岸を走って行く足として使えるヘビーデューティーなモペットだった。ハンター・カブは、ごついタイヤをつけ、後ろに猟犬を乗せる大きな荷台をつけたり、凸凹道でも安心して走れるようにシートを低くするなどの工夫がこらされた。フィッシング・カブもまた釣り竿やクーラーボックスを搭載できる機能を持っていた。

販売店網も新たに開拓した。こうしたレジャー用のカブは、大規模農園や牧場などでも馬がわりに重宝がられた。やフィッシング・ショップで売った。オートバイやクルマを扱うカーディーラーではなく、スポーツ・ショップやフィッシング・ショップで売った。オートバイに対する先入観のない、これらの販売店のほうがはるかに売りやすいと考えたからである。

また、ロスアンジェルスの大手広告代理店グレイ社に、スーパーカブの広告宣伝展開を依頼し、『タイム』や『ライフ』『ルック』といった高級グラフ雑誌で商品広告を大きく展開した。それはスーパーカブが手軽で楽しい、快活な乗り物であることをアピールする広告展開であった。さまざまな人びとがいろんな目的でスーパーカブに乗るポップなイラストに「You Meet the Nicest People on a HONDA（ホンダに乗ると素晴らしい人びとに会える）」というヘッドコピーを組み合わせた広告が制作された。このコマーシャル・キャンペーンが注目され、後に「The Nicest things happen on a HONDA（ホンダに乗ると素晴らしいことが起きる）」のヘッドコピーが生まれた。

こうしてスーパーカブはアメリカの人びとのアウトドアライフの一端に浸透し、開放的なカリフォルニアなど西海岸では若者のシティー・コミューターとしてもてはやされた。

スーパーカブを突破口にしたアメリカ・ホンダは、野山を走るスクランブル・スポーツバイク、大陸横断旅行を楽しめる大排気量のツーリング・バイクなどを次々と売り出して全面展開を開始した。スポーツ好きのアメリカ人に、スポーティーなオートバイの魅力を知らしめ、アメリカの社会にオートバイの新しい需要を作ることで市場を確保していった。『ライフ』誌は「ホンダに恋したアメリカ」と題する特集記事を掲載した。

その頃、日本の総理大臣だった池田勇人が、本田宗一郎に面談を申し入れてきた。池田が、暗殺されたアメリカのJ・F・ケネディ大統領の葬儀に参列したときに、後任のジョンソン大統領が「貴国のホンダは、アメリカ人の生活をすっかり変えてしまった」と語ったという理由だった。アメリカの大統領からホンダの噂を聞きつけて日本の総理大臣が会いに来たと、これは宗一郎を得意がらせた。

ホンダはアメリカ人にオートバイに乗るという人生の楽しみをおしえたのだ。仕事のためではなく、遊

本田宗一郎の生涯の傑作は、なんといってもスーパーカブだろう。キュートで合理的なオリジナルデザイン、丈夫で燃費がよく使い勝手がいい。2017年にスーパーカブ・シリーズの生産累計は1億台を突破した世界一の乗り物。

アメリカで展開された「ナイセスト・ピープル・キャンペーン」の一例。ホンダは、新しいスタイルの商品を開発して、新しい市場を開拓して、発展してきた企業である。アメリカで展開したスーパーカブのセールスはその好例だ。

び道具やスポーツとしてオートバイに乗る人たちがアメリカにはいた。そんな遊びを楽しむ余裕のある人たちは、まだ経済成長途中の日本には多くなかった。

オートバイが危険で粗野な乗り物だと思われていたのは、アメリカだけではなかった。その点に関しては、日本の方が偏見が強いと、本田宗一郎は言っている。

「いまだに、自動車に乗る人間はいい人で、オートバイに乗るのは悪い人間だ、なんていう固定観念をもっている。人間てえものは、自分がやらないもの、得意ではないものについては、悪口をたたくエゴのかたまりなんですね。おまわりさんは、オートバイに乗る若者を初めから暴走族ときめてかかっているし、ジャーナリストも自分では乗らないから、オートバイは悪いものという観念で記事を書くでしょう。新聞は、若い人の考えより、功成り名遂げた老人の意見を尊重して記事を書くので、そうなっちゃうんだ。道路を走る権利、乗る権利はだれにでも平等に与えられ、好きか嫌いかはその人の自由なんだから」

アメリカ市場の開拓に成功したホンダは、一九六一年（昭和三六年）に、第二の海外拠点となるヨーロッパ・ホンダを西ドイツのハンブルグに設立する。ヨーロッパ市場の開拓を戦略的に開始し、翌六二年イギリスにホンダUK、六四年にはホンダ・フランスを開設していった。この間一九六三年（昭和三八年）にはベルギーに、初の海外生産工場を建設していた。ベルギーは、ヨーロッパのなかでも自動車保有台数が少なく、市民の足は自転車で、自動車やオートバイのメーカーはひとつもなかった。そのような国で現地生産をおこなうのは、地場の機械工業が広く育っていないので、部品生産を依頼する協力工場にすら不自由する。しかし困難が予想される国だからこそ、ホンダはヨーロッパでの足場をしっかりと固められると宗一郎は考えた。「いちばん困難な場所に工場を建てて苦労する」と言い切った。多くのメーカーが古くから存在し、しっかりとしたオートバイ業界が根づくヨーロッパへ進出するためには、これくらいの苦労は当たり前だ。猛烈な苦労をしないかぎり、ヨーロッパでは認められないだろうと考えた。

たしかにこれは冒険的な計画で、ベルギー工場は慢性的な赤字となり、いつ閉鎖されても仕方がない状態が続いた。だが、ホンダには、赤字でも頑張り続け、そこで得た経験を有益なものとして転化させようという強固な意志があった。

ひるがえってホンダは、マザーランドの日本に万全な生産体制を完備するため、主力工場を三重県鈴鹿市に建設した。一九六〇年（昭和三五年）のことである。

新工場建設用地を鈴鹿市に決定したのは、ふたつの理由があった。ひとつはトヨタの本社がある愛知県豊田市の目と鼻の先に工場を建てたいと宗一郎が願っていたことである。

「新工場はトヨタの隣に作るべきだ。人間というものは、ひとつの目標がなければ駄目だ。夢や理想はだれでも持っているが、ただ漠然と俺は偉くなるんだというのでは、ぜんたいの認識にならない。トヨタという日本での代表企業の隣に行けば、皆、闘志をわかすよ。俺にしたってそうだ。トヨタを追い越せば日本一だと」

最初は豊田市近くの愛知県犬山市を有力候補地としていたが、急遽一転し、鈴鹿市を選んだ。

「ある時、愛知県の某市へ行ったら、知事や市長が大騒ぎで出迎えて、まず食事をしましょうと、われわれを立派な料理屋へ連れて行ったんです。それで酒は出る、芸者は来るといったぐあいで、宴会を始めてかんじんの工場用地の話は後回しにされちゃったんだ。鈴鹿市を訪ねていちばん気に入ったのは、そういうくだらない接待をまったくやらなかったことなんです。出たのは渋茶一杯で、お茶菓子の一つも出なかった」

当時の鈴鹿市長の杉本龍造は、市役所へやってきたネクタイ姿の藤沢武夫を社長だと思い、アロハシャツ姿の宗一郎をボディガードだと思った。市役所で口頭の説明をおこなっていると、宗一郎がしきりと汗をかくので、何度もおしぼりをサービスした。現地視察の際には、一〇万坪を越える広い敷地を一日で理解できるように、目印の旗をもたせた職員を配置しておき、合図とともに旗を上げさせた。

ふたりは、その日のうちに、鈴鹿に工場を建設することを決めた。

その後、鈴鹿市から「市名を本田市に変更したい」との意向がホンダに伝えられたが、宗一郎はこの申し出を即座に辞退している。鈴鹿市にしてみれば、トヨタが本社を置いた愛知県挙母《ころも》市が豊田市に市名変更した前例があり、鈴鹿市は江戸時代の普代大名本多家の領地だったことからも、ホンダの名には馴染みがあった。

宗一郎の辞退の弁はあっさりしている。

「鈴鹿という地名は、長い歴史を持っており、やっぱり今のままがいいですよ。政治家なんかは、自分の名前をつけられて喜ぶかもしれないが、私はこういうことは本当に嫌いなんだ」

総費用約三四億円を投じて建設された鈴鹿工場は、自動車メーカーの工場としては初のエアコンディショナー装備が示すように、働く者を尊重した工場になった。また工場見学用の通路も最初から設けられた。当時の企業の常識では、無闇やたらに工場見学を許すと、独自の生産技術を盗まれると警戒したものである。ところが宗一郎は「工場見学を拒む理由はない。もし、よそ様が真似をしても、われわれは独自のアイディアでもっと先を行く」と自由競争の立場から野暮な秘密主義を排除した。

この鈴鹿新工場の完成披露パーティーがふるっていた。三重県知事や鈴鹿市長は招待されていたが、地元の代議士や県会議員などの姿はなく、販売店やホンダ・オートバイのユーザーたちがシャツ姿で集まる、オートバイ好きが集うパーティーを開催した。

このパーティーの招待客について経済誌記者からコメントを求められた宗一郎は「お偉方たちは、自動車には乗るだろうが、オートバイを乗りまわすことはないだろうから」と平然と答えた。

一九六一年（昭和三六年）三月、ホンダは五日間の全工場操業休止をおこない生産調整をした。いわば一斉休業であり、これもまた当時の企業の常識では、公表したがらない性質の経営政策であったが、ホンダはあえて発表し実施した。この年は大雪が降ってスーパーカブを中心とした商品の売れ行きが伸び悩み、また雪で主要幹線道路や鉄道網が寸断され商品輸送がままならなくなり、商品の分配調整ができなかった。そこにきてライバル各社がこぞってモペットを発売したために、在庫製品がダブついていた。アメリカの「ドル防衛政策」によって景気低落が心配されていた時期でもある。こんなとき企業は、ダンピングをおこない、ダブついた在庫商品を吐き出し、ライバルのメーカーを牽制する営業施策をとるのが常套手段だが、ホンダは目先の利益を追わず、業界ぜんたいの利益を守るためにもダンピングをせずに、生産調整に踏み切った。機械が止まった工場では、工程の総点検、機械整備と配置転換、大掃除がおこなわれた。

「企業競争とは、相手を倒すこと、相手を不幸にすることで、元来、商売の常道だが、ホンダは業界の六二パーセントを占めているので、常道手段もとれない。私たちは、戦争中の大本営の真似はしたくなかった。進む時だけ軍艦マーチでデカデカ発表し、退く時はコッソリするようなことは良心が許さない。進む時も、退く時も、企業の常道を歩いていきたい」

宗一郎は社長としてこう発言し「槍は突くときより引くときのスピードが大切だ」と言った。

通産省筋も「ホンダの自主調整の処置は、まったく見上げたもので、願わくば他の業界も見習ってもらいたい」と発言し支持した。

スーパーカブの大ヒットで、輸出拡大、生産設備の増強と、企業力を強化拡大したホンダは、一九六一年に資本金八六億四〇〇〇万円とし、世界一のオートバイ・メーカーの地位を不動のものとした。

オートバイを世界の大衆商品とし大量生産をすることでホンダは世界一になった。本田宗一郎が小さな本田技術研究所を設立し、十数人の全従業員をまえにして焼酎でいい気分になって、そのうち世界一のオートバイ・メーカーになると大言壮語してから、一五年目であった。しかし、ホンダは世界一になったことをみずから公表していない。あまた残された本田宗一郎の文章や発言にも、世界一になったことを自慢するようなものはひとつもない。金と権力はいつか必ず滅び、すぐれた思想と精神だけが残るとするホンダの企業哲学の実践であった。その思想と精神をあらわす具体的な活動のひとつが、レースである。そのレースで、本田宗一郎は胸をはって世界チャンピオンになりたいと大声で叫んだ。無邪気なほど勝利にこだわり、一心不乱に世界チャンピオンを狙った。

スーパーカブが爆発的に売れ続けていた頃、本田宗一郎は、いよいよマン島ＴＴレース挑戦開始の命令を下した。

めざすは一九五九年（昭和三四年）のマン島ＴＴレースであった。

第15章

マン島TTレース

一九五九年（昭和三四年）五月五日、イギリスの中央部のアイリッシュ海に浮かぶマン島の空港に、八人の日本人と一人のアメリカ人が降り立った。待機していたイギリス人の記者たちが一行を取り巻き、写真撮影をおこない、空港ビルで記者会見がもとめられた。

揃いのダークスーツに身を包んだ彼らはホンダ・レーシングチームと名乗り、マン島TTレースの一二五ccクラスに自社製オートバイで初出場すると語った。

「日本製のオートバイでレースに出場するのですか」といった頓珍漢な質問が記者たちの口から出た。

それから一行はバスで中心地のダグラスの町へ向かい、宿舎となるナースリー・ホテルに入った。ここで再び記者会見に応じた。チーム九人の部屋割りが終わると、各自荷物をほどいた。大型スーツケースの中身はクランク、ピストン、ギアといった、オートバイのパーツばかりだった。

一九〇七年（明治四〇年）に始まったTTレースは、世界大戦などで中断されたが、この年に四〇回を数えるクラシック・イベントである。その伝統のレースに、東北アジアの敗戦国である島国のチームが、初めて遠征して来た。ホンダは注目の的、というよりは好奇心の対象となった。そこにはモンゴロイドにたいする根強い偏見と無理解がふくまれていた。

監督の河島喜好にひきいられたホンダ・レーシングチームの陣容は、四人のライダー、鈴木義一、鈴木淳三、谷口尚己、田中禎助、メカニックの関口久一、広田俊二、ロードマネジャーの飯田佳孝、そしてライダー兼通訳のアメリカ人ビル・ハントであった。スーパーメカニックと呼ばれた四十六歳の関口をのぞけば、三十一歳の河島喜好監督以下、二十代が主体の若いチームである。ライダーの四人はいずれも従業員で構成するホンダ・スピードクラブのメンバーで、まさにホンダ全従業員三〇〇〇人の代表選手だった。彼らは、英会話のレッスンを受け、ナイフとフォークの使い方を覚えた、国際選手団であった。

鈴木淳三は「いよいよ、乗り込んだぞ」と思い、いちばん若い田中は「勝たなくてはいけない」と自分に言い聞かせ、谷口は「何もかも異なる世界に来たのだ」と思った。チームの実務を担っていた飯田は、神戸港で貨客船に載せた六台のレーシングマシンＲＣ１４１と一〇台ほどの練習車ＣＢ92ベンリィＳＳが無事にマン島まで届いているか気が気ではなかった。通訳のビル・ハントはアイリッシュ訛りの英語が聞き取れず閉口していた。

河島は「一年目だ、気楽な気持ちでやってこい。けっして無理はせず、全員元気で帰ってこい」という本田宗一郎の激励の言葉を噛み締めていた。言葉になっていなかったが、「勝ってこい」という宗一郎の無言のメッセージが心に突き刺さっていた。

羽田の東京国際空港出発の際には、ホンダ従業員、親戚縁者が貸切りバス数台に乗って集まり、万歳三唱が轟き渡った。それは出征兵士を見送るような、緊張と興奮が入り交じる風景であった。宗一郎も元気な顔をみせて勢いよくチームの出発を祝い、激励していたが、タラップをのぼるチームスタッフを見つめる目は複雑な色をしていた。いまにも泣き出しそうな、何ともいえない顔をしていた。

本田宗一郎は後にこう言っている。

「勝つ方がいいに決まっているが、負けてもいい。負けるためにムキになって努力するような選手はいないのだから、無理に勝てといわなくてもいい。それよりむしろ緊張感をほぐして、楽な気持ちで能力を発揮させる方が大切である。その方が事故も起きない。今年、うちの選手がTTに行くとき、僕は、命あってのモノ種ということしかいわなかった。TTは永久に続くのだから、今年、全部勝ってこなくたっていい。命さえあれば、いつかは勝てる。英国人みたいな気の長い連中と勝負するんだから、焦っちゃ損である」

ナースリー・ホテルはバスルームがひとつしかないホテルであったが、初めての日本人宿泊客を親切に迎え、ベットを部屋から出しマットレスをじかに床に敷くなど細かな心使いをしてくれた。

風呂好きの日本人たちは、ホテルのボイラーが小さいために気持ちよく入浴できなかった。そこでホテルの主人と交渉をして大きな風呂沸かしボイラーを自費で購入し備えつけると、バスルームの前に入浴順番表をぶらさげてささやかな楽しみを確保した。手持ちの資金はとぼしかったが、こういうことには金をおしまないチームだった。

現地到着直後のあわただしい時間がすぎると、ホンダ・レーシングチームは、日本から胸に抱いてきた秋山邦彦の遺髪を、TTレースのコースが見渡せる小高い丘バレカラン・ヒルに埋めた。秋山はTTレース遠征ライダーに選抜されていたが、出発直前の四月一日に、事故死した。それは宗一郎をモデルにした映画『妻の勲章』の撮影中の事故であった。スタントマンとして、レーシングマシンを走らせていた秋山は、ロケ現場にまぎれ込んできたトラックを避けきれず激突してしまったのである。そのときすでに秋山のヘルメットやレーシングスーツはコンテナに積まれてレーシングマシンと一緒にマン島へ運ばれていた。秋山邦彦の遺髪を丘の上に埋めると、好きだったコーヒーとスミレに似た美しい花を供えた。

船便で運んでおいたマシンや工具、パーツを港で受け取り、ナースリー・ホテルの中庭でレース準備が始まった。そこはホンダ・チームの最前線基地になった。マン島の人びとやレース関係者は、ナースリー・ホテルの中庭で働く日本人たちを見学した。ホンダ・レーシングチームが持ち込んだ一二五cc直列二気筒のレーシングマシンは大いに注目され新聞記事になったが、そこで働く日本人たちがいつも清潔な作業服を着て、きびきびと作業を進めていることも報道された。マン島の人びとの目には、ホンダ・レーシングチームは完璧な準備と無駄のない計画を持ち、きちんと統率がとれた潔癖なチームに写った。

このチームは、自立した独立独歩のチームであった。なにしろ電気洗濯機まで持参していた。それは手持ちの現金を節約するためであった。当時の日本政府は外貨の持ち出しを厳しく制限していたので、海外遠征のための充分な現金を持っていなかったのである。クレジットカードもスマートフォンも普及していない時代だ。チーム・スタッフがそれぞれ個人の限度いっぱいの外貨を持ち出し、日本を出国すると、それを集めてチームの運営費の一部に当てなければならないほどであった。そのために洗濯代を節約したかったのである。散髪代を倹約するために、手先の器用なライダーの鈴木義一がチーム仲間の髪を刈ったりもした。ホンダ・レーシングチームは文字通りの運命共同体であった。

練習車ベンリィSSの用意ができると、さっそく全員でコースの下見をした。この年の一二五ccクラスは、クリプス・コースと呼ばれる一周一七・三六キロの公道コースを使用する。一周六〇キロの豪快なマウンテン・コースにくらべると短いが、難しいコーナーが多い。

主催者のACU（オートサイクル・ユニオン）の解説によれば、クリプス・コースは「スリル、スピード、丘、コーナー、それらすべてを兼ね備えたコースである。TTのマウンテン・コースを小さく圧縮したコースで、マン島の最も美しい風景のコースだ」という。コーナーの数は七一で、平坦なところはなく、コースぜんたいにわたってアップダウンが連続していた。厄介なブラインド・コーナーがいくつもあり、コースの両側は石垣にかこまれたところが多く、すこしでもマシン・コントロールを誤ると石垣にクラッシュし、大事故になる危険性が高かった。

TTレースのコースは、ふだんは公道だから、コースを覚えるための練習には市販車のナンバーがついたベンリィSSを使い、レーシングマシンを温存させる作戦だった。

初めてコースを走った四人の日本人ライダーたちは口々に「走りやすい」と言った。日本では富士の登山道や浅間のダートコースを走ってきた連中だったから、舗装されたマン島の道は公道であっても走りやすかった。だが、それは最初の感想で、やがてこの公道コースを攻め始めると、ロードレースの難しさを思い知る。とりわけ高速コーナーでのライン取りやスピード・コントロールが、日本では経験してないだけに難しかった。しかし、ライダーたちは研究熱心だった。それぞれが工夫をこらして、コースを覚えていった。コース一周を歩いてまわり、コーナリング・ラインやブレーキング・ポイントの研究をした。

レースウィークまでの約一か月間、ライダーは一日に何周もクリプス・コースを走り込むのが日課だったが、市販モデルのベンリィSSに装着されていた国産タイヤはすぐに減り、国産のチェーンがたった一周でのび切ってしまうことに悩まされた。高速道路すらなかった日本で生まれたタイヤやチェーンはあまりにも弱かった。この埼玉県大和町のナンバーをつけたベンリィSSは、どこに止めておいても黒山の人だかりになるほど珍しがられ人気が集まった。

心配していた食事は、まったく問題にならず、持参していった米や梅干し、タクアン一樽、味噌一樽などに頼ることもなく、全チーム員が現地の食事で生活することができた。日本食が食べられないぐらいで士気が落ちるほど、軟弱なチームではなかった。

悩みの種はティーポットで、これで日本茶を淹《い》れると、どうしても紅茶の臭いが残るので、その臭いを消そうとお茶葉を多く入れすぎて渋いお茶になってしまうことだった。そうなると、お茶うけのタクアンや味噌漬けをたくさんつまむようになり、これが悪循環になって下痢をする者が多く出た。

最大の問題は、やはりレーシングマシンであった。

練習とテストが進むにつれ、河島、関口、広田の技術陣は、RC141の操縦性とブレーキ性能、六速ギアの不適合、バンク角の浅さなどが大問題であることを自覚させられていった。

当初、この年のマン島TTレース挑戦は、市販車改造のクラスにベンリィ125でエントリーする計画だったが、それは誤った情報から生まれた計画だった。ホンダが入手した情報では、一二五ccクラスは市販車改造マシンでおこなわれるレースということになっていた。そこで市販車の改造を熱心に研究していたのだが、途中で情報が誤りであることが判明した。一二五ccクラスは純粋なレース用マシンのレースだったのである。そこで急遽おおあわてでレーシングマシンを開発したために、RC141は充分に成熟されたマシンとは言いがたかった。当時は海外の情報が簡単に入手できず、イギリスと日本の距離からくる情報誤認はいかんともしがたかった。

レースウィークが近づくと、MVアグスタやMZ、ドゥカッティなどの有力チームが続々とマン島へ入ってきた。トップクラスのライダーであるイタリアのカルロ・ウビアリやタルクィニオ・プロビーニ、スイスのルイジ・タベリや東ドイツのエルンスト・デグナーなどが練習をはじめた。

その走りとマシンを初めて見た河島は、ホンダRC141の一八馬力／一三〇〇〇回転のエンジン・パワーはそこそこ戦闘力があると思ったが、操縦性とブレーキ性能は大きく劣っていると認めざるをえなかった。致命的な問題は、六速のギアが有効に使えないことと、コーナーリングでバンクさせるたびにカウリングが路面に擦れることだった。エンジンに関しては徹底的なテストを日本でおこなってきたので自信があった。

ホンダのマシンに組み込まれたパーツは、キャブレター、リム、スポーク、ブレーキ・ライニング、マグネットが国産品で、イギリス製のパーツは、エイボン社のタイヤ、レイノルズ社のチェーンなどで、ガソリンはエッソ社、オイルはカストロール社だった。イギリス製パーツはすべてサーキットでメーカー直接のサービスが受けられる純粋なレース専用の部品であった。

アジアから初のチャレンジャーを迎えたオートバイ・グランプリの人びとは、ホンダのレーシングマシンを観察して、どことなくドイツのNSUに似ていると指摘した。当時の日本は、なんでもかんでも欧米の製品をコピー生産してしまう国だと思われていたので、そうした偏見の眼差しからホンダは逃げることができなかった。

パドックに姿を現したホンダのレーシングマシンは、レース記者たちの注目をいっせいに浴びた。専門家のジャーナリストたちが書いた記事は、ホンダのオリジナルな設計を高く評価したが、宗一郎好みの凝りに凝ったメカニズムが複雑すぎるとの手痛い指摘もあった。

外国人ライダーたちの評判もよく、驚いたことにホンダのオートバイでレースをやりたいと申し出る者がいた。

賢明な河島は、この時点で本田宗一郎へむけて、このような内容の手紙を書いた。

「私たちは初めて世の中に出た井戸の中の蛙《かわず》であることには違いありませんが、ただの蛙では終わりません。来年も再来年も世の中に続けて出して下さい。キット《ママ》三年先には、世の中や大海を知る蛙に成長することをお約束します。私たちは日本に生まれた蛙ですから、他国の蛙などには負けないだけの魂をもっています」

河島の頭のなかには、すでに来年のレーシングマシンの設計図ができあがっていたのである。

レースのプラクティス（練習走行）からクオリファイ（予選）までの四日間、ホンダ・レーシングチームは奮闘した。公道が閉鎖されて、初めて全力疾走ができる。ところが、こまかなマシントラブルや馴れないレース運営に面食らい、いちばん周回を重ねた谷口尚己ですら一五周しか走れなかった。マンホールの蓋でスリップ転倒して小指を痛め、レース・ドクターから練習を停止されていた鈴木義一は七周しか走れず調子がつかめなかったが、チームの士気は落ちることがなかった。

予選、決勝を通じて、鈴木義一、鈴木淳三、谷口尚己には、チームがマン島へ到着した後に、東京から空輸されてきた一気筒あたり４《フォー》バルブのＤＯＨＣヘッドを装着した改良エンジンが与えられた。この三人をメーカーチームとして登録した。４バルブ・ヘッドのマシンは、ＲＣ１４２と呼ばれた。田中禎助とビル・ハントは従来の２《ツー》バルブ・ヘッドのＲＣ１４１で個人出場となった。

この新型ＤＯＨＣ４バルブのヘッドは、設計部長だった工藤義人が、戦争中の中島飛行機時代に高性能航空機用エンジン開発のために構想をあたためていたメカニズムだった。高回転、高馬力を実現する技術で、以後ホンダのお家芸となる。

肝心の予選タイムは五人とも似たりよったりで、トップクラスのラップタイムである八分二〇秒台から遅れること約六〇秒の、九分二〇秒台であった。初めてのグランプリ、初めての外国遠征、初めての公道レース、新型のレーシングマシン、という条件のなかでは、妥当だと甘んじるべきタイムであった。

プラクティスでは鈴木義一の転倒以外、他の四人は順調で、谷口尚己は「グレイニバーのコーナーをクリアするライディングは第一級だ」とレースの専門記者連中から絶賛された。

ホンダ・レーシングチームは最速の⑧谷口が予選一二番手となり、一三番手㉖田中、一四番手㉘鈴木義一、一五番手⑯鈴木淳三と続いた。新聞記者連中は「まとまってスターティンググリッドを確保したことはホンダの作戦だ」と書いたが、それは偶然の結果だった。監督の河島喜好は「一〇位以内に入ることが目標」と獲得目標をさだめた。こうしてチームは決勝レースを迎えることになった。

六月三日、水曜日の一二五cc決勝レース一〇周は、午前一〇時三〇分にスタートが切られた。スタートからMZのタベリ、MVのウビリアとプロビーニの三選手が競り合う素晴らしいレースになった。

ホンダ勢では、コーナーで豪快な突っ込みをみせる谷口が快調に走り、六位入賞圏内へとポジションをあげていった。鈴木義一は指の負傷をものともせず持ち味である手堅いレースをしていた。ハントは二周目に転倒しリタイアしたが、粘り強い田中は着実に走行を続けていた。

鈴木淳三は確実な走りで一〇位につけていたが、七周目に、予期せぬマシン・トラブルに襲われた。山側のコースで突如、リアのブレーキが効かなくなった。コーナーに進入しようとブレーキをかけると、スピードが落ちず、あやうくアウト側の土手に激突しそうになった。必死のテクニックで激突を回避し、次の直線コースで、リア・ブレーキを観察すると、ブレーキのロッドをとめていた割りピンがはずれていた。振動で擦り切れてしまったのだ。思いもよらないトラブルに襲われた鈴木淳三は、フロント・ブレーキだけを使って慎重に走り、緊急ピットインをした。これまでに発生したことがないトラブルなので、ピットにリア・ブレーキ用の予備の割りピンが用意してあるかどうか、心配だった。

鈴木がピットへ入ると、主催者の役員が飛んできて叫んだ。

「なんとか修理して走れ。そうすればチーム賞を獲得できる！」

チーム賞とは、三人一組の合計タイムがもっとも少ないチームに与えられる、いわばコンストラクター優勝である。

だが、ピットには、肝心の割りピンのスペアがなかった。

しかし、ベテラン・メカニックの広田はあわてず、工具箱にあったチェーンのジョイントと針金を応用して上手に応急修理をほどこした。

鈴木は五分のタイムロスで、ピットアウトし、レースに復帰した。

レースは後半になって荒れた。九周目に、MZのデグナーがマシントラブルでリタイアしトップグループの一角が崩れた。六位入賞を争っていたドゥカッティのデイブ・チャドウィックとフランチェスコ・ヴィラが接触して、双方転倒し、チャドウィックは腕を骨折、ヴィラは頭蓋骨骨折の重傷を負って病院へ運ばれた。これで谷口は一気に順位を上げ、六位になった。

レースが終わると、谷口が六位入賞、鈴木義一が七位、田中が八位、鈴木淳三が一一位という結果になった。

六位に入賞した谷口は、ワールド・グランプリのデビュー・レースで一ポイントを獲得し、モータースポーツの国際選手権で得点した初の日本人となった。

優勝したMVアグスタのプロビーニは、一〇周を一時間二七分で走り切り、平均速度は時速一一九・一八キロであった。六位の谷口は、平均時速一〇九・九〇キロだった。

ホンダはチーム参加の三台が揃って上位完走し、チーム賞を獲得した。転倒やマシン・トラブルが続発するTTレースの一二五ccクラスでは、チーム三人が上位完走をすることが珍しく、これは一〇年ぶりのチーム賞獲得であった。初出場のホンダ・レーシングチームにとって、輝かしい賞になった。

上位入賞とチーム賞の栄誉をたたえて日の丸が表彰台のポールにはためいたとき、ホンダ・レーシングチームの日本人たちは秋山邦彦の遺影を抱いて泣いた。

「ホンダ、チーム賞獲得」の報せは、河島の国際電話によってすぐに東京の本田宗一郎に知らされた。

六月三日、深夜一二時すぎ、本田宗一郎は自宅で妻のさちを同席し、老舗オートバイ専門誌『モーターサイクリスト』の長崎達哉記者の緊急インタビューを受けた。

記者　おめでとうございます。
本田社長　やあ、どうも。おかげさまで。
記者　ホンダチームが四台出場して、六、七、八、十一位、それにメーカーチーム賞獲得、これは快報に値いすると思うのですが、社長は、どんな予想を持っておられたか。
本田社長　僕はね、必ず一〇位内には喰い込むと思っていたね。車にも自信はあったし、事実、公開練習でも一〇位内に喰い込んでいたんだよ。しかし、僕が心配したのは、ウチの庭で走るんでなしに、

河島喜好監督（後二代目社長）以下7名のホンダ・レーシングチームが1959年（昭和34年）のマン島TTレースに初挑戦した。多くの従業員とともに羽田国際空港に見送りに行った宗一郎は、なんともいえない複雑な表情をしていた。

1960年(昭和35年)のホンダ・レーシングチーム。前列でしゃがんでいるのが河島監督、その後ろは天才ライダーといわれた北野元。大きな期待が寄せられたが、残念ながら61年マン島TTレースの練習中に事故に巻き込まれる。

ヨソの庭で走ること、これが何よりの心配だったんだ。それがこの成績で。そりゃあ、うれしかったね！　これは、君、悲しい筈《はず》はないよ（爆笑）。

夫人　何というか、ほんとに、ホッとして……。皆さんがよくやってくれたと思って……。

記者　その喜びは勝った喜びにはちがいないでしょうが……。

本田社長　うん、それはね、前にも言ったと思うが、マン島ＴＴはモーターサイクルのオリンピックなんだ。それも知慧《ちえ》のオリンピックなんだ。その知慧のオリンピックに勝ったことはすなわち、知慧において決して劣っていなかったことになる。自分の会社の車が決して世界水準から劣っていなかったことになる。そういうことを知ったことになるんだが、それが嬉しかったね。

記者　もしホンダが勝てば、ホンダはますます売れる、黙っていても売れる、なんて噂がありましたが、そんな喜びではないわけですか（笑）。

本田社長　それは少しピントがはずれているよ、君。そんなもんじゃない。そんな考え方は軽い。マン島は技術が左右するのであり、こちらも出来るかぎりの智力を集中してやったんだ。だから、その喜びは、やっぱり、技術的に優れていたという喜びなんだ。これは、われわれメーカーにとってはほんとの喜びといえるんじゃないか。

記者　ところで、社長は何故マン島に行かれなかったのですか。

本田社長　僕が行けば、選手はどうしても緊張してしまうよ、君。要らん緊張をさせて、そのためにどんな事態を惹《ひ》き起こすかわからん、それが心配だったからなんだ。今度のレースで、まず第一に嬉しかったことは、やっぱり、全員が無事だったこと、これが第一。次にレース成績だろうね。そしてこの成績をおさめ得た原因は、例えば、車がよかったとか、選手がうまかったとか、あるいは現地の作戦がよかったとか、いろいろあるだろう。しかし根本は、何といっても、社員全体の協力、社員がバラバラにならずにひとつになってやった、これが根本にちがいないね。

記者　いずれにしろ、今度のレースで自信をつけたことは確かでしょうが、今後、さらに国際レース進出の意図はおありですか。

本田社長　マン島TTのほか、世界七大グランプリ・レースにも出場するつもりはある。他クラスへも出場するかどうか、これは未定だが。

記者　今年の浅間の目算はどうでしょうか。

本田社長　マン島での車を浅間に持っていっても、フレームとかあらゆる面において、車がコースに合っていないんだ。しかし、ホンダは最善の努力はするよ（笑）。

記者　奥さんも、今度はいろいろと心配されたと思うですが……。

夫人　ええ、やっぱり……。でも、よかったですわ（笑）。

記者　実は、こないだ『妻の勲章』（注・本田社長夫妻がモデルであるといわれる夫婦愛を描いた松竹映画）を見たんですが。

本田社長　ああ、あれは君、あれは「映画」だよ、「お話」だよ。第一、あの映画では、僕が家庭でてんで威張り散らすことになっているが、事実はまさにその反対だ（爆笑）。

夫人　あら、そんなこと、ほんとにされるわよ（笑）。

記者　でも、社長が、初対面の夫人に、いきなり結婚を申し込むシーン、あれは本田社長のやりそうなことじゃないですか。はなはだ個性的というか、独特というか（笑）。
夫人　でも、あれは嘘ですわ。事実はその正反対なんだもの（笑）
記者　ほー、そうですか。そりゃあ、どうも。初耳で。
本田社長　君は研究不足だヨ（爆笑）。

『モーターサイクリスト』誌七月号に掲載された緊急インタビュー記事のタイトルは「本田社長、快心の高笑い」とあり、和服姿でソファーにすわる本田夫婦の写真がつけられている。「本田社長大いに笑う（六月四日午前零時過ぎ、本田邸にて）」とのキャプションがつけられたこの写真の本田宗一郎の笑顔は、何千枚と残された写真のなかで、いちばん爆発的な笑顔だろう。

長崎記者に「最後に何か一言」と聞かれた宗一郎は、感謝の気持ちを語った。
「今度のレースについては、激励の手紙をいただいたり、いろいろと援助していただいたが、それらの人たちに、モーターサイクリストの誌面をかりて心からお礼を申し上げたい、お礼申します」

ホンダでは、このマン島ＴＴレースにおける「チーム賞」を宣伝広告の材料に使わなかった。宗一郎は「それだけのクルマができたんだ。それだけで十分ではないか。そのうえ、何を望むものがあるか。今度の勝利を、宣伝してはいけない」と言った。

ホンダの工場や事務所に貼り出された「マン島ＴＴレース速報」には、従業員たちが黒山の人だかりとなって注目し、勝利をわかちあって喜んでいた。

ホンダは全従業員がひとつになって夢をみる会社だった。

第16章

オートバイ・グランプリ制覇

ホンダ・レーシングチームの活動はマン島TTレース初出場ではずみをつけていた。

一九六〇年（昭和三五年）になると、ホンダ・スピードクラブは、ハイスピリット所属の高橋国光と、関西ホンダ・スピードクラブ所属の北野元のふたりを呼び入れて従業員ライダーとした。ふたりとも浅間火山レースで大活躍を演じた若いアマチュア・ライダーで、チーム強化のためにスカウトされたのである。また世界グランプリ転戦のために、中堅のグランプリ・ライダーであったオーストラリア人のボブ・ブラウンとトム・フィリス、南ローデシアのジム・レッドマンと契約を結んだ。

エンジンは、高回転、高馬力を求めて、マルチシリンダー、DOHC、4バルブ路線をひたすら追求することになった。この路線は、驚異的な五〇cc二気筒、一二五cc四気筒、二五〇cc六気筒と精密機械のようなマルチシリンダーのレーシング・エンジンを生むことになる。

荒川の直線テストコースが改造され、ヘアピンふたつと高速コーナーをひとつ増設して、ささやかながらロードレースの感触を体験できるコースとなった。

グランプリ参戦二年目の六〇年シーズンは、一二五ccと二五〇ccのレーシング・マシンが開発され、六月のマン島TTレースに二度目の出場をし、その後のオランダ、ベルギー、ドイツ、北アイルランド・アルスター、イタリアと世界グランプリを初転戦することになった。アメリカのデイトナ二〇〇マイルとラコニア一〇〇マイルにも参戦する予定が組まれ、国際レース参戦を大幅に増加させ、世界オートバイ・グランプリ制覇を早期に狙おうという戦略がたてられた。

遠征チームは、河島喜好を監督に、鈴木義一、谷口尚己、田中禎助、島崎貞夫、福田貞夫、佐藤幸男、田中健二郎、北野元、高橋国光の九人の日本人ライダーが二陣にわかれて世界転戦をする。ロードマネジャーは前年と同じ飯田佳孝で、メカニックは総勢八人が、これも四人ずつ二陣にわかれた。ライダーとメカニックを二陣にわけたのは、多くのチーム・スタッフに経験をつませるためである。日本人ライダーが日本のマシンで世界チャンピオンを獲得するためには、まず国際レースを肌で知ることからはじめなくてはならなかった。まさにゼロからの挑戦である。

グランプリ参加二年目とはいえ、日本人チームの欧米転戦は、カルチャーショックとの戦いでもあった。二十歳になったばかりの高橋国光は、こんなふうに衝撃を受けている。

「初めてイギリスの土を踏んだとき、なにもかも進んでいて、豊かな国だと思った。道端の雑草さえ、黄金色をしているように見えた。すべての男は紳士で、すべての女は淑女に見えた。当時は、まだ若くて、日本とヨーロッパが異なったそれぞれ独自の文化の国だということが理解できませんでしたから、日本は文化程度が低いと思いました。そして自分自身が遅れた人間に思え、日本人が嫌いになってしまった。ヨーロッパの人たちは凄い。よく考えているし、奥が深いと思った。こんな人びととレースをするのは大変なことだと思った」

マン島TTレースには、一二五ccクラスに五台、二五〇ccクラスには三台、合計八台という大量エントリーをした。しかし、一二五ccクラスは六位から一〇位、二五〇ccクラスは四位から六位に入賞しただけで、目立った成績をあげられなかった。

次のドイツ・グランプリは、ホンダ・レーシングチームにとって、世界グランプリの「天国と地獄」を初めて体験するレースになった。

コーチ役のボブ・ブラウンが、プラクティスで他車と接触事故を起こし死亡した。ホンダが世界グランプリに挑戦して、たった三戦目で死者が出たのである。

コーチの死亡事故を目前にした高橋国光は、脅えることもできなかった。

「ブラウンさんの死を悲しむ余裕なんて、僕にはありませんでした。自分自身、怖くて、難しくて、なんて凄いレースなんだと思うのが精一杯でした。とにかく、転んだら死んでしまう。クラッシュしてはいけないんだと深く思いました。そのことだけを自分に言い聞かせていました」

ホンダ・レーシングチームの士気は、悲惨な事故を経験しても怯《ひる》むことはなかった。

決勝では、田中健二郎が二五〇ccクラスで三位に入賞し、日本人として初めて表彰台に乗り、日の丸をあげた。

田中健二郎はギャンブルのオーバルトラック・レースからロード・レースへ転向してきた天才肌で、オートレース時代に全日本賞金王などの大賞を獲得している腕利きだった。しかし、その百戦錬磨の田中健二郎にしても、ドイツ・グランプリの表彰台に立ったときは、感激で膝ががくがく震えた。自分の名前が紹介され栄誉を讃えられても、別の世界の出来事のような気がしてつっ立っているようなしまつだった。

表彰台の下にいた高橋国光が「健さん、手をあげるんだよ。あげたら振るんだよ」と叫んだのを聞いて我にかえった。田中健二郎の国際選手権三位入賞は、日本のモータースポーツ史上初の快挙であった。

「いちばん印象に残っているレースは、最初のマン島とこのドイツ・グランプリです。あらゆる意味で、これで行けるな、と思ったレースでしたから」

現場で指揮をとっていた河島喜好は、そう回想している。

しかし、ワールド・グランプリは、甘い世界ではなかった。

田中健二郎は、その後に続いた北アイルランドのアルスター・グランプリで転倒し、ライダー生命を絶たれる重傷を右足に負った。

このとき宗一郎は、日本赤十字病院の日本人医師をわざわざ北アイルランドまで派遣し、田中健二郎を万全の看護のもとに帰国させている。ホンダ・レーシングチームの最高責任者として、こういう判断を部下まかせにしていない。苦境にあるライダーの気持ちを察して、日本人医師を派遣して安心させようとしている。人の心をおもんばかり、自分の責任を明確にする。官僚的な経営者では絶対にできない真似だ。

こうして本格的な世界転戦に初挑戦した一九六〇年のシーズンが終了した。

そこであきらかになったことは、ホンダが一二五ccと二五〇ccの両クラスに挑戦を続ければ、イタリアの名門であるMVアグスタとの全面対決になるということだった。つまりMVアグスタを破ればワールド・チャンピオンを獲得できる。

一二五ccクラスの年間メーカー得点は、一位のMVアグスタが二四点、二位は東ドイツのMZで一六点。三位はホンダで七得点だった。二五〇ccクラスでは、一位がMVアグスタで三二点、二位がホンダの一九点、三位がMZで一〇点だった。

ライダーの年間ランキングでは、一二五ccクラスではMVアグスタ、MZ勢が上位を独占していたが、ホンダのジム・レッドマンが六位、谷口尚己、鈴木義一、高橋国光の三人が同点で一〇位につけた。二五〇ccクラスでは、やはりMVアグスタとMZ勢が三位までを占めたが、ジム・レッドマンが四位、高橋国光とトム・フィリスが六位、田中健二郎が九位と、じわじわと王者MVアグスタを追う結果となった。

この年、三五〇ccと五〇〇ccのダブル・チャンピオンをMVアグスタ・チームで獲得したジョン・サーティースは「ホンダの進歩は驚異的である。もし、ホンダの技術陣があの激しい情熱を燃やし続けて、良いライダーを乗せるならば、来年はホンダが日本に世界チャンピオンを持ち去って当然である」と発言した。MVアグスタ勢はホンダの台頭を脅威と感じていた。

宗一郎は、ワールド・チャンピオン獲得が現実的なターゲットになったことを自覚すると、こう言った。

「とうとう、MVとウチと、二者の覇権争いとなった。これは非常に愉快なことじゃないか」。

一九六一年（昭和三六年）は、一二五ccと二五〇ccの世界グランプリ全一一戦にフルエントリーすることになった。ワールド・チャンピオン獲得を狙ったレース計画である。

ところが、シーズン開幕直前の一月一五日に、イタリアから、驚くべきニュースが飛び込んできた。最大のライバルとしていたMVアグスタのワークス・チームが「引退宣言」を発表したのである。理由は、世界グランプリのレース数が増えたことによって、四クラスにフルエントリーしてきたMVアグスタの負担が増大したと説明された。

本田宗一郎は肩すかしを喰ったような気がした。すでに数年前から、ドイツのNSU、イタリアのモトグッチ、ジレラ、モンディアルが、それぞれワークス・チーム活動の中止を発表しており、ホンダは残ったMVアグスタを破れば世界一になると考えていたからである。

しかも、MVアグスタの「引退宣言」は、ホンダの挑戦に対して挑発的な論調であった。

「我々は、愛するこの栄光の時代を終結させようとしている。しかしながら、我々の存在に近づく挑戦者が真に存在するようになり、彼らが、すべてのクラスにおいて、我々が成し遂げた成果にまで到達したときは、我々はレース・シーンにカムバックし、立派な技術と効果的な戦略戦術で、彼らを襲うであろう。他のメーカーが、我々の成し遂げた成果を破るまでは、我々はモーターサイクリング・ワールドの絶対的なチャンピオンであると考える」

MVアグスタが「我々の成果」としてあげたのは、二六四四回の優勝、三六回のワールド・チャンピオン、一九回のメーカー・チャンピオン、一七人のチャンピオン・ライダー、一四回のイタリア国内チャンピオン、一九回のマン島TTレース優勝という巨大な成果であった。

本田宗一郎は、このMVアグスタの「引退宣言」を、敵前逃亡と考えたようだが、同時にこの居丈高な挑戦をうけてたつ決心をした。ホンダがMVアグスタの成果を越えてみせ、サーキットに引きずり出し、正々堂々と真のワールド・チャンピオン決定の勝負をする決意であった。

そして、監督の河島喜好に、各グランプリ・レースでの平均速度記録の樹立、上位独占、メーカー・チャンピオンの獲得を命令した。ホンダ・レーシングチームは、「マイク・ザ・バイク」と呼ばれる天才肌のマイク・ヘイルウッドと契約し二五〇ccクラスのナンバーワン・ライダーとした。一二五ccクラスは前年に続いてトム・フィリスがナンバーワンとなった。日本人ライダーでは、若い北野元と高橋国光のふたりを実戦の場で育成する計画をたてた。

ホンダ・レーシングチームの快進撃は、第一戦のスペイン・グランプリから始まった。一二五ccクラスでトム・フィリスが優勝。ホンダに初のグランプリ優勝をもたらした。

続く第二戦の西ドイツ・グランプリ二五〇ccクラスでは、高橋国光が日本人初の優勝を飾った。ホッケンハイム・サーキットのメイン・ポールに日の丸があがり『君が代』が演奏された。モータースポーツの世界選手権で日本人が初めて優勝した。ホンダ・レーシングチームの意気は燃え上がった。

第三戦のフランス・グランプリでは一二五cc、二五〇cc両クラスで優勝を獲得し、そして、いよいよ第四戦マン島TTレースがやってきた。

勝利を確信した本田宗一郎は、マン島TTレースが始まる頃に、妻とふたりで伊香保温泉へ出かけた。温泉につかり、一杯やって、勝利の報告を待つ、まことに粋なチームオーナーである。

三年目のTTレースはホンダ・レーシングチームの圧勝だった。一二五cc、二五〇cc両クラスの一位から五位までを占め、完全に上位を独占した。

二五〇ccは、三〇一・八五キロのレースを一時間五五分三秒六で走破した。このスピードは当時の日本人にピンとこないもので、ホンダでは特急こだまの東京―豊橋間二九〇キロ、三時間二四分の数字をそえて報道発表した。

勝利の報告をうけた本田宗一郎は、胸が熱くなり、涙を流した。妻のさちと喜びをわかちあった。ここまでくれば専門誌のインタビューをうけることもなく、特別な声明も発表していない。ホンダの名前で報道発表をするだけであった。

もはやホンダの勢いをだれも止めることはできなかった。

この一九六一年、トム・フィリスとマイク・ヘイルウッドがワールド・チャンピオンを獲得した。ホンダはマン島ＴＴレースのみならず一二五㏄と二五〇㏄の世界グランプリの二クラスを初制覇したのである。ホンダ・レーシングチームが達成した記録は、一八回の優勝、一五回のコースレコード更新、一九回のレース平均速度記録更新だった。

「挑戦したレースは三年以内に必ず制覇する」というホンダ・レーシングチームの伝統は、この年に生まれたものである。

ワールド・チャンピオンのタイトルを手に入れた宗一郎が次に狙ったのは「ホンダ・オートバイによる日本人チャンピオン誕生物語」であった。

そこで白羽の矢が立ったのが、弱冠二十一歳の高橋国光だった。

ホンダの若手コンビの、もうひとり北野元は、一九六一年のマン島ＴＴレースの練習中に不運の事故に巻き込まれて再起があやぶまれている状態だった。思わぬアクシデントで転倒しコース路面にたたきつけられた北野は頭部を強打し長期入院を強いられていた。期待は高橋にかけられた。

高橋国光は、一九四〇年（昭和十五年）東京生まれである。当時の総理大臣であった海軍大将の米内光政の名前から一字をもらい、光る国の男になれと、国光と名づけられた。家業は自転車店から発展した輸入オートバイ・ディーラーで、兄は自転車競技で国体優勝のキャリアをもつスポーツマンであった。

中学を卒業した国光は、家業を継ぐために日本自動車学校に入学し、同時に高円寺の岩崎モータースで修業を開始した。二年後、卒業を祝って両親がＢＳＡ３５０をプレゼントしてくれた。この英国製オートバイが、国光の走る才能を一気に開花させる。ハイスピリット・クラブに加入し、一九五八年（昭和三三年）の第一回全日本クラブマン・レース（浅間）の三五〇cc／五〇〇cc混合レースにＢＳＡ３５０で出場した。折からの台風接近で豪雨のレースとなったが、十八歳の国光は、並み居る五〇〇ccマシンをぶち抜き、総合二位でクラス優勝し、デビューウィンを飾って一躍その名前を轟かせた。翌年の浅間でも、五〇〇ccのレースにＢＳＡ５００で出場し、伝説の天才ライダー伊藤史朗のＢＭＷとデットヒートを展開して、歴史的な勝利をおさめている。

その傑出した新人をホンダ・レーシングチームにスカウトしたのは田中健二郎だった。

高橋国光は、ホンダの荒川テストコースで何度も転倒しながら才能を磨き、グランプリ・レースを走るまでに成長してきたのである。グランプリ挑戦の初年度となった一九六一年（昭和三六年）は、西ドイツ・グランプリ二五〇ccクラスで優勝し、日本人初のモータースポーツ世界選手権優勝者となり、第八戦のアルスター・グランプリの一二五ccでも優勝した。この年の世界ランキングは、一二五ccが五位、二五〇ccは四位であった。いずれも日本人最高位である。

グランプリで優勝する、ということを高橋は、こんな言葉で語っている。

「グランプリの世界は、速ければ速いほど、どんどんと上達する。なぜなら、速く走れば、チャンピオン・クラスの選手たちと話ができるようになる。そうすると、走り方をアドバイスしてくれるし、速い選手というのが、どんなことを考え、どんなふうに走り、いかにレースを戦っているのかが、わかるようになる。そうなると、もっと速く走れるようになる。そして勝てるようになる。グランプリとはそういう世界だった」

一九六二年（昭和三七年）のホンダ・レーシングチームの陣容は、名手ルイジ・タベリ、トム・フィリ

1961年の西ドイツ・グランプリ250クラス。ホンダは二輪世界選手権へ挑戦して3年でトップクラスのチームに成長した。高橋国光（100）とジム・レッドマン（107）のホンダ。（111）は名門MVアグスタのゲイリー・ホッキング。

1961年西ドイツ・グランプリ250クラスで優勝した高橋国光（ホンダRC162）の勇姿。高橋国光（1940-2022）はモータースポーツの世界選手権で初めて優勝した日本人選手として、スポーツの世界年表にその名を刻み込んだ。

ス、ジム・レッドマンなどのチャンピオン・ライダーを集めたもので、日本人ライダーは高橋国光ひとりが全戦エントリーをする布陣だった。このチーム体制は、連戦連勝と二年連続チャンピオン獲得を約束するものであった。

高橋は、期待に応え、緒戦のスペイン・グランプリから一二五ccクラスで優勝し、続くフランス・グランプリでも勝つ。この年から始まった五〇ccクラスでも、常に優勝戦線を走る大活躍をみせた。シーズン始めからの連続優勝で、日本人チャンピオン誕生の夢物語は実現するかのようにみえた。

しかし、第三戦となったマン島TTレース一二五ccクラスで、高橋国光は大事故を起こす。勝負を焦るあまり、スタート直後に高速コーナーのユニオンミルズで転倒し、投げ出された国光は全身を強打した。その瞬間を目撃した多くの観客は、ライダーが死亡したと思った。だが、高橋は生きていた。首から下をまるごとギプスで固められた状態で帰国することができた。

このとき、日本人チャンピオン誕生の物語は頓挫してしまった。

いま、高橋国光は「本田社長や河島監督の凄まじい情熱に支えられて僕は懸命になって走った。それは素晴らしく輝かしい青春だった。だけれど、あのマン島のクラッシュで、僕はホンモノになれなかった」と、当時を回想する。

宗一郎もまた、あっさりと現実を認めて、日本人チャンピオン誕生の夢を未来へ託してしまった。

「母親のお腹のなかにいる頃からスピードを体験しているような生活環境のなかからチャンピオンが生まれてくる。そういう環境があれば日本人だって必ずチャンピオンになれるはずだ」

その後、ホンダ・レーシングチームは外国人ライダーを起用して、いくつものワールド・チャンピオンを獲得しつづけ、一九六六年（昭和四一年）には、五〇ccから五〇〇ccまですべてのクラスでチャンピオンを独占し、念願の五クラス制覇を達成した。マン島TTレース初出場から七年、ホンダ・オートバイの完全なワールド・グランプリ制覇であった。そのときMVアグスタはレースにカムバックする情熱を失っており、世界のグランプリは日本製のオートバイで占められていた。

ホンダ・オートバイの世界制覇、それは信じられないくらいの高回転で連続運転に耐えられる高性能4ストローク・エンジンの世界制覇であった。

ホンダの名前は世界に轟き、輸出は飛躍的に拡大していった。

「レースに勝てなかったら、ホンダは倒産していたかもしれない。あえてレースというギャンブルに社運を賭けて、その危険な賭けに勝ったのです。あんなに大変な仕事はなかった。私はホンダの社長になったが、レーシングチーム監督時代のことを思い出すと、社長なんて甘いものだと思ったりもした」

河島喜好は、そう言っている。

本田宗一郎とホンダが世界オートバイ・グランプリ制覇をめざして進撃している頃、藤沢武夫とホンダは、レースをやるオートバイ・メーカーとしての社会的バックグラウンドを固める仕事を進めていた。

高性能オートバイを生産販売するメーカーの責任をまっとうするために、その高性能を楽しむ場所として鈴鹿サーキットの建設計画に着手していた。これもまた世界に類のないサーキットをめざしたもので、遊園地と宿泊施設をもった国際サーキットの建設構想であった。アメリカへ行けば必ずディズニーランドを視察してくる藤沢のアイディアであった。

こうして一周約六キロの国際格式レーシング・コースである鈴鹿サーキットが、一九六二年（昭和三七年）に完成した。このオープニング・イベントには鈴鹿市長、地主、工事関係者、モータースポーツ関係者、ジャーナリストが招かれ、ホンダとモータースポーツに直接関係のない三重県知事や運輸省、通産省、地元議員などは招待されなかった。

鈴鹿サーキットは、その後、遊園地、宿泊施設、レストラン、ナイター設備、国際格式のモトクロス場、トライアル場、運転トレーニング施設を次々と建設していき、藤沢武夫の構想を実現させていった。また、鈴鹿建設にともなって、全国各地にモトクロス場の建設計画が立てられた。

教育現場への寄付もおこなった。六〇〇〇校の農業高校にF150型耕うん機を、全国の中学と高校に一万五〇〇〇台のスーパーカブを寄付して、モータリゼーションの普及に寄与する姿勢を鮮明にした。

ホンダの世界のレースを制覇する夢は、こうして実現した。

だが、それはひとつ目の、オートバイによる世界制覇にすぎなかった。

次の夢は四輪自動車生産だった。自動車メーカーとなりF1グランプリに挑戦することだった。

本田宗一郎のみる夢は、はかりしれないほど大きかった。

第17章

自動車生産開始

戦後の日本社会は、高度成長期と呼ばれた一九六〇年代に突入していた。

カラーテレビ、クーラー、クルマの「3C」が庶民の豊かな生活のシンボルになり、東京オリンピックが開催され、新幹線が走り、高速道路が開通する。ときの国民白書は「もはや戦後ではない」と明言した。

ホンダは、一九六〇年（昭和三五年）三月に、東京駅八重洲口のはすむかいに本社ビルを建設し、翌年の第一〇次増資で資本金を八六億四〇〇〇万円とした。

本社ビルを建設した年、宗一郎は、年間所得一億一八〇〇万円で、日本の長者番付八位にランクされた。総理大臣の年間給与合計が三〇〇万円、ラーメン一杯四五円という時代である。名もなく学歴もないひとりの庶民が、努力のすえにチャンスをつかんで成り上がるアメリカンドリーム型の億万長者の出現であった。だが、そのときのコメントは、実に歯切れがわるい。

「感想？　別にないな。関心ないよ。ま、なってやろうと思って倹約でもしてなったんなら嬉しかろうが、そんな気はぜんぜんないしね。なんだか押しつけられたみたいで、嫌な感じですよ。迷惑だな。俺は嫌いだよ、こんなこと……」

相変わらず、研究所や工場をせわしなく走りまわり、技術開発と生産のトップとして強力な突破力を発揮していた。愛車はイギリスの高級車ジャガー・マークⅡと小型軽量スポーツカーのロータス・エリートだった。運転手をつけるはずはなく、必ず自分で運転を楽しんだ。今日でも大企業の社長ともなればトラブルを恐れて運転手つきの大型セダンに乗るのが当たり前という日本の社会だから、自分で運転をするというだけで、とびきり珍しい社長であった。

毎朝、本社ではなく研究所へ出勤し、上着のポケットに両手を入れ、肩を振る独特の歩き方で社長室へ入った。そこで従業員と同じ純白の作業服に着替え、白に太い緑色のストライプが縦にはいった作業者用キャップをかぶり、お茶を一杯すると、設計室、造形デザイン室、機械加工部門などを見まわった。新型オートバイの実物大模型があると、思わず跨がってしまい、模型を壊したりする熱血社長は、若い技術者たちと議論したり、ときには怒鳴り、夜遅くまで働いた。

食事の途中に突然に箸を止め、考え込み、ノートにメモをする。何事が起きたのかと驚く同席者に「俺はいま、カレーライスの自動販売機を発明しちゃったよ」と言ったりするトリックスターであった。

宗一郎は、経営を専務の藤沢に一切合切まかせ、「俺は不得意なことはやらない。俺が経営をやったら会社が潰れる」と言い切り、技術と生産現場一筋に働く「得手《えて》に帆をあげる人生哲学」を実践していた。

この「得手に帆をあげる人生哲学」とは、こういうものだと言った。

「人間というのは、得手に帆をあげ、ということがある。馬鹿だと思っても、得意になると、かなり高い水準までやるね。だからみんな得手のことで働いてもらいたいと思うんですよ。得手だというと、その人は、うんと気持ちが良くて、どんな苦労をしてもいいとわんのだな。勇んで向上心が出てくるんじゃないかな。人からみると、あんなに苦労しやがって馬鹿な野郎だと思っても、本人にすれば大真面目で、それがいちばん楽なことで、本人がまた人から認められるんだ」

あるいはまた、こうも言った。

「能ある鷹は爪を隠す、ということは大嫌いなんだ。僕は鷹なら鷹で、俺は鷹だぞと、俺はスズメだと、俺はカラスだと、これでいいじゃないか。それをね、遠慮していて、俺はこれが得意だということを言わずにおいて、どうもいいところへ回してもらえん、俺に合ったところへ回してくれんと、不平を言ったって、これは私は言うほうもよくないと思うんです」

これは能力主義であり、同時に個人と組織の理想的関係をもとめるものである。だから理想倒れにならないように、宗一郎は「あくまでも全員平等主義」を強く打ち出していた。後に「差別のあるところで人間は能力を発揮できない」と言い切った。

そしてまた、理想をもとめる生き方だからこそ、自動車メーカーとしての筋をとおしたいと主張した。

「得意なことをやるからには得意なことだけで稼ぎたい。銀行から安い金利で金を借りてきて、高い金利でクルマを月賦で売って、そのサヤが利潤として大きく計上されている。技術とアイディアで儲けないで、金融操作で儲けているのでは、どうみても自動車会社とはいえない。せっかくの看板が泣こうというものである」

一九六二年(昭和三七年)秋、本田宗一郎の一週間を、『週刊文春』一一月五日号が特集記事「酒と女とオートバイ　世界を駆けるカミナリ族の大親分・本田宗一郎氏の一週間」で記録している。抜粋して引用すると、宗一郎の日常生活が浮かび上がってくる。

十月十五日（月）　朝九時三十分、埼玉県和光市の本田技術研究所に出勤。さっそく総務課職員をつかまえて「俺をカミナリ族の元凶《げんきょう》だ、けしからん、とぬかした教師がいるんだ。あきれたね」とひとしきり憤慨《ふんがい》する。社長室で白い作業服に着替えてエンジン設計室へ行く。設計図を見て、材質の変更を指示する。納得いかない若い設計者と三時間ほど議論になる。結局、計算の結果、宗一郎の主張が正しいと判明。その後、医務室でビタミン注射をうける。看護婦さんに猥談。

十月十六日（火）　九時二十分、ジャガー・マークⅡ《ツー》で研究所に到着。作業服を着ると、すぐに工場へ行き、ホンダ・スポーツ５００プロトタイプのエンジンを点検。オイル注入口の変更を指示する。十一時三十分、スーツに着替えて東京・丸の内のビルへライオンズ・クラブの講演に行く。演題は「私の経営戦略」。三十分の講演を終えたその足で東京・八重洲の本社へ。部下の報告を聞く。四時、明治座の楽屋に俳優の伴淳三郎を訪ねる。オートバイ喜劇映画の制作を応援することになったので陣中見舞いをかねての挨拶。一時間ほどオートバイについてのレクチュアをする。夕方六時、柳橋の料亭・山口で理研光学社長の市村清とワリカンの飲み会。芸者八人をはべらせて宗一郎はスコッチを飲み、おおいに喋る。

十月十七日（水）　埼玉工場視察のためにロータス・エリートを運転してひとりで出かける。

十月十八日（木）　十時三十分、通産省重工業局で自動車課長と面会。Ｔ３６０とＳ５００を発表してカーメーカーの名乗りをあげるので、その挨拶。午後、八重洲の本社で『実業の世界』記者のインタビューを受ける。二時三十分、市村清と会談。夕方、研究所に戻り夜八時までエンジンをいじる。

十月十九日（金）　九時三十分から『文藝春秋』記者から貿易自由化問題についてのインタビュー。

午後一時『週刊朝日』のインタビュー。一時三十分、研究所内のテスト・コースでホンダ・スポーツ500プロトタイプにヘルメットをかむって試乗。「うん、こりゃいいや。こんなクルマに乗りゃ、女の子なんかイチコロにひっかかるぜ」。

十月二十日（土）　十一時からホテル・オークラでホンダ・スポーツ500の発表会に出席。スーツ姿だがポケットチーフと靴下は赤。集まった記者やカメラマンに囲まれて、マティーニをちびちびと飲みながら、取材を受ける。

十月二十一日（日）　久し振りに西落合の自宅でくつろぐ。和服姿で夫人や大学生の長男と談笑。長女は嫁ぎ、次女はアメリカ留学中、中学生の次男は友だちと遊びに出かけている。応接間には外国人形や陶器が飾ってあり、文学全集、美術全集、百科辞典が並べてあった。「この本ね、俺はいっさい読まないんだ。ただの飾りです」。

家庭での本田宗一郎は、自由気ままで身勝手な典型的な明治生まれのお父さんだった。帰宅すれば、玄関から洋服を脱ぎ捨てながら風呂へ直行し、風呂桶に飛び込む。ときには考えごとに夢中になっていて帽子をかぶったまま、飛び込むこともあったらしい。あわて者で、短気で、物忘れが激しかった。自宅の住所も電話番号も覚えていない。引っ越しをしたときも、新しい家がわからなくなって困った。さち夫人は、宗一郎に頼みごとをするときは、鞄やスーツの内ポケットに用件を書いた札をつけておいた。食事は短時間ですませる。煮物などの田舎料理が好みで、塩辛やウニなど塩辛いものが好物だった。薬が大好きで、効能を楽しむように、いろいろな種類の薬をたくさん飲んだ。睡眠薬を飲み過ぎてひっくり返ったこともある。

夜は、テレビの歴史ドラマやニュースを見ながらウィスキーをゆっくりと飲んだ。家では何もしないでくつろぎ、人並に家族を大切にしたが、仕事一筋の人である。子供の躾《しつけ》は厳しかったが、個性を認め、学校教育には口を出さなかった。いわゆる自由放任主義の家庭教育である。家族そろって動物を飼うのが好きだった。志賀高原に家族スキー旅行に行ったり、娘のお琴にあわせて尺八を吹いたりする日もあった。後に長男の結婚式の招待客をめぐって親子喧嘩もした。

若いときからお洒落で、いつもよく磨かれた上等な靴をはき、スーツは凛々しいかっちりとしたデザインのものを好んで身につけた。

宗一郎は多趣味だったが、そのきわめつけは飛行機であった。

一九六三年（昭和三八年）三月二二日、読売新聞は「本田技研機突っ込む　社長ら二人ケガ」の見出しの四段抜き記事で、静岡県の自衛隊飛行場で起きた自家用機事故を報じた。「社長」というのだから、怪我をしたのは本田宗一郎その人である。

無類の飛行機好きは少年のときからで、ホンダを興してからも、朝日新聞社と組んで、グライダーに搭載する小さなエンジンを開発したり、ホンダ製V型八気筒エンジンを搭載する想定の機体デザインのコンペティションを共催した。一九五八年（昭和三三年）には、宣伝飛行用に小型機のパイパーを購入した。その後、全額個人出資で荒川の河川敷の滑走路をベースにホンダ・フライングクラブを設立し、自由に乗りまわせる飛行機を手に入れた。このフライングクラブを本田航空株式会社へと発展させて埼玉県川島に専用飛行場を持った。その大きな夢は二一世紀になってＨｏｎｄａ Ｊｅｔ市販で実現した。

こうした一連の航空機関係の仕事は、宗一郎の趣味からはじまったことであったが、航空機は時間を節約できる便利なモビリティという強い主張によって成立していた。時間は唯一絶対のものだと言い、新幹線には二時間以上乗りたがならかった。東海道新幹線にはきわめて批判的で、国道一号線にそって鈴鹿を通れば二〇キロも距離が短縮できるのに、雪に弱いくせにわざわざ降雪回数の多い関が原を遠回りして経由していることが気にいらなかった。

その日、朝七時に東京の調布飛行場から飛び立ったホンダの自家用飛行機パイパーは、パイロットと本田宗一郎のふたりが搭乗していた。目的地は鈴鹿サーキットだったので、名古屋空港へ向った。宗一郎は自家用機パイロットのライセンス取得に熱意をもっていたが、筆記試験が苦手で試験に合格できず、インストラクター・パイロットを同乗させることで、この日も自分で操縦桿を握っていた。

ところが、静岡あたりでエンジンからオイルが漏れ始め、自衛隊静浜基地に緊急着陸した。そこでエンジンを点検、修理し、再び離陸しようとしたときに、事故が起きた。

滑走を開始したパイパーは、離陸直前に強い横風をうけてふらつき、とっさに宗一郎が方向舵を急激に操作したのが裏目に出て、右に傾き滑走路を外れて浮き上がった。そこには滑走路を取り囲む有刺鉄線があり、尾輪が引っかかった。そのためいきなり垂直に上昇し、揚力を失って機首から水田に墜落した。機体は、翼がはずれ、胴体は二つに折れた。

「それで、ひょっと上を見たら尾翼が見えるんです。プロレスでいう逆エビだな、あれは。おまけに燃料タンクからガソリンが漏れて、ジャージャー体にかかってきた。あわてたね、あれで火がついたらバーベキューになっちゃう。ドアをへし曲げて、逃げ出した。あんなに速く走ったのは人生であれが初めてだな」

宗一郎が語る事故の状況はいつものように笑い話になっているが、それは危機一髪の大事故だった。奇跡的に軽傷で済んだが、ホンダ社長の航空機事故だから新聞記者が駆けつけてくる大騒ぎになった。他人に迷惑をかけないのが信条なのだから、きまりが悪くなり機嫌がわるくなった。その夜は、名古屋に泊まった。そして「今日は命拾いをしたから芸者でもあげようということで、余り者の芸者を総揚げして、大騒ぎしちゃった」ということになる。

ホンダの宗一郎に、もしものことがあればホンダの株価に影響する。大企業になりつつあったホンダにとって、もはや単なる個人ではなかった。ホンダの経営幹部のひとりは「安全第一で飛行してくれなくては……」ともらした。

ホンダの経営はスーパーカブの大ヒットで完全に安定していた。

日本のオートバイ業界の構造は、一九六〇年代になると大きく変化していた。一九五〇年代のはじめには大手四社といわれた東京発動機、目黒製作所、昌和製作所、みづほ自動車製作所が、いずれも倒産か吸収合併に追い込まれ、戦後に二輪生産を開始したホンダ、鈴木自動車、ヤマハ発動機、川崎重工業で新しい四社体制が生まれた。なかでも鈴木は、戦前からオートバイと自動車の試作に手をつけていたので、オートバイ生産が軌道にのると早くも軽自動車スズライトを発売して自動車メーカーの道を歩みはじめていた。

ホンダもまた、自動車メーカーをめざして胎動していた。オートバイ市場が飽和状態になるとの見通しから、自動車生産を開始して新たな市場を確保しなければ、これ以上の発展拡大が不可能だった。

自動車製造に着手するにあたって、宗一郎は「宣言」や「決意声明」を発していない。オートバイで成功したら自動車をやる。それはまったく疑問の余地がないことだったが、自動車生産にたいして慎重な態度をとることが多かった。藤沢武夫もまた、オートバイ・メーカーとして絶対的な地位を築いてから、自動車生産に乗り出すべきだとの考えをもっていた。世界一のオートバイ・メーカーといえども、自動車生産をはじめるとなると、膨大な設備投資が必要で、その失敗は倒産を意味するほどの大事業であった。だが、それは経営者としての藤沢武夫の判断であって、本田宗一郎の慎重な態度は、また別の理由があった。

宗一郎はやるならば本格的な自動車生産をやりたいと思っていた。膨大な設備投資に頭を悩ませていた藤沢が、オートバイの生産設備を応用して、軽便な小型トラックとして人気があった「オート三輪からやってはどうか」と提案したときは、「三輪はダメだ。やっぱ四輪でなくっちゃね」と発言して、オート三輪案を即座に退けている。本能の技術者ともいうべき宗一郎の指摘のとおり、結局のところ商用オート三輪の人気は一時のブームに終わり、四輪軽自動車に大衆の人気が集まっていった。

宗一郎にとって、重要だったのは、設備投資の問題ではなく、どのような自動車を作るかであった。「やるからには、他人の後を追っかけるのではなく、アッと言わせるものをこしらえるんだ」と考えていた。

しかし、人をアッと言わせる素晴らしいクルマとは、いったい、どんなクルマなのかと考えると、まだ明解なイメージが湧いていなかった。アッと言わせるといっても見てくれの派手さや小手先の技術でユーザーの見栄をくすぐるようなものではなく、生活に役立ち人生を楽しくさせるような本質的な魅力がなければならない。しかもホンダのクルマであるかぎり、大衆的で夢のあるモビリティにしたかった。

「いずれ世界中の自動車エンジンは、申し合わせたようにV型八気筒の時代がくる」といった発言をしていたが、それは単なる思いつきにすぎなかった。

ずいぶんと長い時間、自動車について真正面から考えていなかった。宗一郎が自動車との濃密な時間をすごしたのはアート商会時代であり、それは一九三〇年代の半ばまでで、すでに三〇年も前である。この間に、自動車の技術もデザインも、社会構造も生活文化もなにもかもが変化している。大衆の自動車観も大きく変化した。戦前は絶対に自動車を個人所有できないと思っていた人びとが、自動車が買えたらいいと夢みる時代になっていた。

本田宗一郎は素晴らしいアイディアマンであったが神様ではない。自分が作るべき自動車とは、どんなものなのかをじっくりと考える時間が必要だった。明確なイメージを練り上げなければならなかった。

藤沢武夫は小型で商用にも使える自動車がいいと考えていた。スーパーカブの四輪版というイメージの自動車である。宗一郎も、その意見に異存はなかったが、具体的なイメージがまとまらなかった。漠然としたイメージはあるのだが、強烈に心をゆさぶるイメージまで昇華していなかった。

本田宗一郎が行動を起こすとき、それは強烈なイメージが固まったときである。まっしぐらに突進していけるような確かな目標にまでイメージが固まっていないと、突撃したくても動けない。燃えたくても燃えられない。こんなとき、いちばん歯痒かったのは本田宗一郎自身であったろう。

オートバイより高度で複合的な技術を必要とする自動車生産をはじめるにあたって、ホンダはゼロから出発しなければならなかった。本格的な自動車設計の経験をもつ者はひとりもいなかったからである。しかし、だれもが、やってできないことはないと考えていた。ゼロからの挑戦こそホンダのチャレンジング精神そのものなのである。

そのために一九五八年（昭和三三年）頃から、自動車の基礎研究をすでに開始しており、何台かの試作車まで製作していた。

一〇人ほどのスタッフではじまった小規模なプロジェクトだった。中心となっていたのが中村良夫である。後にホンダF1チームの初代監督となって活躍する人物だが、東京帝国大学の航空学科を卒業し、戦争中は中島飛行機で国家の運命をかけて零戦のエンジン・チューニングやジェット・エンジン試作などのハイテクノロジー開発をしてきたエリート・エンジニアであった。航空機産業が霧散した戦後はいくつかの自動車メーカーをへて、F1グランプリに参加する夢を本田宗一郎に語ってホンダに入社した。

ホンダの四輪試作は、コンパクトな空冷V型四気筒の三六〇ccエンジンをフロントに縦置きに搭載したA120が第一号車で、これは先進的なFWD（フロント・ホイール・ドライブ）の四人乗りセダンであった。その後、空冷水平対向四気筒エンジンをフロントに搭載した後輪駆動のセミオーバーキャブ型の軽トラックA170、同じエンジン型式と駆動方式の2シーター軽スポーツカーA190などが試作され、長野や伊豆で長距離走行テストが盛んにおこなわれていた。

宗一郎は、FWDの合理性や直進安定性などを認めながらも登坂能力に不安があることから、FWD反対論者で、A120には批判的であった。また、ホンダで試作される自動車に特別な関心を寄せることもなかった。まだイメージが固まっていなかったので、情熱をかたむけて自動車を開発する気になっていなかったからだろう。

そのような本田宗一郎とホンダが、突如として自動車生産に踏み切ったのは、一九六〇年（昭和三五年）あたりから通産省が準備していた、ひとつの法律案がきっかけだった。

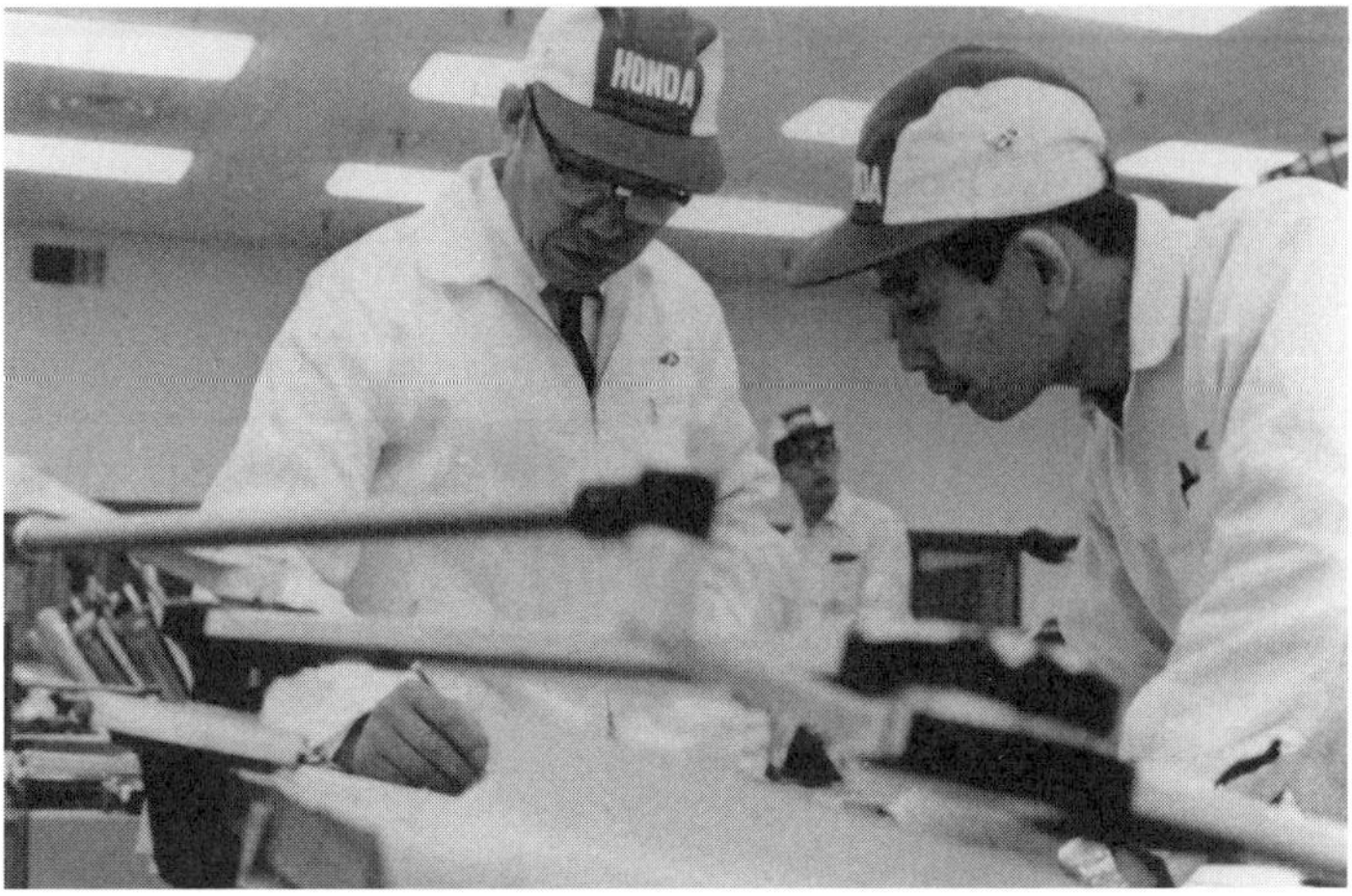

本田技術研究所で若い設計者とディスカッションする宗一郎。研究開発現場で先頭にたって働き、アイデアに富んだ新技術商品を開発する大企業の社長は近年でも珍しい存在である。宗一郎は若い仲間と汗と油にまみれて働いた。

オートバイから自動車メーカーへ。本田宗一郎の夢を実現するためにホンダ四輪開発部隊は1958年（昭和33年）頃から四輪試作車の走行テストをおこなっていた。これは許可された公道走行テストの雰囲気を伝える貴重な写真である。

それは日本の産業を育て国際的な競争力をつけることを目的としたという名目の「特定産業振興臨時措置法（特振法）案」であった。

この法案は、次のような理由で生まれたものだ。日本政府は戦後復興段階にあった日本の産業を保護、育成するために、欧米からの輸入製品に高い関税をかけていた。そのことによって日本国内市場で、国産品より輸入品の価格が高くなる。価格の安い国産品が多く売れるから、日本の産業が利益を得て、保護、育成されるという政策である。この高い関税は欧米先進諸国も敗戦国にあたえるハンディキャップとして認めるところであったが、しだいに日本の産業が力をつけ輸出を伸ばしていくと、おもにアメリカとの貿易不均衡が発生してきた。自由貿易を理想とするアメリカは原則的に日本製輸入品に関税をかけていなかったが、アメリカ製品を日本へ輸出するときには高い関税がかけられる。したがって日本製品を輸入すればするほど、不均衡が増す。この関係を是正するために、アメリカは日本に自由貿易をもとめて交渉を開始してきた。そこで日本政府は、自由貿易へ段階的にすすんでいくためには、日本の産業を特別に保護して育成し、早急に国際競争力をつけさせなければならないと考えた。それが「特振法案」であった。

この法律案は、自動車産業だけを対象にしたものではなかったが、日本の自動車産業を保護し育成するために日本メーカーの統合、合併を推進するという考え方が織り込まれていた。日本の自動車産業の現実は、欧米車の露骨なコピーか、欧米メーカーの技術供与で成立していた脆弱《ぜいじゃく》なものだったからである。

しかもこの法案には、日本メーカーどうしの自由競争による弱体化を避けて、資本と技術を集中して育成するという観点から、新規に自動車生産を開始する企業には大きな制限を加えることになっていた。実質上、新規メーカーの参入は認められない。

本田宗一郎は、この「特振法案」に真っ向から反対した。

この法案は、あまりにも官僚的な独善であり、日本自動車産業の可能性を無視し、少数の自動車企業による独占状態を容認するものでしかなかった。もし、「特振法案」が国会を通過したら、ホンダの自動車生産開始に歯止めがかけられる。そればかりか国策として合併が強要される可能性も高い。欧米のメーカーの技術力と生産力を恐れるあまり、ホンダの動きが規制されるなどということは、本田宗一郎には絶対に許せないことだった。なにしろ日本の自動車産業のなかで、もっとも外貨を稼いでいたのはオートバイ輸出をみずから開拓していたホンダであった。

すでにマン島TTレースへの挑戦を開始して欧米の技術と切磋琢磨の戦いを展開し、アメリカ・ホンダを設立して国際市場に打って出たホンダである。全社の力を結集し、創意工夫で戦い続ければ欧米の工業力を恐れることはなかったし、欧米の自動車産業は好ましいライバル以外の何ものでもなかった。

この法案が現実となったら、利益を得るのは、輸入車に勝てないような国産車を開発生産している日本の大企業メーカーである。そのような技術的な魅力のない大メーカーをのさばらせるだけで、安くていいクルマが欲しいという大衆の要求に応えられるとは、とうてい思えなかった。これは政府の統制経済政策を強化するのみならず、中央官庁と大メーカーの癒着から生まれた法案ではないのかとさえ疑った。

独立独歩、裸一貫から叩き上げ、戦争中の軍事ファシズムと経済統制に窮屈な思いをした宗一郎は、徹底した自由競争主義者であった。

日本が連合国の占領から独立した一九五二年（昭和二七年）の年頭、宗一郎は、自由競争を求める立場から、こんなにも鮮明で誇り高い所感を自動車雑誌『モーターファン』一月号に発表している。

外国より優秀な性能を有する車が輸入されることは、たしかにわが国のメーカーにとって一つの脅威である。しかし、わが国のメーカーは、外国車の輸入を制限したり、また拒否したりするような鎖国的措置を講じてはならない。

国産品よりも外国で作る製品の方が性能が優秀でかつ価格が低廉であれば人々が国産車を去って外国車に赴《おもむ》くことは当然である。

われわれメーカーの努力すべき点は、外国車よりも安価で性能の優秀な製品を生産することである。よい品が安く作られれば、拒まずとも外国車の輸入は途絶するであろう。

為政者《いせいしゃ》としても、徒《いたず》らに輸入を制限して国内メーカーを甘やかすよりも、世界的工業水準において競争させ、苦労させて実力を養成することが真の意味でわが国オートバイメーカーを育成するゆえんであると信ずる。

われわれの技術の進歩は為政者によって指導されるべきものではなく、自ら進んで獲得すべきである。

本田宗一郎は、「特振法案」を立案した通産省の高級官僚たちと激しくぶつかった。

最初から喧嘩腰だったわけではない。官僚たちと会合をもって、腹を割って膝詰めで話し合おうとしたが、取りつく島もない。もう一度、本音をぶつけ合おうと、一升瓶をさげて通産省の次官室へ押しかけてもみたが、相手にされずに追い返された。「バヤカロー、おまえたち官僚が日本を弱くしてしまうのだ！」

と通産省の廊下で、宗一郎は啖呵をきった。

欧米企業との自由競争を危機的状況としてとらえ、国家の力をもって自動車産業を育成するという官僚たちの統制経済主義の政策と、自由競争こそが強く自立した自動車産業を作るのだと主張する宗一郎の筋のとおった主張が激突する勝負になった。国家権力をもって許認可権を行使し企業を支配する官僚たちは、徹底抗戦する民間経営者の登場を予想すらしていなかっただろう。

通産省の廊下で怒鳴り、官僚たちとの膝詰め談判を要求する。こういう芸当をやってのける日本の企業経営者は、本田宗一郎ただひとりであった。大方の企業経営者であれば、大物政治家や官僚を相手にすると、闇のなかの料亭政治で解決をはかろうとするものだ。しかし本田宗一郎は、特権をもつ支配者たちが、自分たちの利益を優先した秘密交渉の結果を、大衆におしつける、そういうことが大嫌いだった。

国家を相手に闘うことになった宗一郎は、厳しい勝負になったことを自覚して身構えた。

「とにかくウチは、ウチの独自の道でやるということを、はっきりと宣言する」

と社内に単独徹底抗戦の路線を打ち出し、この年の入社式でも、実に激しい言葉で決意を表明している。

「新しい君たちが、入社しても古い考え方をするんだったら、視野の狭い見方をするんだったら、苦労を嫌うんだったら、即時に会社を辞めてもらう」

結局のところ、時代の流れが宗一郎の正当な主張を証明した。

戦前戦中の統制経済政策を踏襲するようなアナクロニズムとしか言えない「特振法案」は三度にわたり審議されが、一九六三年（昭和三八年）の第四三回通常国会で廃案となった。

後に、宗一郎は「特振法案」についてこう語っている。

「通産省には、生まれてからあのくらい癪にさわったことはなかったね。自分の商売を邪魔にすること、上から抑えつけようとしたものに対してはあくまでも抵抗したね。また民間も悪いんですね。何かあると、ひとつご指導を、とこう言う。自分の商売を官庁の人に指導されるような人はやめてもらったほうがいいな。二度暴れましたよ。あのとき私が暴れなかったら、私はそのときの通産省につぶされている」

「国のためにはどうしても特振法をやらないと工業立国ができない、ということらしかったけれど、俺は言ってやったんだよ。それは順序が逆だ。国民が幸福になるから国が栄えるんだ。戦争中じゃあるまいし、わたしゃ国のためには働かないよ。私は私の幸福のために全力をあげて自動車屋をやりたいんだ。すると今度は、合併しろという話がでた。合併しろと言うなら通産省に株主になって言ってほしい。通産省の言うことは聞かないが株主の言うことは聞きます、と言ってやった」

本田宗一郎が、藤沢武夫の周到な政治的根まわしや演出的なバックアップによって、真正面から通産官僚とやり合う一方、ホンダでは自動車メーカーとしての既成事実を作るために量産車の開発計画が全速力ですすめられていた。「特振法案」が現実となってしまったら、自動車メーカーとして名乗りをあげられなくなる。その前に自動車メーカーになってしまおうという作戦だ。

この頃、ホンダには高度な教育を受けた技術者の卵が集まるようになっていた。ホンダの元気で自由な企業活動が、本来なら他の大企業へ就職するはずの若者たちを引きつけるようになったのである。こうした若いエネルギーが、従来の職人肌の人材と融合し、強力な技術開発部隊が成長をはじめていた。

ホンダは、一九六〇年(昭和三五年)に藤沢武夫の発案で、技術開発と研究部門を独立させ、本田宗一郎が社長となる株式会社本田技術研究所を設立した。

藤沢は、研究所設立の発想は、夏目漱石の小説『吾輩は猫である』の登場人物である水島寒月が、日露戦争の激動の最中にあっても大学の研究室でガラス玉を磨いていた、というシーンがヒントになったと言っている。つまりこの研究所は、世の中の流れに影響されることなく、自由闊達、奔放に、ひたすら商品の研究を進めるために設立されたのであった。ホンダへ商品の設計図を販売するのが商売で、ホンダの総売り上げの三パーセント（その後は五パーセント＋α）で運営される完全子会社である。自由にさまざまな分野の研究開発をするためには、売れる商品を開発しなければならない会社であった。しかし六〇年後、本田技術研究所はホンダ商品全般の研究開発という歴史的使命を終え、先進的商品開発の研究所に姿と立場を変えている。

宗一郎は最初、研究所分離には反対していたが、藤沢の説得によって同意していた。そして「商品の研究は人間の研究から始めなくてはならない。研究所とは九九パーセントの失敗、一パーセントの成功をする場所で、縁の下の力持ち」と位置づけた。「人間の研究」と言うところが、本田宗一郎の真骨頂である。また、「成功とは九九パーセントの失敗にささえられた一パーセントである」は本田宗一郎が好んでつかった言葉のひとつだ。アメリカの発明王エジソンの言葉「発明とは九九パーセントの努力と一パーセントのひらめきによるものだ」からヒントを得たと伝えられるが、この言葉には官僚制度への批判がこめられている。官僚的組織の現実は、徹底したマイナス評価である。失敗を許さない。挑戦したあげくの失敗まで、能力がないと判断する。そのため上司は部下の失敗を恐れ、前例のない仕事をやりたがらない。権威や権力にすり寄り、いわゆるイエスマンが多くなる。同僚どうしで足のひっぱりあいをする。そのような組織は、挑戦的でダイナミックな新しい発想ができないと宗一郎は知っていた。だからこそ失敗は成功の始まりだと言い続けた。とはいえ組織が大きくなれば官僚制度化していく現実も知らないわけではなかった。したがって言い続けることによって、気を抜けば官僚制度化してしまう組織に歯止めをかけたかった。本田宗一郎は、人間に窮屈な生き方を強い、マイナス評価を続けたあげくに人間を卑屈にする官僚制度が大嫌いだった。

ホンダが四輪車業界に颯爽とデビューするための商品イメージが本田宗一郎のなかで固まり、最初の指示を出したのは一九六二年（昭和三七年）のはじめだった。その日、四輪の研究開発をすすめていたプロジェクトのリーダーにむかって、こう叫んだ。

「おい、スポーツカーだ！」

スポーツカーといっても、高価なフェラーリやポルシェといった金持ちの自動車マニア相手のものではない。普通のサラリーマンでも、ちょっと無理をすれば買える小型軽量の二人乗りスポーツカーである。

このイメージの出発点には「ビジネスマン向けの四輪版スーパーカブ」という藤沢武夫の発想があったというが、大衆にとって高嶺の華であったスポーツカーを、低価格で発売するところが本田宗一郎の夢だった。当時の既成自動車メーカーは、大衆車として小型セダンや軽自動車を発売していたが、それらは価格をおさえるための開発計画を第一目標とするので、高性能とはいえなかった。本田宗一郎が考えたスポーツカー開発構想は、そうした我慢をしいられる大衆車ではなく、世界に通用する本格的な小型軽量スポーツカーをお手頃な価格で大衆に提供することであった。高性能な本物のスポーツカーを日常生活で使えるものとして開発する。一部の金持ちだけが独占していたスポーツカーで走る楽しさを、多くの人たちに楽しめるようにしたい。つまりスポーツカーの大衆化路線であった。

これこそがホンダが四輪自動車の市場に打って出る恰好の商品であると宗一郎のイメージが固まった。

本田技術研究所という強力な商品開発部隊をもったホンダは、一九六二年（昭和三七年）六月に、建設途中の鈴鹿サーキットで開催された全国ホンダ・ディーラー大会で、軽トラックT360と軽自動車規格のオープン2シーター・スポーツカーのスポーツ360の試作車を限定発表した。半年という短期間で試作車の開発がすすんだのは、それまで継続してきた自動車試作研究があったからである。

お披露目運転をした宗一郎は、スポーツ360で颯爽と鈴鹿のメイン・ストレートを走り抜けた。

トラックもスポーツカーも、どちらも直列四気筒DOHCというレーシングカーなみの高性能エンジンを搭載した軽自動車だった。オートバイの販売網を持つホンダとしては、自動車ディーラーでなくとも売りやすい軽トラックと、生活を楽しくする軽スポーツカーを最初の自動車商品として企画したのである。新設計の高性能エンジンは、スポーツカーとT360トラックに共用するために開発された。もちろん、こういう思い切った発想は、本田宗一郎のもっとも得意とすることであった。

一般への発表は、その年の秋に開催された第九回東京モーターショーになった。トラックとスポーツカーを同時に発表して自動車メーカーの第一歩をしるしたのは、大衆的実用車のスーパーカブとワールドグランプリのレーシングマシンを同時に開発してオートバイメーカーの王者になった、まさにこれまでのホンダのやり方そのものであった。

翌六三年八月、ホンダ初の市販自動車となるT360軽トラックが発売された。驚くことに、これは日本初のDOHCエンジン搭載の市販車であった。エンジンを座席の下に搭載した後輪駆動のT360の最高スピードは、時速一〇〇キロ以上とカタログに記載され、最高出力三〇馬力／八五〇〇回転は、他の軽自動車セダンより断然ハイパワーで高回転であった。T360のユーザーたちは、素晴らしい加速力でスピードをあげて走るこの軽トラックにたまげた。当時のセダンをふくめた軽自動車で最速なのである。元来、地味な存在の軽トラックに、スポーツカーのエンジンを載せてしまうホンダというメーカーの出現は、大衆をアッと言わせ、その大胆な姿勢が歓迎された。世界のモータースポーツに挑戦することで鍛えあげられた高い技術を大衆の生活に還元していく。それが本田宗一郎のみた正夢であった。

スポーツ360はS500にサイズアップされ、小型自動車として翌一九六三年（昭和三八年）第一〇回東京モーターショーで発表された。三六〇ccの軽自動車から五〇〇ccの小型自動車に姿を変えたのは、「特振法案」対策の実績づくりのためでもあった。

宗一郎は、またもや強烈な情熱をもってスポーツカー開発の先頭に立っていた。高性能エンジン開発にはオートバイ・グランプリを制覇した絶対の自信をもつ技術が投入された。高回転、高馬力を絞り出す直列四気筒のDOHCエンジンには、レーシング・エンジンと同じ四連キャブレターが装着された。クランクの軸受けは宗一郎が高回転と耐久性を求めるために好んで採用したローラーベアリング組み立てクランク方式である。精密なアルミ・エンジンは、当初三六〇ccで設計されたが、後に八〇〇ccまでサイズアップすることが可能だった。このエンジンの開発獲得目標は、現代の市販高性能エンジンなみの一リッターあたり一〇〇馬力の出力であった。

宗一郎は車体構造やサスペンションまわりに細かな注文をつけることはしなかったが、ファイナル・ドライブをチェーン駆動にすると決定した。この方式を採用するとリアのトランクとスペアタイヤ格納のスペースが、ほんの数センチだが大きくとれるからだった。しかし、チェーン駆動によるデメリットも多く

展示されたS500レーシングを見る本田宗一郎。ホンダの市販スポーツカーは高性能DOHC16バルブ4気筒エンジンを搭載し、世界各地のサーキットで大活躍を演じ、若者たちの憧れを集める存在となった。

1966年(昭和41年)、報道発表用写真撮影のために、3ℓホンダF1のコクピットにすわる本田宗一郎。全世界の自動車レースを制覇するという夢にチャレンジした。左は初代F1チーム監督の中村良夫である。

出てくることになり、車内騒音の原因となる車体固定のデフ機構、重量を増やすチェーンケースが必要となり、リアのサスペンション形式は純トレーリング・アーム支持形式しか選べなかった。チェーン駆動による重量増加は大きく、車両重量が六〇キロも増えた。だが、宗一郎はあくまでもチェーン駆動にこだわった。そのことによってS500は、発進や加速時にリアがピョンと飛び上がるような挙動をみせることになり、それがこのスポーツカーのユニークな持ち味になった。このチェーン駆動は、S800にサイズアップされてからも少数継承されたが、しばらくした時点で廃止され、普通のデフとリンク式のコイルスプリングをつかったリアサスペンションに改められている。

みずから手を出し、もっとも熱心に指揮したのはボディ・デザインだった。この頃の宗一郎は工業デザイナーを自認するほど造形に凝っており、造形デザイン室で、毎日のように粘土モデルをこねくりまわし、ボディ・デザインと格闘していた。

その仕事ぶりはめまぐるしく、基本設計を変更しなくてはならないようなデザイン変更を毎日のようにおこない、その度にデザイン・スタッフと車体設計担当者は右往左往することになったが、ホンダ・スポーツは見るからにすっきりとした小粋なボディ・シルエットを獲得した。

ところが、このスポーツカーのボディカラーをめぐって、ふたたび官僚主義とぶつかることになる。

スポーツカーらしい赤や白のボディカラーをラインナップしたかったのだが、当時の道路運送車両法の保安基準規則では、パトカーの白と消防車の赤は、緊急自動車の認識を妨げるまぎらわしカラーとして許可されていなかったのである。

「世界の一流国といわれるところで、国家が色を独占している国なんかないですよ。戦争中、国防色が幅をきかせて、いい生地でモンペを作って醜くデザインすれば表彰されたような国だから、まあ無理もないけど、こんなことを続けたら、世界的に売れるクルマはいつまでたっても作れない」

ここでもまた宗一郎の主張はきわめて正当であり、結果的に白と赤のボディカラーを使うことが自由になった。信じられないような歴史的事実だが、このときから日本の自動車メーカーは白と赤のクルマを生産できるようになった。呆れたことだが、既存のトヨタや日産などの大メーカーが、色の規制に反対していなかったのである。

S500の発売を前に、ホンダは「ホンダスポーツ500価格当てクイズ」を実施した。大きな新聞広告を打ち、S500そのものを賞品にした派手なキャンペーンだった。これは特振法を意識した宣伝広告展開のひとつで、自動車メーカーとしてのホンダの存在を目立たせることと、S500の低価格をアピールすることが目的だった。クイズの当選発表は赤坂のヒルトン・ホテルで大々的におこなわれた。全国各地から五七四万通の応募があり、ほとんどは五〇万円以上と解答していた。実際のS500の価格は予想を大きく下まわる四五万九〇〇〇円であった。平均的新人サラリーマンの年収およそ二年分の価格である。

こうしてホンダは自動車メーカーとして本格的なスタートを切った。

その一九六三年（昭和三八年）、ホンダは会社をあげて創立一五周年と四輪生産開始を祝うことになったが、その祝賀イベント企画は社内公募で決定された。浜松製作所第一機械課が提案した「京都の町を二日間借り切って遊ぶ」というものであった。

予算は一億円で、全従業員七七〇〇人が二日間で使い切る計画がたてられた。このとてつもない全従業員による大宴会計画は九月二二、二三日に実施され、京都にホンダの従業員が集結した。昼間は、いくつかの劇場を借り切って三波春夫、フランキー堺、三木のり平、藤田まことなど当代一流スターのショーを楽しみ、夜は「ホンダ専用金券」を使って、軒先にホンダの提灯を下げたバーや赤提灯で一杯やり、市内三か所にもうけられた飲み放題、食い放題のレストランでたらふく食べた。二日目になると、京都市体育館で社内バレーボール大会の決勝ゲームをおこない、午後は記念式典を開催した。

記念式典で最後に挨拶に立った宗一郎は「何が起こるかぜんぜん知らなかったが、ずいぶん思い切って遊んだなー。実行委員の諸君、ご苦労様。実に愉快だったぞ」と大喜びだった。ホンダ従業員たちは、この記念式典へ移動する貸切り列車や式典会場などの掃除までやり、この大判振る舞いを締め括った。また株主には特別の二割配当、協力工場には現金支払いを実施した。

こうして市場におくり出されたホンダのT360トラックとS500は、大量生産するヒット商品とはなりえなかったが、大衆の注目を集めることになった。毎日の仕事を張り合いのあるものにする高性能の軽トラックのT360と、ごく一部の金持ちの贅沢品だったレーシング・エンジンを搭載したオープン・スポーツカーを手軽に楽しむことができるようにしたS500は、どちらも大衆車だったからである。こうした商品を生み出したホンダの企業哲学はユーザーのみならず広く大衆の心に浸透していった。

しかし、六〇年代にホンダの名を世界へ知らしめたのは、一連の個性的な市販車だけではなかった。ホンダが自動車生産を始める頃、宗一郎は再び世界のサーキットで勝負をかける決意があった。

獲得目標は、F1グランプリ・ワールドチャンピオンシップのチャンピオンである。今度は世界最高峰のカーレース制覇を狙ったのである。ライバルはフェラーリ、フォード、マセラーティなどだった。

それは世界のサーキットを舞台にした本田宗一郎の最後の勝負となった。

第18章

F1グランプリへの挑戦

一九六四年（昭和三九年）一月三〇日、ホンダは年頭記者会見を開き「前年一〇月に発売したＳ５００を二月一日よりデリバリー開始、三月一日にはＳ６００を発売する」と発表した。

同時に「今年の五月一〇日のモナコＧＰにホンダＦ１レーサーをデビューさせる」と、Ｆ１チャレンジの開始を表明した。

それまで幾度となく噂にのぼったホンダのＦ１グランプリ・デビューが、この日ようやく正式発表されたのであった。

この時代は、日本のいくつかの志のある自動車メーカーが世界のモータースポーツに挑戦を始めた時代だった。日産ブルーバードが六六年のサファリ・ラリーでクラス優勝している。しかし、国際的なニュースバリューからみれば、オートバイ・グランプリを制覇したホンダのＦ１グランプリ・デビュー正式発表の方が、はるかに注目を集めた。世界のモータースポーツ・シーンで、日本のメーカーではホンダだけが認められた存在だったからである。他の日本メーカー、といっても日産や三菱といった大資本のメーカーだけだが、それらの欧米での国際レース活動は、日本国内市場にむけてのプロモーションという意味が強かったが、ホンダは世界にむかって打って出る姿勢が鮮明で、日本は世界中の国々のひとつにすぎないと考えるインターナショナリズムがあった。「世界一でなければ日本一ではない」とする本田宗一郎の総路線は健在で、国際的な活動を続けることによって世界的存在になり、そのことをもって日本を包囲する企業戦略になっていた。官僚制度による統制経済的政策で社会を維持していた日本国内の閉塞《へいそく》的な状況を喰い破ってホンダが勢力を拡大していくためには、世界的な存在になる以外の道はなかった。

そのためにホンダがF1グランプリに挑戦する計画をすすめているというニュースは、正式発表の数年前から欧米のモータースポーツ・ジャーナリズムを賑わしていた。最初にホンダがF1グランプリに参戦すると書いたのはイギリスの『ザ・モーター』誌で、正式発表より五年も前だった。この記事は「五億円以上をオートバイGPチームに投入したホンダの無限の資本力と高度の技術水準がF1レースにそそぎこまれる日こそ――」とホンダの圧勝さえ暗示していた。

以来、イタリアの『モーター』誌が想像イラストつきで報道したり、アメリカの『ロード&トラック』誌、スイスの『オートモービル・イヤー』誌、イギリスの『オートカー』誌などが本田宗一郎への直撃インタビューを掲載してきた。欧米の自動車ジャーナリズムは、精密機械のようなマルチシリンダー・エンジンでオートバイ・グランプリを制覇したホンダに東洋的な神秘性を感じていたらしく、イタリアの『モーター』が掲載した想像イラストは、星型三六気筒エンジンが搭載されていた。このエンジンは、第二次世界大戦末期に日本の中島飛行機製作所が計画した米国本土爆撃機「富嶽《ふがく》」用に構想されたものだ。日本を飛び立ち太平洋を横断し北米大陸を爆撃した後にさらに大西洋を越えてヨーロッパの同盟国まで無給油で飛ぶという夢のような重爆撃機で、六発の星型三六気筒エンジンを搭載する計画であった。もちろん構想段階で敗戦をむかえたために、試作もされなかったエンジンである。イタリア人の自動車ジャーナリストに、この星型三六気筒エンジン構想を知っていた者がいたのだろう。そしてホンダなら、夢そのものの星型三六気筒エンジンを実現させSF小説に登場してくるようなマシンをF1グランプリに投入するのではないかと面白がった。

この星型三六気筒エンジン説は案外、信憑性《しんぴょうせい》が高いものだったらしく、スイスの『オートモービル・イヤー』誌の記者は、宗一郎へのインタビューで質問している。欧米のジャーナリストたちには、ホンダなら奇想天外なマシンを開発するのではないかという期待があった。その意味で、彼らはホンダの個性を見抜いていたことになる。このとき本田宗一郎は「八気筒か一二気筒か、また三六気筒かはご想像におまかせします。ホンダはF1をやるつもりです」と答えた。本田宗一郎は、欧米の自動車ジャーナリストのインタビューでは、いつもF1グランプリに挑戦する意志をあきらかにしていた。

しかし、まだ本田宗一郎にもホンダにも、具体的な計画はなかった。オートバイ・グランプリのときと同じく、自動車生産をするのだからF1グランプリに挑戦するという燃えるような意志があっただけである。もちろん、有言実行はホンダの原理原則であるから、実現しなければならない。だが、宗一郎自身がF1グランプリの場でホンダがやるべきことをイメージできていなかった。

そもそも本田宗一郎が、F1グランプリに挑戦する意志があると、だれか他人に表明したのは、中村良夫が入社したときの面談が最初だった。本田宗一郎のことだから、それまでもF1グランプリに挑戦すると大言壮語はしていたかもしれないが、中村良夫との面談によって、F1グランプリ挑戦の意志表明を現実的にあきらかにしたかたちだ。

中村良夫はエリート・エンジニアらしく第二次世界大戦中に従事した軍用機開発を、血なまぐさい仕事だと自覚していたが、一方では国家の運命をかけたハイテクを駆使する壮大なコンペティションだと認識していた。最高に高度な技術で開発した軍用機とりわけて戦闘機が優秀であれば、勝ち戦となって国家の運命がひらける。負ければ国家は完全に窮地に追い込まれる。それが技術の競技だというからには、必死でありながらも、どこかで面白いと思っていた技術者の自分を知っていたのだろう。もちろん中村は、外交の現実的な厳しさを認めていたが、殺し合いにすぎない戦争が好きではなかった。そのような戦争嫌いでコンペティション好きのエンジニアは、戦争中からドイツの自動車雑誌や技術雑誌を読んでは、F1グランプリへの憧れをつのらせていた。平和な時代になったとき、技術のコンペティションをやるならばF1グランプリが希望だった。高度な技術競技であっても、これはモータースポーツで、殺戮《さつりく》が目的の戦争ではなかった。旧制高校時代は水泳選手としてインターハイに出場していたスポーツマンであったから、スポーツマンシップによって争われるスポーツ競技がやりたかった。

日本の敗戦で戦争という名のコンペティションから解放された中村は、モータースポーツ活動を志向する自動車メーカーをもとめて、いくつかの自動車メーカーを渡り歩いている。母校の東京帝国大学工学部の恩師の斡旋でトヨタに入社が決まったが、その面談をうけた日に肌に合わない息苦しい空気を嗅ぎとって逃げ出した。オートバイと軽自動車を生産していた東急くろがねに入社し、技術部長としてレーシング・オートバイや自動車試作を手がけたが、会社解散のうきめにあってホンダへ入社してきた。

本田宗一郎は、日本が誇った戦闘機である零戦のエンジン・チューニングを手がけ、ジェット・エンジンの試作と試験飛行に成功したエリート・エンジニアをむかえるために短時間の面談をおこなった。そのときに中村良夫は「オートバイ・グランプリのみならずF1グランプリにも参加される意志がありますか」

と質問している。

「できるか、できないかわからないが、俺はやりてぇよ」と本田宗一郎が答えたと中村は書いている。

このひとことが、ホンダF1のスタートだった。

以来、中村はF1エンジン開発のチャンスをうかがっていた。オートバイ・グランプリを制覇し、スーパーカブの大ヒットで一躍資本金を一〇倍にし、自動車生産を開始するときこそ、チャンス到来であった。

しかしながら本田宗一郎は、ホンダがF1グランプリでなにをすべきかのイメージを固めきれてなかった。V型一二気筒エンジンを開発することには同意していた。戦後まもなく発足したフェラーリが、このV型一二気筒エンジンで最初の伝説を作ったことを知っていた。高性能エンジンを絵にかいたような、まるで貴金属の価値を思わせるV型一二気筒エンジンは宗一郎の好みである。さらに宗一郎は、このエンジンをオートバイのように横置きに搭載するアイディアをもった。欧米の一〇〇年になろうとするレーシング・フォーミュラカーの歴史のなかでもマルチシリンダーV一二気筒エンジンを横置きにしたマシンは前例がなく、これはとびきりユニークな発想だった。

ホンダがF1へ挑戦する。その噂が流れると、早くもグランプリの世界では大きな動きが起きていた。

イタリアのMVアグスタに乗りオートバイ・グランプリの世界チャンピオン・タイトルを七つも獲得した後にF1ドライバーへ転向していたイギリス人ジョン・サーティースが、ホンダのF1参戦の噂を聞いただけで、それまでのローラ・チームからフェラーリへ移籍したのである。オートバイ・グランプリ時代にホンダの猛威を、その目で見ていたサーティースは「ホンダがF1に出てくるとなると、ローラのような自社でエンジンを開発していない小さなチームでは勝つチャンスがなくなる。フェラーリのようなメーカー・チームしか勝つことができなくなるので移籍する」と語った。ホンダF1がデビューする二年も前のことである。サーティースは、フェラーリでチャンピオンを獲得した後の一九六七年（昭和四二年）に、みずからのぞんでホンダ・レーシングチームとパートナーシップを組むドライバーであった。

日本の自動車ジャーナリズムがホンダF1のニュースに関心をもつようになるのは、欧米のマスメディアが騒ぎ出し、一九六一年（昭和三六年）一二月にホンダがイギリス製F1マシンのクーパー・クライマックス（製造番号F1／19／61）を入手した以後からである。このクーパーは、ホンダのオートバイ・グランプリ・チームに所属していたライダーのボブ・マッキンタイヤ未亡人から購入したものと語りつがれている。だが、この説はあやしい。ホンダがこのクーパー・クライマックスを入手したのはマッキンタイヤがレースで事故死する以前だったことが判明したからだ。このクーパー・クライマックスは一・五リッター四気筒エンジンを搭載した旧型のマシンだったので、ホンダのエンジニアたちが技術的な参考にするほどのものではなかったが、現実のF1マシンの感触を伝えるものとして重宝がられた。

ホンダは、最初の市販スポーツカーS500を発売する以前の一九六三年（昭和三八年）八月に、スポーツ500プロトタイプで、ヨーロッパ三大ラリーのひとつであるマラトン・ド・ラ・ルート、通称リエージェ・ソフィア・リエージェ・ラリーに挑戦していた。当時すでに三〇年の伝統をもつベルギー最大のモータースポーツ・イベントで、ベルギーのリエージェをスタート地点にしてドイツ、オーストリア、イタリア、ユーゴスラビアと走り抜け、ブルガリアの首都ソフィアが折り返し地点となり、再びリエージェに戻ってくる往復合計六〇〇〇キロのグランド・ツーリング・ラリーである。この長距離ラリーの参加がホンダ・レーシングチームにとって初のカーレース正式出場になった。

だが、それは修練のレースとなった。

出場マシンはワークス・チューニングの二台のスポーツ500プロトタイプで、一台はベルギー人のコンビが乗り込み、もう一台が日本人コンビだった。ドライバーは、プリンス自動車（後に日産自動車と合併）の初代スカイライン1500で、リエージュに二年連続出場していた古我信生《こがのぶお》で、コ・ドライバーはホンダ・オートバイチームのキャプテン格である鈴木義一だった。鈴木はグランプリ・ライダーとして輝かしいキャリアがあったが、カーレースへの転向を希望して第一回日本グランプリにフォルクスワーゲンで個人出場していた。チームのマネジメントは中村良夫が数人のスタッフをまとめて担当した。

スタート前には、ヨーロッパ出張中の本田宗一郎も激励に駆けつけ、初の国際レース出場に、大いなる期待を込めていた。

しかし、スタート二日後の夜、ユーゴスラビアを走行中の古我・鈴木組が、ブラインドコーナーから出てきた対向車を避ける際のアクシデントで、道路から転落した。スポーツ500は大破し、ハンドルを握っていた鈴木義一は、胸部強打による肺内出血で窒息をおこし、病院へ向かう救急車のなかで死亡した。パッセンジャー・シートで休んでいた古我信生は、転落のショックで三本の肋骨《ろっこつ》を骨折する重傷をおった。

訃報をうけた本田宗一郎は、鈴木義一の死を悼んで泣いた。そして鈴木の妻である鈴木節子の「なきがらを見なければ信じられない」という悲痛の叫びを聞き、現地の中村良夫に「どんなことをしても鈴木義一を遺体のまま帰国させよ」と命令を出した。

中村はユーゴの日本大使館員とともに、鈴木義一を遺体のまま帰国させるための交渉に走りまわり、三日間かかって、イタリアを経由するルートを切り開いた。古典的な社会主義国家であったユーゴスラビアから、西側へ遺体を運び出し、日本へ帰国させる交渉は一筋縄ではいかなかった。中村はこの事故処理にあたって、ユーゴスラビアへのビザ切れ再入国を強行したために、同国の出入国管理法に触れて、二四時間を警察の留置所で過ごさなければならなかった。日本入国に際しては宗一郎の政治力が発揮され、すみやかに鈴木義一は無言の帰国をはたした。ホンダは立派な社葬をとりおこなった。

ホンダ・レーシングチームは、オートバイ・グランプリ制覇のときと同じように、悲しい体験から国際カーレースを学ばなければならなかった。

ホンダが正式にF1プロジェクトに着手したのは一九六二年（昭和三七年）の六月だとする説があるが、実際にはその年頭から活動が開始されていたらしい。

本田宗一郎は、またもやF1開発プロジェクトの先頭に立っていた。すべての決定権をもったスーパー・リーダーではあったが、オートバイ・グランプリ挑戦のときとはすこしばかり勝手がちがっていた。

オートバイ・グランプリのときと同じく、まずF1の現地視察に出向いた。一九六一年（昭和三六年）九月のイタリア・グランプリで、このレースでは、フェラーリに乗るヴォルフガンク・フォン・トリップスが観客スタンドに飛び込み、一四人の観客とトリップス自身が死亡する事故が発生している。だが、このF1現地視察についての宗一郎の発言は、まったく残っていない。

F1プロジェクトは、エンジン形式と仕様を決めることから始まった。

エンジンはF1エンジン中の最高馬力を狙うことになった。宗一郎は外国人記者のインタビューでは、必ず「従来のグランプリ・レーサーより強力なエンジン」とか「いかなるメーカーも匹敵《ひってき》することのできないエンジン」と言い続けてきたが、それはオートバイ・グランプリを制覇したホンダお得意のマルチシリンダー、高回転、高馬力のF1エンジンをイメージしていた。

水冷、横置き、挟角六〇度のV型一二気筒、DOHC4バルブ、ギアボックス一体構造、排気量は当時のF1規則いっぱいの一五〇〇ccというところまではすんなり決まったが、エンジンのクランク方式で宗一郎と中村は最初の衝突をした。

宗一郎は、オートバイのレーシング・エンジンで成功していたローラーベアリングの組み立てクランクを強く主張し、中村はメタルの一体クランク案であり、宗一郎案は複雑なクランク構造になりエンジン重量が重くなるので反対した。しかし宗一郎はあくまでも自説にこだわり、以後ホンダF1エンジンは、高回転では良好で、抜群の信頼耐久性があるが、重く複雑なローラーベアリングの組み立てクランクを採用することになる。ローラーベアリングの組み立てクランクがベストだと宗一郎は確信しており、そこに批判は許されなかった。

エンジンの設計は、三十一歳の中川和夫が担当した。オートバイのレーシング・エンジンを設計していた経験を生かして日本初のF1エンジンを設計することになった。

こうして試作されたF1エンジンRA270Eは、時間をかけてチューニングされると二二〇馬力／一二〇〇〇回転を発生した。これは当時のF1エンジン最高最大のパワーだった。オートバイ・グランプリを制覇したホンダには高回転、高出力エンジンを短時間で開発する技術が根づいていたのである。

エンジンの試作が終わると、このエンジンを他のF1チームに売り込むことになった。自動車生産を始めたばかりのホンダには車体をふくめたフルカーを作る余裕がなく、最初からチームを組織して未体験のグランプリ転戦をするリスクをさけたのである。オートバイ・グランプリのときには何でもかんでも日本製でやろうとした本田宗一郎は、エンジンだけを供給する活動に反対しなかった。

中村はヨーロッパへ飛び、いくつかのF1コンストラクター・チームを訪ね、ブラバム・チームとのパートトナーシップを構想して帰国したが、イギリスのチーム・ロータスのオーナーであるやり手のコーリン・チャプマンが日本まで中村を追いかけてきて、強引な交渉をおこなった。その結果、ホンダ初のF1エンジンはチーム・ロータスへ供給されることになった。新進気鋭のロータスには六三年のワールドチャンピオン・ドライバーである俊英ジム・クラークが在籍していたので、新参者のホンダにとっては夢のようなパートトナーシップが実現することになった。

ところが、チーム・ロータスからの一方的な通告で、予定されたデビュー・レース直前に、このパートナーシップは御破算になる。ロータスと提携関係にあるジャガー社の傘下にF1エンジンを製造するコベントリー・クライマックス社が入ったために、ホンダ・エンジンを使えなくなったという自分勝手な理由であった。

この報告を聞いた宗一郎は「俺は、やめんぞ」と言った。

そしてF1プロジェクトのスタッフを集めて、決意を表明した。

「我々には経験はない。しかし、我々には技術がある。私は金を問題としない。どんなに金がかかってもいいから、世界最高のF1カーを作ろうじゃないか」

窮地に陥ったときの本田宗一郎はとてつもなく強かった。割り切りが早く、即座に決断を下す。それがどんなに困難な道でも、超然と王道を歩き、必ずやり切った。

すぐさまホンダは、F1マシン開発に着手した。設計主任には二十六歳の佐野彰一が抜擢された。東京大学航空学科を卒業した若い佐野は、すこしばかり不安になったが、集まったスタッフがとても信頼できる者ばかりだったので、日本初のF1マシンの設計にとりかかった。

ここでも五十七歳になっていた宗一郎は開発の先頭に立つが、またもや強烈な頑固さを発揮する。さすがに何もかも思いどおりにはできなかったが、一旦こうだと決めてしまったことは、だれの言うことも聞かなかった。「本田宗一郎はわれわれの仕事を黙って見ていてくれた」と、オートバイ・グランプリを制覇したときの監督である河島喜好が言っているのとは、大きく異なった行動をとっている。

完成したばかりの無骨なプロトタイプを見て「何だこれは、馬鹿野郎！　犬小屋みてぇなクルマを作りやがって！」と怒鳴ったのは、素晴しく鋭い直観力の発揮だった。合理的であっても、恰好のわるいマシンはホンダのシンボルになりえない。

しかし、大きなガソリン・タンクひとつではクルマの動きでガソリンがかたよるからと一三個のゴムタンクに分割し、二六個の過剰《かじょう》な強度をもつ航空機用のジョイントで結合させたりした。これでは重量が重くなるばかりか、ガソリンを最後の一滴まで使い切ることが困難だった。これはいきすぎた完全主義であった。

航空機製造の生産技術があった伊藤忠の工場にモノコックボディの製作を依頼したときは、作業現場へ視察に出向き、専門工員たちのリベットの打ち方が気にいらず変更を命じている。

そんな強引な命令をくだす時の宗一郎の口癖は「悪いとわかっていることをどうしてやんだ！」「やってみなければ、わからないじゃないか！」であった。

ただひとつだけ、あまり注文をつけなかったのはサスペンションだった。宗一郎が自動車技術を学んだ一九二〇年代から大きく進歩し、基本構造を変化させていたのはサスペンションであった。たとえば一九二〇年代の自動車サスペンションには、最新式のガスやオイルを充填《じゅうてん》したダンパーはなく、摩擦でバネの力を制御する原始的なフリクション・ダンパーがついていた。そのような昔のサスペンションが宗一郎の基本知識であったから、最新式のサスペンションは見慣れないこともあって、理解するには時間が必要であった。サスペンション解析は、力とエネルギーの物理的な原理をふまえなければならないが、たたきあげの職人技術者である本田宗一郎は、計算による解析が好きではなかった。コンピュータで計算するよりも、見たり分解したりすれば、ぴたりと問題点を指摘することができた。しかし、こと技術にかんしては極端な理想主義者でもあったから、物理や化学の原理を超えたような指示を出すこともあった。

このような宗一郎の枝葉末節にいたるまでの過剰な完全主義や理想主義に閉口していたF1プロジェクトのスタッフは、特別な指示があっても、それが不可能なら、その目を盗んで作業を進めることが多くなっていった。

宗一郎の素晴らしい直感力で問題点が指摘され、斬新な発想によって問題が解決することは多々あったが、物理や化学の原理をくつがえすような指示にはスタッフといえども応えることができなかった。

中村良夫は本田宗一郎と議論になったとき、ニュートン力学を例に出して反論したことがある。しかし「ニュートンなんて二〇〇年以上も昔の学者じゃねぇか。そんな古いことを勉強して何になる！」と怒鳴られた。

物凄いスピードで進歩し、各専門分野に細分し、どんどんと深まっていく科学技術の世界にあって、本田宗一郎は古き良き時代の職人技術者の寂しさを感じはじめていたのかもしれない。

こうして一九六四年（昭和三九年）八月、予定していたモナコ・グランプリより三か月遅れたドイツ・グランプリで、記念すべきF1グランプリへのデビューをはたしたホンダRA271だったが、すべてが初体験であったための初期の混乱が終わっても成績は不振であった。

デビューの年は、ホンダの海外主力市場であるアメリカの新人ロニー・バックナムをドライバーに起用し、三レースに出場したが、テスト的な参戦であったために成績は度外視された。ホンダ・レーシングチームは、ドライバーも監督もスタッフも全員がF1グランプリを経験し学習することから始めたのである。監督をつとめた中村良夫は、参戦一年目の経験から、ホンダRA271の実力に手応えを感じていた。チームのマネジメントによって総力が結集できれば、勝つことができると思った。

二シーズン目の六五年は、中村が監督をしりぞき、新しいマネジメント体制でチームが組まれた。ベテランのアメリカ人ドライバーであるリッチー・ギンサーがBRMから移籍してきたので、ホンダ・レーシングチームはギンサーとバックナムで2《ツー》カー・エントリーした。これは優勝を狙ったチーム・フォーメイションのつもりだったが、ホンダ・レーシングチームは勝てなかった。

ホンダF1は、グランプリ・マシンのなかで最高馬力を誇り、直線コースでは抜群の速さをみせていたが、大きな弱点があった。本田宗一郎の意見を取り入れたエンジンは、信頼耐久性が高く高出力であったが、いかんせん重かった。そのために、いくら馬力があっても、中低速からの加速が鈍い。公道レースや複雑な中低速コーナーが連続するコースでは不利であったが、高速コースでは実力をすべて発揮すれば勝つことができるマシンであった。しかし、運とマネジメントが噛みあわず勝てない。

業を煮やした宗一郎は、F1レースの結果報告を聞くたびに機嫌がわるくなった。

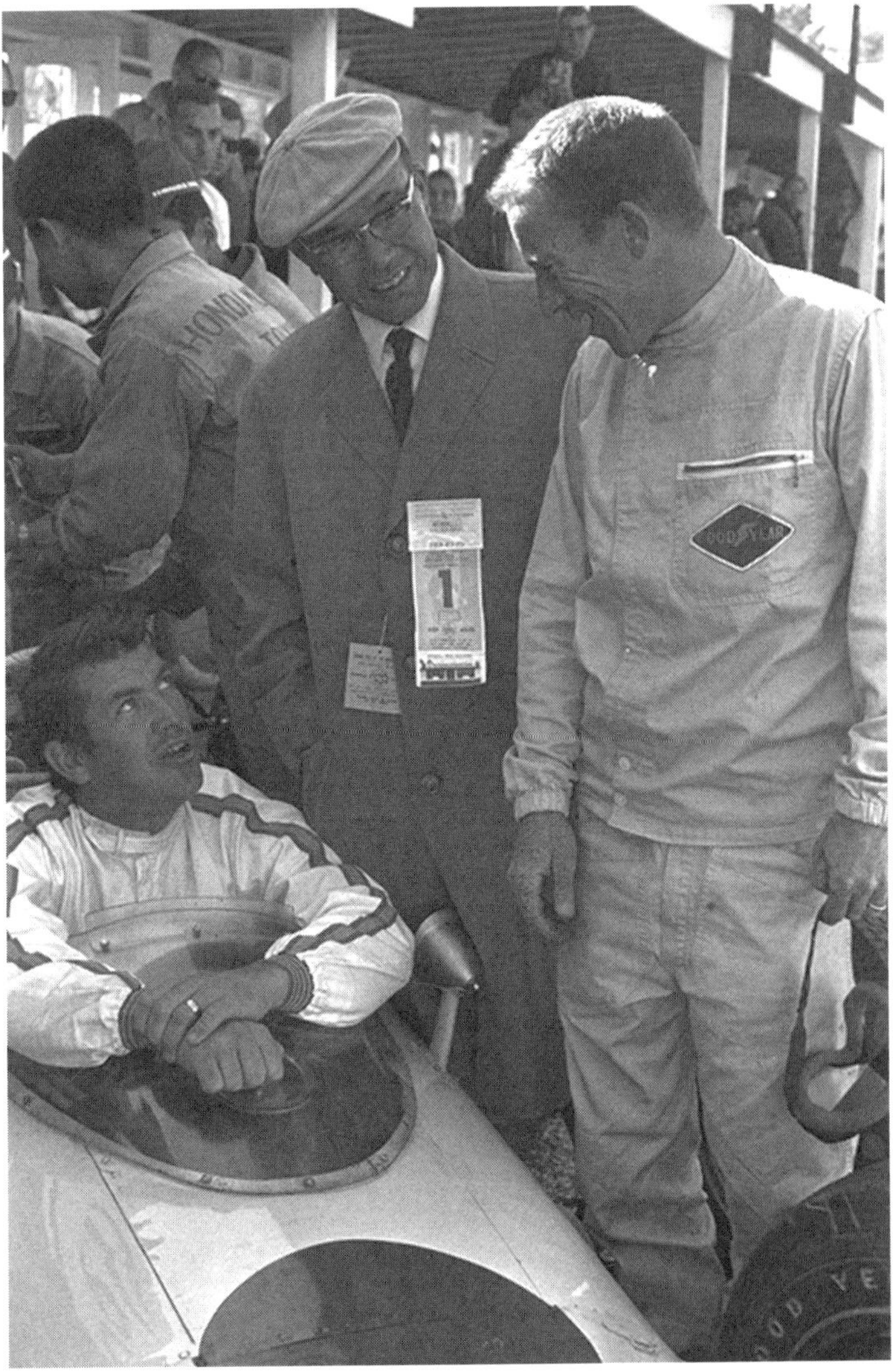

1965年のアメリカ・グランプリへ叱咤激励に駆けつけた本田宗一郎。ホンダのドライバーだったリッチー・ギンサー（右）とロニー・バックナム（左）と談笑する。宗一郎がレースに行くと負けるというジンクスどおりの結果になった。

「参加することに意義がある、なんて嘘ですよ。じゃぁ、なんで練習するんだよ。参加することに意義がないとは言わないが、参加したら勝つことに意義があるんだ」

そんな宗一郎の「必ず勝て」という強い意志は、本田技術研究所のスタッフに不眠不休の開発をもとめた。また、チーム監督を次々と交替させることになり、そのたびにチームは混乱状態になった。

「ウチの自動車が走るレースは、始めから終わりまで、身体のなかがひっくり返らんばかりにヤキモキしてきて、とてもじゃないが見ておれない」と言ってサーキットに顔を出さなかった宗一郎だったが、ついに居ても立ってもいられなくなり、アメリカ・グランプリの現場へ飛んだ。だが、それでも勝てなかった。

ホンダＦ１が最初の勝利を獲得したのは、デビュー二年目の最終戦メキシコ・グランプリだった。リッチー・ギンサーがスタートからトップに飛び出し、そのまま優勝する完璧な勝利であった。このレースは一五〇〇ccＦ１マシン最後のレースであり、翌年からはエンジン規則が変更になるので、ホンダＲＡ２７１には最後のチャンスであった。

再びチーム監督となってメキシコに飛んだ中村良夫がチーム編成を大きく改革し、マシン・セッティングを煮詰めた結果であった。中村は、ホンダ・レーシングチームを再編成して、会社の職制に関係なく、レース経験が豊富でセンスのいい者を各担当チーフに抜擢した。それからリッチー・ギンサーと話し合った。ギンサーは、長い間、ナンバー2《ツー》ドライバーとして苦労してきたために、ホンダのナンバー1《ワン》になってからはプライドが強く出てチーム活動を混乱させることがあった。そこで、ギンサーと話し合いチーム活動を円滑にしようと考えた。そして最後はエンジン・セッティングだった。メキシコ・シティの海抜二三〇六メートルの薄い空気に合わせてエンジンをセッティングしていった。中村は、ホンダのＦ１マシンは、戦闘力すべてを余すところなく発揮すれば勝てるはずだが、チームのマネジメントが混乱しているために、もてる力を発揮できないのだとみていた。その観察は当たっていた。新たなマネジメントによってチームは生き生きと活動するようになり、リッチー・ギンサーは実力を発揮して、勝った。

ホンダは、このメキシコ・グランプリの初勝利を新聞広告で大きく報告した。オートバイ・グランプリを制覇したときはあえて告知広告をしなかったが、自動車生産を開始したばかりのホンダはF1のイメージを全面的に押し出す必要があった。

本田宗一郎は、この初勝利を知ると、F1に関する対外的な発言を初めてした。ホンダ・スポーツ800の発表記者会見で、その喜びをこんなふうに語ったのである。

「我々は自動車をやる以上、いちばん困難な道を歩くんだということをモットーでやってきた。これは四輪に限らず、オートバイもそうで、輸入防止だとか、いろいろな抵抗もあったなかで、やはり、我々の技術を高めることが第一であり、輸出の原動力であると考えていた。レースであるから、勝ち負けはあるが、勝ったら勝ったで、負けたら負けたで、その原因を徹底的に追求することが大切だ。原因を追求することによって、自分たちの品物の品質を高めて、より安全な交通機関を、ユーザーに提供する義務がある。

ことに四輪は、ウチが後発メーカーだけに、技術の追求には、より真剣に取り組んだわけです。いろいろなトラブルもありましたが、これを克服して、最後に優勝をなし遂げたわけです。この間には、我々が予期しなかったような問題もたくさんあって、それをひとつずつ解決していったために、非常に勉強になった。

お客さんが、レースをやる場合には、これはあくまでもスポーツであって良いが、我々はスポーツではない。我々は、お客さんを犠牲にせずに、我々自身が犠牲者になって、いちばん安全なマシンを提供する義務をもっている。そして、やる以上いちばん困難な道を敢《あ》えて選び、グランプリ・レースに出場したわけです。勝っておごることなく、勝った原因を追求して、新車にもどしどし入れていきたい」

本田宗一郎は、ホンダのF1グランプリ活動を表現するとき「走る実験室」という言葉を好んで使った。このホンダが生んだキャッチフレーズは、中村良夫が副社長に就任していた藤沢武夫から、何か宣伝広告用にいい言葉がないかと聞かれて、とっさに考え出したものであった。「走る実験室」といえば予算が取りやすくなると思ったと、中村は言っている。

しかし、中村は、「走る実験室」という言葉がひとり歩きするにつれて、軽々しくこの言葉をつかうべきではないと批判的になった。この言葉を口に出したことさえ後悔した。F1マシンは「走る実験室」ではなく、純粋で高度なスポーツ・マシンであった。そのことをF1グランプリを転戦しながら心の底から感じとり、理解することができたからである。

もし、実際にF1マシンが「走る実験室」であったら、それはドライバーという人間を使った、レースというスポーツの場をかりた人体実験になってしまう。F1グランプリは実験の場ではなく、純然たるスポーツである。もし、実験室が競争をしたならば、それは恐ろしく不安定で危険な競争という他はない。そもそもたとえばマラソン競技を、ランニングウエアとジョギングシューズを開発するための「走る実験室」と呼ぶだろうか——。

しかも、F1グランプリのために開発された技術が直接に市販量産車に直結する時代は、完全に終わろうとしていた。たしかに自動車が発明された時代から数十年は、レースをすることで自動車技術が向上し

1964年8月のF1デビュー・レースから11戦目の1965年10月メキシコ・グランプリでホンダRA272が初優勝した。本田宗一郎が待ちに待った実力発揮の表彰台真ん中に立つドライバーのリッチー・ギンサーと監督の中村良夫。

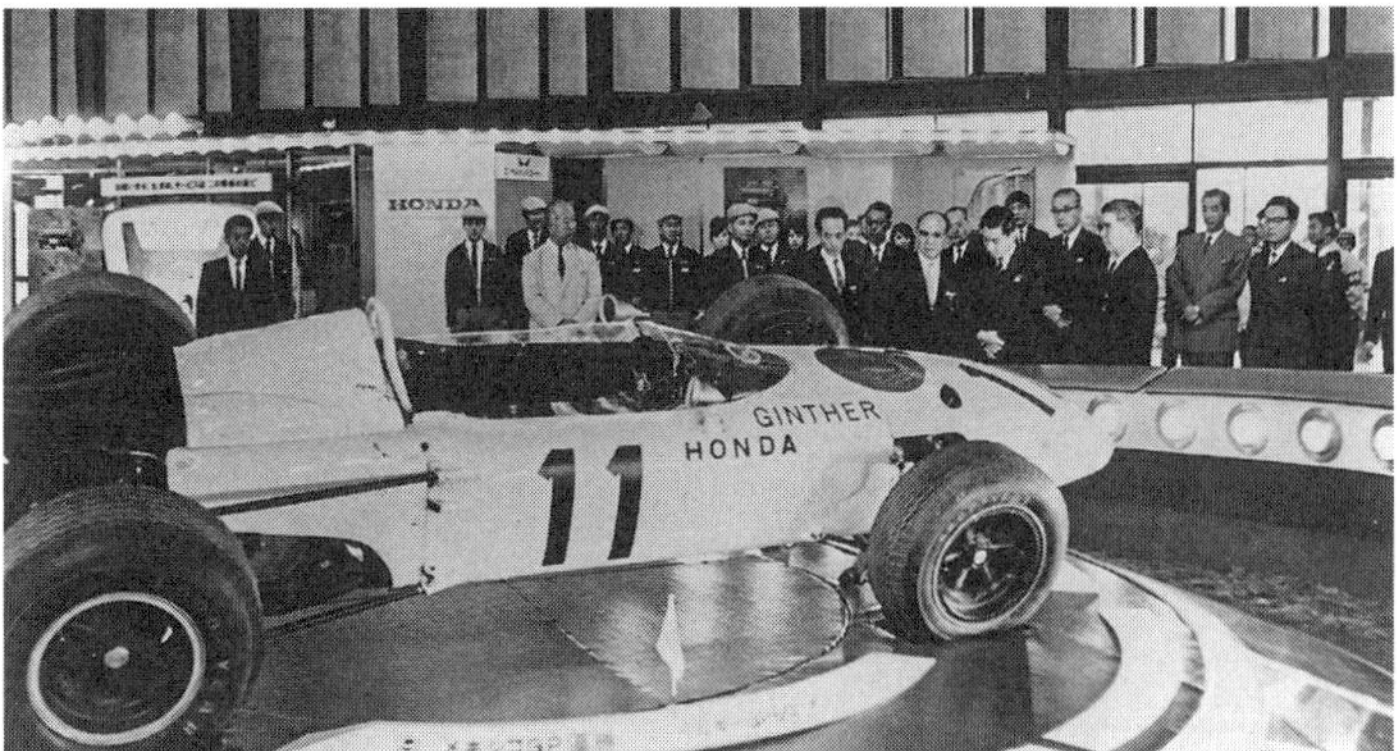

1965年の東京モーターショーに展示された優勝車ホンダRA272。本田宗一郎が説明する相手は皇太子明仁。明仁は1953年に西ドイツ・グランプリを観戦しており、天皇在位中は1991年式ホンダ・インテグラを愛車とした。

ていったことは事実だ。エンジンもサスペンション、ライトやタイヤ、オイルやガソリンまで、レースをすることで技術が進歩発展した。しかしながら、自動車が普及し庶民生活の道具となっていく時代は、市販量産車を向上させる技術と、レースで勝つ技術は、次元が異なるものになった。F1マシンは、エアコンディショナーもいらなければ乗り心地がよい必要もない。五人乗りでもなく、荷物を積むスペースもいらない。たった二時間のレースで最高性能を発揮すればよく、しかも運転するのは経験と訓練をつんだプロフェッショナル・レーシングドライバーだ。レースに勝つためだけの技術によって設計され、毎レースごとに徹底した整備や改良をうける。ところが市販量産車は、だれもが運転できて、どんな運転をしても頻繁な整備を必要とせず、安全に快適に走れなければならない。レーシングカーと市販量産車が同じ次元に存在できたのは、自動車が誕生したばかりの時代で、それははるかに過去のことであった。

自動車メーカーが積極的にモータースポーツに参加するのは、そこが技術的なチャレンジ、技術的なスポーツマンシップ、技術のフィロソフィを考え実践するにふさわしい場所と時間だからである。あるいはまた、メーカーのイメージを鮮明にさせたり、宣伝広告効果といった企業戦略の小道具になる程度のことであった。現実に、ホンダではレーシング・プロジェクトを持つことで、エンジニアの技術的経験が豊富になり、世界観が広がり、それが技術レベルを向上させ、開発時間の短縮や開発思想の質的向上ができた。

しかし、それらはF1グランプリを「走る実験室」と考える、あまりにも短絡的な方法論でえられるものではなかった。

F1グランプリは、世界最高峰のモータースポーツであり、それは市販量産車の技術開発のグラウンドではなかった。

第19章

軽自動車N360の成功

軽トラックのT360と小型スポーツカーS500で始まったホンダの自動車生産は、サイズアップとバリエーション展開をしながら、ホンダの自動車商品とは何かを模索するように成長を始めていた。

S500は発売五か月でS600にサイズアップされ、その一年後に小粋なファストバック・クーペのS600クーペを追加した。このクーペ・モデルの追加は、小型スポーツカーがビジネスマン向けのシティコミューターにならないかと考えた藤沢武夫のアイディアであった。ホンダの自動車は、爽快な走りを楽しめるが、それだけでなく仕事に役立つクルマであるべきだった。ホンダのオートバイは、そのようにして人気を得てきたのであり、その路線で大当たりしたのがスーパーカブだった。藤沢武夫は四輪版のスーパーカブと呼べる自動車を売り出したかった。

一九六六年（昭和四一年）に、ホンダ・スポーツは発売から二年で、とうとうS800にまで拡大する。本来三六〇ccで設計されたDOHC直列四気筒エンジンは二倍以上の排気量まで、めまぐるしいスピードでサイズアップされた。

エンジン・パワーを求める宗一郎は、このサイズアップを率先して推進したが、二倍以上の排気量まで拡大するのは、さすがに難しかった。エンジン設計担当者の久米是志の苦労で、どうにかこうにか八〇〇

ccのエンジンが作られた。

久米是志は、そのときのことをこう言っている。

「六〇〇ccにするあたりから苦しくなりましたが、オヤジさんがそれを八〇〇ccにしろというので、いくらなんでも無理ですよ、と言ったこともありました。ピストン・スピードも限界にきていましたから。結果的に八〇〇ccエンジンはストロークをのばすしか方法がなくて、かなりのロングストロークになった。これが限界ですよ、と言ったら、オヤジさんもさすがに、わかった、わかった、と言ってくれましたよ」

この八〇〇ccエンジンの泣きどころは、サイズアップが原因で、エンジン・ブロックとシリンダーのスリーブの間から冷却水がクランクケースに浸入してしまうことであった。このトラブルは、宗一郎の水冷エンジンに対する不信を増加させていく要因になった。

しかし、ホンダ・スポーツの急速なサイズアップは、自動車愛好家や若者たちには頼もしくも愉快なものにうつり、ホンダの技術力を強くアピールする結果となった。またS８００は、七〇馬力、最高速度一六〇キロの市販高性能スポーツカーとして、内外のサーキット・レースやタイムトライアル競技で大活躍を演じるようになり、ホンダのイメージをぐんぐんと高めていった。一九六〇年代、イギリスを拠点に国際レース活動を続けたレーシングドライバーの生沢徹は、白いS８００に日の丸をつけてヨーロッパのツーリングカーレースに参戦し、ニュルブルクリンクの耐久レースでクラス優勝する。こうしたS８００の華々しい活躍は、ホンダのスポーティーでレーシングなイメージを若者たちに強く焼きつけた。ホンダ・スポーツは大量生産のヒット商品にはならなかったが、自動車生産に乗り出したホンダ・ブランドのイメージリーダーを担うクルマになった。

一方、軽トラックのＴ３６０も、Ｔ５００にサイズアップされている。この商用車の路線は、一九六五年（昭和四〇年）に小型のステーションワゴンともいうべきコンセプトをもったライトバンＬ７００、ピックアップ・トラックＰ７００を生み出す。エンジンはＴ５００の商用車用ＤＯＨＣエンジンをサイズアップしたツインキャブの七〇〇cc五二馬力だった。Ｔ３６０で軽トラックに高性能ＤＯＨＣエンジンを搭載するという冒険的な商品開発を挑み、その延長線にＬ／Ｐ７００があった。Ｌ／Ｐシリーズも、さっそく翌年には八〇〇ccにサイズアップされたが、しかし、日本人が憧れとしたアメリカ的なステーションワゴンやピックアップの日本版を狙ったコンセプトはよかったが、あまりにも合理的なスタイルはデザイン的な魅力にとぼしく、景気低迷時期であったこともわざわいして販売実績が伸びず、苦戦している。

また第一二回東京モーターショーには、Ｌ／Ｐシリーズのセダン版である2《ツー》ドア・ハードトップセダンのＮ８００を参考出品しているが、これは発売されなかった。宗一郎は「実現できないような少女趣味の夢はみない」という現実主義であり、そのためにホンダは、モーターショーに、発売する予定のない、いわゆるショーモデルを出品しない路線を堅持していたのだが、このＮ８００は例外的なモデルとなった。

そのときホンダでは、新しい軽自動車Ｎ３６０の開発に全力を投入していた。それは圧倒的なベストセラーを記録する軽自動車となる。

翌一九六六年（昭和四一年）の第一三回東京モーターショーは、一五〇万人の観客を集め、日本のモータリゼーション開幕を宣言するものとなった。

トヨタは大衆車カローラを発表し、高級スポーツカー２０００ＧＴ、フルサイズセダンのクラウン、ミドルクラス・セダンのコロナ、国民車のパブリカと、日本的な階級的バリエーションを展開した。プリンス自動車を吸収合併した日産は、ＶＩＰカーのプレジデント、フルサイズセダンのセドリックとグロリア、日本国内レースで伝説を作ったスカイライン２０００ＧＴ、ミドルクラス・セダンのブルーバード、大衆車サニー、高級スポーツクーペのシルビア、高級スポーツカーのフェアレディと厚みのあるフルラインナップを揃え、天皇専用のリムジンであるニッサン・プリンス・ロイヤルも発表した。レーシングカーの展示も多く、国内のレースで活躍する日産Ｒ３８０Ⅱ、日野スポーツ・プロトタイプ、ダイハツ・プロトタイプＰ３、三菱コルト・フォーミュラⅢＡがずらりと並んだ。

しかし、若者の人気を独占したのはホンダのコーナーであった。そこには、ホンダＦ１・ＲＡ２７３とブラバム・ホンダＦ２がシンボルとして展示された。世界最高峰のチャンピオンシップ・レースに出場するホンダ・フォーミュラは、ドメスティック・レースを走る他のメーカーのレーシングカーにくらべると群を抜いた輝くような存在感があった。その輝けるレーシングマシンのイメージをあびるように、ニューモデルの軽自動車ホンダＮ３６０が発表展示されていた。

Ｎ３６０は、四人乗りの２《ツー》ボックス・セダンで、ボディ・シルエットは合理的ですっきりとしたスポーティーなデザインで、とても目新しかった。

フロントに空冷直列二気筒のＳＯＨＣエンジンを搭載し、フロント・タイヤを駆動するＦＷＤ（フロント・ホイール・ドライブ）方式である。エンジンとトランスミッションは、オートバイ技術を基本にしたもので、とくにエンジンは得意とする空冷４《フォー》ストロークであり、これは市販レーシング・オートバイのＣＲ77（三五〇cc）の流れをくむものであった。新しい技術といえば、なんといっても前輪駆動と操舵のシステムで、これはホンダＦＷＤ路線の原点になった。

ホンダN360は、一九六七年（昭和四二年）二月に発売され、生産のたち遅れがたたって最初の月は僅《わず》か一九二台がデリバリーされただけだったが、翌月三月には二〇〇〇台以上と一挙に台数を増やした。このためN360の正式発売は三月と記録されている。

発売三か月で、N360の人気は爆発的なものになり、ついに五月には五〇〇〇台を突破し、軽自動車月間販売台数トップの座を、名車スバル360から奪いとった。当時の軽自動車の年間総販売台数は六万台弱であったが、N360は一機種で年間一〇万台ちかくも売れた。

この大ヒットをうけてホンダでは、N360のバリエーション展開に打って出た。高性能ツインキャブ仕様、軽自動車初のオートマチック・ミッション仕様、小粋なサンルーフ仕様などを矢継ぎ早に売出し、市場の人気を独占し、四四か月にわたって連続トップ、発売四年で七〇万台を突破する大ヒット商品となった。六〇〇ccエンジンにサイズアップされたN600も発売され、積極的に輸出された。

N360は、本田技研工業の社是「世界的視野に立ち、顧客の要請に応えて、性能の優れた廉価な製品を生産する」の思想にぴたりと合致する商品であった。この軽自動車は、その社是を具現化したものだった。宗一郎は「俺はこのクルマにすべてを賭ける」と言い切ったN360開発の総指揮官であり、細かな部分まで目を配って妥協しない開発をおこなっている。N360は、本田宗一郎の考える、最良の軽自動車でなければならなかった。

たとえば、ドアを閉めるときの音まで徹底的に研究した。新車のうちはいい響きの音を出すドアでも、使っているうちに貧弱な音になってくる。これはユーザーの気持ちをがっかりさせるものだった。そこで自動的にドアを開け閉めするロボットを作り、ドアの開閉音の変化を研究した。

N360開発スタッフの心配は、宗一郎が大のFWD嫌いであったことだ。当時の自動車技術の水準では一般にFWDは登坂能力が弱点になりがちで、エンジンと駆動系をコンパクトにまとめて乗員スペースをかせぎだすというFWDのメリットを認めながらも、山の多い日本では登坂能力が重要だと指摘し、FWDに批判的であった。だが、このN360の開発中に、あっさりとFWD賛成論者へと転向していた。FWDは、小型自動車にとって、もっとも合理的な駆動方式であることはあきらかであった。とりわけて当時の軽自動車の法的な寸法規制である、全長三メートル×全幅一・三メートルのなかで、大人四人が乗るクルマを作るとなれば、FWDを採用するのは当然のことであった。問題点だった登坂能力は、技術的に解決できることで、そのことを納得した宗一郎は積極的なFWD賛成者になった。こういうときは実にいさぎよく、一度納得すれば、すべての経緯《いきさつ》を忘れてきれいさっぱりと方針転換することができた。

ホンダは、最初の四輪試作車がFWD方式を採用していたことから、若干の技術的経験を蓄積しており、技術開発はスムーズに進んだ。技術的に困難だと思われたドライブ・シャフトのジョイントも、ダブル・クロスのジョイントを開発して乗り切っていった。

開発中の最大の問題は、空冷エンジンとその周辺から発生する騒音であり、実用最低限度のレベルにおさえ込むまでに相当の努力が必要だった。

宗一郎は、またもや造形デザインに熱中し、「小さなものは大きく見えるように、大きなものはコンパクトにまとめる」というデザイン・コンセプトを設定し、粘土のモデルをこねくりまわした。細かな部分にまで徹底的にこだわり、ドア・ハンドルひとつにしても、高級車の手法だったくぼみをつけたものを採用した。デザインのスタッフは、宗一郎のイメージを現実のデザインにするために四苦八苦したが、その結果、N360は合理的で愛嬌のあるボディ・シルエットになった。

このシルエットは、イギリスのオースチン・ミニのコピーではないかと、自動車マニアたちに指摘されたが、ミニの設計者であるアレック・イシゴニス自身は「小さなクルマが似てくるのは当たり前でしょう。しかしコンセプトはまったく違う」と発言している。

また宗一郎も、オースチン・ミニを初めて見たときには「いったい、どうしてこんなクルマを作ったのかわからない。オースチンといえば、世界でも一流の自動車会社といわれているが、こんなクルマを出すようじゃヤキがまわったという他はない。わざわざフロント・ドライブにするために、エンジンを横に寝かしつけているが、これじゃ修繕するとき大変だし、だいいちこんな不格好な設計で走れるのかなという気がする」と批判的であった。たしかに初代ミニはメカニック泣かせのところがある。

もし、似ているものがあるとすれば、それは合理的で愛される小型車をめざすという自動車感ともいうべきセンスであった。後にN360を「プア・マンズ・ミニ」と呼ぶことがマニアや若者の間で流行ったが、それには卑下したようなネガティブな響きがなかった。

ひとつだけミニの影響をうけたものがあるとすれば、乗り心地であった。宗一郎はN360の開発最終段階に発売されたミニの乗り心地の良さに感動して、N360のダンパーの縮み側を必要以上に柔らかくセッティングしたがり、開発スタッフは最後の最後まで大いに苦労することになった。

こうして三年あまりの時間をかけて開発されたホンダN360は、画期的な軽自動車となった。

三一馬力/八五〇〇回転を発生する高回転エンジンは、リッターあたり八七・六馬力の高性能で、最高速度一一五キロを可能にした。〇―四〇〇メートル加速は二二秒ジャストである。燃費はガソリン一リッターあたり自社計測で二八キロ走行を実現した。それまでの軽自動車は、おおむね二〇馬力程度のエンジンで、最高速度は一〇〇キロほどだったから、N360は群を抜いた高性能だった。N360は、キビキビした気持ちのいい動きをした。高速道路でも一般道路でも、普通自動車に負けないでよく走り、素晴らしい走行性能をみせたのである。

大人四人が不自由なく座れる車内の広さは、九〇〇ccセダンの日野コンテッサと同じ居住空間があり、快適な室内空間を作るためにベンチレーション・システムが装備され、いろんな場所に大小さまざまなポケットがあり使い勝手がいい。グローブボックスの蓋を開けると、コップを置けるようになっていた。トランクはゴルフバッグが二個も入る大きさがあった。またリアのシート・バックを内側に倒すとトランク・ルームと続きになり、長さのあるスキーや釣り竿、大きな荷物を積むこともできた。

安全性についても充分に気を配った軽自動車だった。ステアリング・ハンドルの中心部とダッシュ・パネルにはクラッシュパッドがつけられ、ルームミラーも人間を傷つけにくい材質で作られており、ドア・インナー・ハンドルは突起物にならないように埋め込み式だった。フロント・ウインドウは合わせガラスで、他のウインドウも安全ガラスを使い、手動式だがウインドウウォッシャーが装備されていた。リバースギアへのシフト・ミス防止装置がつき、シートベルトのアンカーも標準装備である。これらの装備は、当時としては、よく安全性を配慮したものだった。自動車専門誌『モーターファン』での安全度チェックによれば、これまでの国産セダンはよくて六〇点といったところだったが、N360は七二点の高得点をあげている。

ボディには軽量化とデザインのために、プラスチックのパーツが大胆に使われていた。また、エンジンを下ろさずピストン交換ができるとか、エンジン、ミッション、デフが一体なのでエンジン・オイルを交換するだけで全部のオイル交換ができるといった点もセールスポイントになっていた。

そしてなにより、埼玉県狭山工場渡しで三一万三〇〇〇円という破格であった。最大のライバルである名車スバル360のスタンダードモデルが三三万八〇〇〇円で、マツダ・キャロル、スズキ・スズライト、三菱ミニカ、ダイハツ・フェローなどは軒並み五万円以上も高かった。ユニークなシルエットの軽自動車であったマツダR360のみが三一万円で、僅かに安いだけだった。

差別を嫌った宗一郎は、N360を、グレード設定がないスタンダード一本で発売した。それでもライバル・メーカーのスタンダード車では真似のできない豊富な標準装備と安全の配慮、そして高性能と、まさに割安の素晴らしい軽自動車だった。

「自動車にも製作者の人格があらわれる。フランス車は機知に富んでいるが統一性を欠く。イギリス車は堅実で常識的だが風格がある。アメリカ車は豪放だが行き届いた親切心がない。ドイツ車は地味だがほとんど完全無欠だ」と評論していた宗一郎は、N360を、本田宗一郎らしい、あるいはホンダらしい、また日本らしい、軽自動車に仕上げたのである。

N360の記者発表の際、会見に応じた本田宗一郎は、居住性、高性能、F1技術の応用などを誇らしく語ったあと、実に清々しい、驚くほど先見性のある発言をしている。それは日本のモータリゼーションの開幕を高らかに表明する言葉だった。

「これからは使っている人が誇りを持てるクルマでないと駄目ですね。それと値段だが、日本人はいままでクルマを財産と考えてきた。例えば、外車に乗っていることが、その人の地位を表してきた。そういう時代は終わりつつあるといえないだろうか。

ウチのNに限らず、軽にせよ、だれでもクルマが持てる。今後、クルマを持っているのは当たり前で、持ってないほうがおかしいという時代になれば、大きなクルマに乗ったら必ずしも偉いとは思われない」

ホンダN360は、安くていい自家用車を持ちたいと願った庶民に売れ、等身大の合理的なクルマを好む市民に売れ、速さという刺激を求める若者たちに売れた。N360が日本のモータリゼーションにもたらした最大の価値は、普通乗用車の価格に手が出ないから軽自動車を買うというユーザーではなく、N360を最適なクルマだと選び抜いて買うユーザーを輩出したことだ。普通自動車とN360の性能や価格をくらべてみて、それでもN360がいいと思うユーザーを生んだ。これは自動車のみならず日本社会の価値観を、根底のところで変化させたといっていい。

一方で、スポーティーすぎてファミリーカーにはならないとの批判も出たが、それは宗一郎を喜ばせる批判でしかなかった。ホンダのクルマはどれもこれも個性が強く、スポーツカーに負けないくらい高性能なのが当たり前なのであった。

しかし、N360には過酷な運命が待っていた。

一九六九年（昭和四四年）秋、アメリカの消費者運動家であるラルフ・ネーダーがはじめた欠陥車批判運動が、日本へも波及しユーザーユニオンが設立された。ラルフ・ネーダーたちの運動は、大企業製品の欠陥を暴き、そのことによって消費者の生活と権利を守るものであった。とうぜん高額大衆商品を売る自動車企業は標的になる。この市民運動により、特定のクルマが欠陥車であると指摘され、大きな批判キャンペーンが始まり、不買運動が起き、消費者の自動車企業不信が高まっていった。その結果、アメリカでは、商品に欠陥があった場合は自動車メーカーがすみやかに公表し、責任をもって修理をするリコール制度が生まれ、企業の社会的責任が鮮明になり消費者は安心して自動車を買うことができるようになった。消費者運動の高まりがリコール制度を生んだことで、自動車企業と消費者の信頼関係が回復したのである。

日本では弁護士や消費者運動家によって組織されたユーザーユニオンが欠陥車批判の先頭に立った。一九七〇年（昭和四五年）になるとユーザーユニオンは、各自動車メーカーの特定車種について批判を開始したが、ベストセラーであったホンダN３６０にターゲットを定めた。実際にN３６０を運転中に事故にあったドライバーを集めて調査した結果、事故の原因を「八〇キロ走行中に急に蛇行する」と指摘し、欠陥車の烙印を押した。スピードを出すとバランスを失い横転する、高速走行中に強い横風をうけると横転するなどという指摘もなされ、新聞をはじめとするマスメディアは、ユーザーユニオンの主張を大きく取り上げ、問題は国会まで持ち込まれる大騒ぎとなった。N３６０は欠陥車騒動の集中砲火をあびることになってしまったのである。

ホンダは社会的責任を自覚し、ユーザーユニオンの要求する示談に応じて問題の解決をはかろうとした。実際問題、ユーザーユニオンとマスメディアによって欠陥車の烙印を押されたN３６０は、購入契約のキャンセルが続発し、販売店にユーザーが抗議に押し掛け、大混乱が起きていたのである。決定的なダメージをうけたN３６０は、軽自動車トップの座から、あっけなくころげ落ちていった。

ユーザーユニオンのN３６０追及はさらに激しくなり、本田宗一郎を販売責任者として、未必《みひつ》の殺人の罪で東京地検に告訴し、多額の示談金を要求する大事件に発展していった。

ホンダは、ここにきて真っ正面からの反撃を開始し、ユーザーユニオンの幹部を恐喝《きょうかつ》と強請《きょうせい》の罪で逆告訴した。この幹部たちは東京地検に逮捕起訴された。

裁判は一〇年以上にわたったが、ユーザーユニオンの幹部たちが敗訴し、有罪判決を受けて、事件はようやく終わった。N360は欠陥車の濡れ衣を晴らすことができたのである。

本田宗一郎は、終始一貫して沈黙を守っていた。

これほどの重罪で告訴され裁判当事者になった以上、裁判所の判断にゆだねることしか解決の方法はなかった。

藤沢武夫もこう言って、沈黙を守った。

「台風のときに傘をさす馬鹿がいるか。相手はだれでもない、お客さんなんだ。我慢しろ。風は必ず止む。それまで耐えろ。状況はどうであれ、N360で事故を起こしたユーザーがいる。いま、ここで反論すれば、そのお客さんを責めることになる。それをしてはならない」

社是に「顧客の要請に応えて、性能のすぐれた廉価な製品を生産する」と定めたうえに、いつも口をすっぱくして「安全」を言ってきた宗一郎は、眠れない夜をいくつも過ごしていたが、ひたすら耐え忍んでいた。この苦しみを伝え聞いた母のみかは「人に迷惑をかけてお金を儲けようとするような人ではないことを、私は信じている。だから、眠れんほど苦にしたって仕様ないわと思っている」と言って息子を気づかっている。それほど宗一郎は苦しんでいた。

N360の操縦性能については「これまでF1で、どうしたらステアリングをニュートラルに保つかでさんざん苦労した。なにしろ二〇〇キロ以上でコーナーに突っ込むんだからね。FWDというのはアクセル加減でオーバーからアンダーへと傾向が大きく変わる。N360は、この変化、つまりハンドルを切りながらアクセルを踏んでも離しても、変化は非常に少なくなっている。これはF１の経験から得た技術です。この問題が解決できなかったら、ＦＷＤは出さなかったでしょう」と宗一郎は語っていた。それほどまでに慎重に開発したハンドリングである。しかも、ホンダはＮ３６０発売初期に発生したクレーム処理を徹底したサービス体制で解決し、そのために四五億円を使っていた。ユーザーに対しては充分に配慮をしてきたつもりであった。本田技術研究所ではＮ３６０の「欠陥」について徹底した調査、分析がおこなわれていた。

宗一郎には、絶対に欠陥車ではない、という確信があった。

ホンダＮ３６０には発売当初から、八〇キロ走行時でのブレーキングが若干不安定、強いアンダーステア傾向、突風を横からうけた際のヨーイング発生などの指摘が、自動車メディアのジャーナリストたちからなされていたが、これらは特性と呼べるもので、欠陥という言葉はあてはまらない。どんな自動車でも、それぞれに特性があるもので、それはアクセルが戻らなくなるとかブレーキがすっぽ抜けるといった欠陥とは異なるものであった。

裁判で技術的な鑑定人となった東京大学工学部教授は、ユーザーユニオンの主張するような傾向をＮ３６０は持っていると認めたうえで、それはＮ３６０だけの特性ではなく、法規によって設定されている軽自動車の寸法＝全長三メートル×全幅一・三メートルそのものから発生している問題であり、Ｎ３６０に欠陥があるとすることはできない。むしろ自動車交通の高速化にともなって法規を変えない国家に責任がある、と報告した。

しかし、この欠陥車騒動と裁判騒ぎは、もはや技術的な問題ではなかった。どのような議論が法廷でなされようとも、宗一郎の苦しみは解決されるものではなかった。沈黙し、耐え、裁判の結果を待つことしかできなかった。

また、宗一郎は、消費者の運動にたいして敵対する態度はとらなかった。

この欠陥車騒動の最中に来日したラルフ・ネーダーとも会談をもっている。日本の自動車メーカーの首脳のほとんどが会談を拒絶するという幼稚な姿勢をみせたが、本田宗一郎だけはネーダーと率直な意見交換をして、彼の調査アシスタントの工場視察を受け入れ、オートバイの安全問題などを話し合っている。

宗一郎が、この事件についてマスメディアに口を開いたのは、騒動が収まりつつあった一九七一年（昭和四六年）三月になってからである。

『週刊サンケイ』誌五月三日号のインタビューで「（この欠陥車事件に関して）お前たち、だらしないじゃないか、とだれかを怒鳴ったことがありますか？」と聞かれて、宗一郎はこう答えている。

「そんなこと言ったってしょうがないね。自分たちでやったことだもの。しかし、欠陥であるかどうかというのは、まだ結論が出ていないんですからね。これは過ぎ去って、振り向いてみれば、ああ、本田はあのとき我慢したな、ときっと褒めてもらえると思うんですよ。そりゃ、ウチの副社長（藤沢武夫）だって、私だって、私なんかずいぶん短気な方だけど、こと、こういうことに関しては沈黙を守りますね」

そして、こんな反省の言葉を続けている。

「お客さまに提供した製品が、お客さまに正しく安全に使われ、お客さまの利益を考えているかいないかということまで配慮しなければいけないということなんですね。これが今度のいちばん大きな反省だと思います」

そのうえで、安全運転普及本部をユーザーの利益のために新たに設置して活動を開始していると語った。

ホンダの軽乗用自動車は、この「欠陥車騒動」で手痛いダメージを受けたが、四人乗り2ドア・クーペスタイルのホンダZ、騒音をおさえた水冷エンジンのホンダ・ライフなどを続けざまに発売して盛り返し、九二か月間売られたが、その間の通算八三か月を、軽自動車月間販売台数のトップに立つという好成績を残した。

本田宗一郎は、オートバイのスーパーカブとたちならぶ、ホンダらしい四輪自動車の大ヒット商品を世に出したのであった。

第20章

Ｆ１チームの苦闘

ホンダ・レーシングチームがＦ１グランプリ三シーズン目を迎えた一九六六年（昭和四一年）はエンジン規定が変更され、排気量三〇〇〇ccエンジンによってワールドチャンピオンシップが競そわれることになった。ホンダはニュー・エンジンのＦ１マシンの開発を決定していたが、四輪開発スタッフは主業務のＮ３６０生産体制準備で手いっぱいであり、前年からスタートしていたＦ２《ツー》エンジンの開発もあって、一月のＦ１開幕戦にニューマシンをデビューさせる余力がなかった。

Ｆ２エンジンのプロジェクトは、実力派のチャンピオン・ドライバーであるジャック・ブラバムとパートナーシップを組んで進行していた。ブラバム側が車体を作り、チームを運営する。ホンダはエンジンと技術スタッフだけをサーキットに送り込むスタイルのプロジェクトであった。水冷直列四気筒、ＤＯＨＣ４バルブ、一〇〇〇ccのＦ２エンジンは、久米《くめ》是志《ただし》が主任設計者となって開発し、現場のエンジン・チーフも担当していたが、挑戦初年度の六五年はエンジン・トラブルに苦しめられている。

本田宗一郎は、Ｆ２エンジンにはあまり興味を示していなかったので、久米はジャック・ブラバムの胸を借りながら、自分自身のアイディアでエンジンを十二分に成熟することができた。ヨーロッパのサーキットを元気に走りまわるようになったブラバム・ホンダＦ２は、この一九六六年には圧倒的な強さを見せるようになり、一一連勝という驚異的な記録を樹立して、チャンピオンに輝いた。

新しいF1マンンは、九月のイタリア・グランプリにデビューさせるべく開発が始まった。エンジンは、弱冠二十六歳の入交《いりまじり》昭一郎が主任設計者となって、水冷V型一二気筒が新設計された。マルチシリンダー路線を追求した三〇〇〇ccV型一二気筒エンジンは、最高出力四〇〇馬力で、またもやF1エンジンのなかで最高のパワーがあった。

このエンジン開発でも宗一郎は、ローラーベアリングの一体式組み立てクランクにこだわって、この方式以外を認めなかった。このクランク方式は頑丈で耐久性があることは間違いないが、エンジン重量が重くなることと整備性がわるいことが難点だった。臨機応変の現場作業を必要とするレース用エンジンには不向きなクランク方式と言わざるをえない。

マシンぜんたいのレイアウトは、オーソドックスな縦置きミドシップになった。シャシー開発にも宗一郎の特異な完全主義がまたもや発揮され、ガソリンが偏《かたよ》らないために多くのガス・バッグを積込み、冷却水やオイルの配管は航空機用の部品が使われた。その結果、確かに丈夫なマシンにはなったが、車両重量を増加させた。七〇〇キロを越し、これは他のトップクラスのマシンより二〇〇キロ以上も重かった。レーシングマシンを設計する際の基本は、より軽く、より小さく作ることであり、ライバル・チームのマシンよりも四〇パーセントも重いことは致命的な弱点であった。しかし高速サーキットのレースでは、RA273の最大の武器である四〇〇馬力のエンジンを生かせば、重さというマイナスの部分をうめて、戦闘力を発揮することが可能だった。

こうして開発されたF1マシンはRA273のコードネームが与えられた。

デビュー・レースのイタリア・グランプリで、ホンダRA273は、早くもそのモンスターぶりを見せつけた。

グランプリの舞台となるモンツァ・サーキットは超高速コースで、ホンダRA273で出場したリッチー・ギンサーは、いきなり予選三位を獲得した。レースがスタートすると、エンジン・パワーを武器にして二位に浮上したが、一七周目にタイヤがバーストし、マシンはガードレールを飛び越えて立木に激突した。ギンサーはただちにヘリコプターで病院へ運ばれた。タイヤ・バーストの原因は、四〇〇馬力のハイパワーと重い車両重量にタイヤが持ち堪《こた》えられなかったことである。F1マシン用のタイヤは、車両重量およそ五五〇キロ、エンジン・パワー三六〇馬力程度のマシンを想定して作られたものだった。

六六年シーズンのホンダRA273は、イタリア・グランプリの後のアメリカ、メキシコの二レースに、リッチー・ギンサーとロニー・バックナムの二台がそろって出場した。最終戦メキシコでは四位に入賞し、三〇〇〇ccF1グランプリでもホンダ・エンジンの大パワーが健在であることを証明した。

このシーズンが終了する頃、研究所で自動車開発のマネジメントを担当していた中村良夫は、副社長となっていた藤沢武夫から、F1グランプリ活動予算の縮小を命じられた。具体的な予算金額を提示されたわけではないが、半分以下でやれないかというニュアンスがあった。

藤沢は、自動車生産が軌道にのるまでF1グランプリ活動を中止したいと考えていたが、それは本田宗一郎が納得できる計画ではなかった。

すでに宗一郎は、アメリカ・ホンダの招聘《しょうへい》で、アメリカ伝統のフォーミュラカー・レースであるインディアナポリス五〇〇マイルを視察しており、調子にのると「F1とインディの両方を制覇したっていいんだ」と発言し、最終目標は世界中の大レースを制覇することだと言い続けた。Ｆ１グランプリの一勝とＦ２の一一連勝をもって、一定程度の勝利を得たからと、世界的なレース活動をやめるつもりはなかった。最高峰のＦ１グランプリでチャンピオンをとらなければ、やめるにやめられない。本田宗一郎には、圧倒的に勝って世界を制覇する以外の終結方法がなかった。

中村は、半分以下の予算でグランプリ・チームを運営する方法として、ロンドンにチームの本拠地を置くことを考えた。イギリス人ドライバーのジョン・サーティースから、パートナーシップを組もうと積極的なアプローチを受けていたからだ。

ジョン・サーティースは、ＭＶアグスタでオートバイのワールドチャンピオンになった後にＦ１グランプリに転向したドライバーで、フェラーリに乗ってＦ１チャンピオンを獲得し、モータースポーツ史上唯ひとりの二輪、四輪のワールドチャンピオンであった。ホンダ・レーシングチームの活動をオートバイ時代から高く評価していた。この頃は、エンツォ・フェラーリの取り巻きのイエスマン連中に嫌気がさしてフェラーリを飛び出し、クーパー・マセラーティＶ12でグランプリに出場していた。

ロンドン郊外のスラウに自分のチームとワークショップを持っており、イギリスの有名なレーシングカー・コンストラクターであるローラ社と密接な業務提携関係にあった。

中村がロンドンにチームの拠点を構えようと考えたのは、チーム・サーティースのチーム・マネジメントとすべての整備作業サービス、ローラ社の専門工場とマシン開発機能が使えるという条件をサーティースから提示されていたからである。

予算半減を藤沢武夫から言い渡されていた中村は、Ｆ１グランプリ活動を継続することが重要だと考えていた。トヨタや日産などの大メーカーが牛耳《ぎゅうじ》る国内市場に食い込むことも大事だが、ホンダは世界中を市場とすることで成長すべきだというのが基本戦略であった。そのためにもＦ１グランプリ活動はかかせない外交活動になる。ホンダのエンジニアもグランプリ活動のなかで国際的なレース経験を積み、それを糧としてトヨタや日産にないホンダ独自の市販車を開発できる。なかんずく中村の心中には、世界チャンピオンを獲得できる可能性が高くなるという読みがあった。これまでのグランプリ活動の経験から、戦略さえしっかりしていれば勝てるのだと考えていた。戦略のかなめはレースに勝ちうるマシンを開発することだった。本田宗一郎はホンダＦ１を究極の理想のマシンと考えていたが、中村はちがった。ホンダがもつ技術力を勝利するために構築したものがＦ１マシンなのである。それは本田宗一郎の理想主義の芸術家のような考えとくらべれば、無駄のないプロフェッショナリズムであった。

中村良夫はホンダの技術をもってすればＦ１グランプリを制覇できると考えていた。しかも、サーティースと組むという大きなチャンスがきていたのだ。だからグランプリ活動を継続したかった。

ホンダ・レーシングチームにはタイヤやオイル、ガソリンの各メーカーがスポンサーになっていて、これらのスポンサー料を予算のなかに組み入れて総予算をはじいてみると、サーティースとパートナーシップを組めば、ホンダの予算が半減されてもマシンを製造し、チームを運営する見込みがたったのである。

中村はサーティースと組むことを決意し、藤沢武夫の了承を取り、宗一郎に報告した。

「ほう、サーティースと組むのか」

宗一郎はそう答えた。

こうしてホンダはロンドン郊外のスラウにホンダ・レーシングチームを設立し、中村はチーム・マネジャーとしてロンドンに駐在し、再び本格的にグランプリ・チーム活動を開始した。チームの拠点をロンドンにおき、本田宗一郎のいないところでF1マシンを開発する余地ができた。中村は本田宗一郎の目を盗んだことになっても、勝てば許されると考えていた。

だが、この新体制は、本田宗一郎とF1グランプリの距離を引き離すことになり、思いもよらない混乱の原因になっていくのだった。

ホンダ・レーシングチームは、一九六七年（昭和四二年）のシーズン前半を旧型のRA273で戦うことになった。ドライバーはジョン・サーティースひとりで、したがってエントリー台数は一台である。

第一戦の南アフリカ・グランプリでは、予選六番手からスタートし三位に入賞する幸先のいいシーズン開幕レースをやった。しかし、その後はサーティースの手腕で予選上位につけるが、マシン・トラブルでリタイアするレースが三戦続いた。第五戦のフランス・グランプリは、エンジン供給が間に合わなくなり不出場となった。

その間、第三戦のオランダ・グランプリでロータス・フォードDFVがデビューし、華やかにデビュー・ウインを飾ってみせた。フォードの資本でコスワース社が開発したV型八気筒のDFVエンジンは軽量コンパクトで、三八〇馬力を発生した。ホンダのRA273はチューンアップをうけて四二〇馬力を得ていたが、ロータス・フォードの出現は脅威であった。ホンダRA273は重かったが、高出力のエンジンによって、パワー・ウエイト・レシオだけはトップクラスだった。パワー・ウエイト・レシオとは、車両重量をエンジン・パワーで割ったもので、一馬力あたりの車両重量をしめす数字である。この数字がちいさいほどいいのだが、ホンダの場合は、重い車両重量をエンジン・パワーでカバーして数字をちいさくしているものだった。強力なエンジンをもたないライバル・チームを相手にしているときは、これでよかった。しかし、軽量で強力なエンジンを搭載したロータス・フォードのパワー・ウエイト・レシオはホンダのそれを大きく上まわっていたのである。つまり軽い車体にパワーのあるエンジンを搭載していた。

新しいホンダF1エンジンがロンドンに届くと、サーティースは調子をとりもどし、第六戦イギリスで六位、第七戦西ドイツでは四位と連続入賞をした。

中村は、ここで一気に勝負に出た。ロンドンで、軽量の車体を製作する計画を立てたのである。日本の研究所から車体設計の佐野彰一が呼ばれ、ローラ社との共同プロジェクトが組まれた。短期間で車体ぜんたいを新しく設計製作するのは無理なので、ローラ社の市販インディカーであるT90をベースにすることになった。

ホンダ・レーシングチームは第八戦のカナダ・グランプリを欠場して、ニューマシンの製作に集中した。日本の研究所ではチタン部品だけを作り、その他の部品のほとんどをイギリスで作り、マシンが組み立てられていった。その結果、新型車のRA300は、RA273よりも六〇キロの軽量化に成功した。

そして第九戦のイタリア・グランプリに、ホンダ・レーシングチームはニューマシンRA300をデビューさせる予定を組んだ。中村は飛躍の願いを込めてコードナンバーを273から一足飛びに引き上げて300にした。

モンツァ・サーキットのパドックにRA300が現れると、さっそく口さがない記者連中から「ホンドーロ」とか「ホンドーラ」というニックネームがつけられた。ホンダとローラの合作という意味である。ボディ外観にはローラT90のシルエットが残っていたからであった。

イタリア・グランプリは、F1グランプリ史上に残る迫真のレースになった。

スタートからダン・ガーニーのイーグル・ウェスレークV12が飛び出しトップに立つが、コンロッドを折ってリタイアする。かわってトップにたったのはジム・クラークのロータス・フォードだが、クラークはタイヤ・パンクでピットインし、次にレースをリードしたのはグラハム・ヒルのロータス・フォードだったが、これもまたエンジン・ブローでリタイアした。

次々とトップが入れ替わるなか、サーティースとホンダRA300は、セカンド・グループを走りながらチャンスをうかがっていたが、ジャク・ブラバムのブラバム・レプコがトップにたつと、二位につけた。そして、じわじわとブラバムを攻めはじめた。

後方から、タイヤを交換したジム・クラークが追い上げてきた。ブラバム、サーティース、クラークと三人のチャンピオンが順位を入れ替えながらレースの終盤戦が展開されていく、素晴らしい勝負になった。

そして三人が接近戦で争ったまま、最終ラップへ突入したのである。

五万人の観衆がどよめき、グランド・スタンドの観客は総立ちになって最終コーナーに注目した。そこへ場内アナウンスが、ジム・クラークがスローダウンしたと伝えた。ガス欠であった。となれば最終コーナーをトップで出てくるのは、ホンダかブラバムのどちらかである。

中村は、そのとき、白いマシンがグリーンのマシンを従えて、最終コーナーから疾走してくるのを見た。信じられない気持ちであった。

ホンダRA300をあやつるサーティースは、最終コーナーでブラバムを追い抜いてトップに出たのだ。ブラバムのブロックのうまさには定評があった。ぜったいに抜かれない巧妙さと狡猾な粘りがあった。そのことはサーティースもよく知っていた。だからサーティースは、最終コーナーにこぼれていたオイルに勝負をかけた。ここを通過するとき、一瞬だが、ブラバムはタイヤをとられて滑る。その動きを予測して、サーティースはブラバムを抜いた。最終コーナーからのたちあがり、直線での加速勝負を、ホンダ・エンジンの大パワーにものを言わせて、サーティースは疾走した。

ホンダＲＡ３００が勝った。鮮烈なデビュー・ウインだった。

興奮したイタリアの観客がコースになだれ込み、サーティースを胴上げして表彰台まで運んだ。中村は押し寄せる群衆からマシンを守るので精一杯だった。たまたま観戦していた日本の代議士が、日の丸を振りまわして、馬鹿でかい名刺を配って歩いた。

本田宗一郎は、このＦ１グランプリにおける二度目の勝利に関してなんのコメントも発しなかった。やればできる、と中村良夫は、あらためてそう思った。そして、さらに大胆なマネジメントを実行した。日本からエンジン設計の久米是志をロンドンへ呼び、ニューエンジンの設計を開始したのである。

そのエンジンは、本田宗一郎が主張して譲らないローラーベアリング組み立てクランクではなく、プレーンベアリングの一体クランクを採用した、軽量でコンパクトなＶ型一二気筒であった。中村は、このニューエンジンを、同じくロンドンで設計していた新しい車体に搭載したニューマシンＲＡ３０１で、翌六六年のワールドチャンピオンを獲得する計画を立てた。

しかし、新しいエンジンの設計図をもって久米是志が日本の研究所に帰ると、本田宗一郎はそのＶ型一二気筒エンジンの製作を許可しなかった。

そのかわりに、空冷のＦ１マシンを設計開発せよと命令を下した。

1966年からF1の3リッター時代が始まるとホンダはV12エンジン搭載のRA273を開発した。F1エンジン最大の馬力を誇り、1967年シーズンまで10レースに出走したが、車両重量が重く苦戦をしいられ、優勝できなかった。

1967年のイタリア・グランプリで優勝したジョン・サーティースとホンダRA300。イギリスとのローラ社と共同で開発した車体でエンジンの実力を発揮した。2位とのタイム差が0.2秒というF1の歴史に残る名勝負だった。

本田宗一郎は空冷エンジンの夢に取り憑かれていたのである。

「俺は空冷で世界を制覇したのだ」と世界一のオートバイ・メーカーの創業社長である宗一郎は言った。

そしてこう続けた。

「第二次世界大戦中、ロンメル将軍が砂漠の戦いを有利に進めたのは空冷エンジンのジープ《ママ》を使ったからだ。対戦する英国軍は水冷のジープ《ママ》だったから水のある場所を中心に作戦を立てたが、ロンメル将軍は空冷エンジンのジープ《ママ》だったからガソリンとオイルさえ持っていれば、どこでも走れる。神出鬼没なんです」

「カナダとかオーストラリア、ソビエト、ああいう大陸を冬に走ってごらんなさい。途中でラジエーターホースがひとつゆるんでも、エンコしてしまったらおしまいです。水冷エンジンはラジエーターの水で室内の温度を上げておりますから、水がなくなったら凍え死んでしまいます。砂漠だったらミイラになる」

「東名ハイウエーを飛ばそうという時に、水冷エンジンは、ガソリンを見て、オイルを見て、ラジエーターの水を見るということになるが、私のようなベテランで何十年と運転していたって、水くらいと思っているから、水なんて見ない。それで途中で吹かれてしまう」

結論は見事なほどシンプルだった。

「水冷エンジンだって、結局、水を媒介とした空冷なんであって、エンジンというのはすべて空冷なんだ。間接空冷か、直接空冷かということなら、直接空冷がいちばんいいんだ」

こうして本田宗一郎は、ホンダのエンジンをすべて空冷にする方針を決定したのである。

ホンダの技術陣は大いに戸惑った。たしかに水冷エンジンは水漏れのトラブルが多かった時代だ。走り出す前に必ず水の点検をすることは当時のドライバーの常識であった。空冷エンジンであれば、そんな問題は起きない。しかし、軽自動車の三六〇ccエンジンならともあれ、小型自動車用の空冷エンジンを開発するのは、熱量が増えることからも非常に困難であった。しかも、目前にせまってきていた低公害エンジンの開発は、熱のコントロールがしやすい水冷エンジンでなければ不可能だった。ホンダのエンジン技術者たちは逃げ場を失い、崖っぷちに立たされた。

だが、宗一郎は空冷エンジンに関しては、ひどく頑固だった。それまでも頑固な面はあったが「素直にものを見る」「自分の考えに固執しない」「ダメと思ったら即座に方向転換せよ」といった驚くほど柔軟な姿勢をみせることがたびたびあった。しかし、空冷エンジンを語るときの宗一郎は、ただひたすら依怙地《いこじ》になって、その信念を貫き、一歩も譲らなかった。

この年、本田宗一郎は六十歳になっていた。この元気な男も還暦を迎えたのである。

ホンダの幹部技術者のある者は、空冷エンジンを搭載した軽自動車ホンダN３６０の大ヒットが宗一郎の信念を支えているのだろうと考えるしかなかった。また、別の幹部技術者は、だれか使嗾《しそう》する者がいるのではないかと考えた。それほど急激に宗一郎が主張する技術思想が変化したと思ったからである。

ホンダでは、N３６０に続く小型車の開発に入っていたが、後のシビックにあたる水冷四気筒エンジン・セダンの開発が中止され、H１３００と呼ばれる空冷一三〇〇ccエンジン・セダンの開発にとってかわられた。

そこで本田宗一郎は、自然空冷エンジンでF１マシンを作るのだと言い出したのである。ホンダの自動車のすべてを自然空冷エンジンにするのだから、とうぜんF１も同じ空冷エンジンでなければならない。

皮肉なことにかつて宗一郎は、アメリカの『ロード&トラック』誌のインタビューに答えて、空冷F1エンジンを否定している。

「もし、オートバイのように空冷方式にすると、コンパクトにまとめるのが不可能になる。これからのレーシング・エンジンは、フロント・スペースを小さくするために、できるだけコンパクトなエンジンにしなければならない」

しかし、いまや、本田宗一郎は取り憑かれたように、空冷エンジンにこだわっていた。

「まぁ、小型自動車を出す以上、またホンダがやったかというようなものを出すつもりだけどね。エンジンの根本から変えるつもりだから。発表すれば、まだこんな考え方が残っていたのかということで、大騒ぎになると思うね。ぜんぶF1を通じて考えたことです。来年のモナコからレースに間に合わせるように、その機構を取り入れたF1を、いま設計しているところだけれど、これが出れば革命的なエンジンということで、きっと世界の話題になるね。F1なら、走る実験室として、思うぞんぶん試せますからね。その結果が良ければ、実用車に取り入れようという計画です。もちろん、ロータリーエンジンじゃないからピストンもバルブもありますよ」

空冷エンジンのF1マシン開発、それは不可能な命令だった。

第21章

走る実験室

ホンダのエンジン技術者たちはあらんかぎりの技術を駆使して、空冷V型八気筒エンジンのF1マシンであるホンダRA302を開発した。

この夢の塊《かたまり》のようなマシンは、一九六八年（昭和四三年）六月二九日、羽田国際空港前の東急ホテルで、早朝に緊急記者発表され、ただちにロンドンのホンダ・レーシングチームへ空輸された。

問題の空冷エンジンはDOHCで、冷却ファンやオイル・クーラーを装着していない、まさに走ることで冷却する自然空冷エンジンだった。

空冷エンジンのF1マシンは、一九六〇年代前半にポルシェがトライしていたが、さすがのポルシェも自然空冷ではなく、お家芸である大型冷却ファンをもった強制空冷の一五〇〇cc水平対向エンジンであった。油冷と呼んでいい大型のオイルクーラーを装着していた。またフェラーリも小型の2ストローク自然空冷エンジンを四基搭載したF1マシンを構想したことがあったが、それは計画だけで終わった。

ホンダRA302は、史上初の自然空冷エンジンのF1マシンであった。

美しいウエッジ・シェイプの前衛的なF1マシンだった。そのスタイルは、それまでの葉巻型のF1とはあきらかに異なるジェット戦闘機型になった。主任設計者は一五〇〇ccのF1を手がけた佐野彰一だった。F1プロジェクトの仲間たちと相談して、このRA302を近未来のF1マシンとして設計することにした。自然空冷エンジンのF1が、まともに走るわけがないと佐野たちは考え、だとしたら思いきり理想的な車体を設計してみようと思ったのである。ボディの材料は、通常はアルミニウムをつかうものだが、RA302にはさらなる軽量化を狙ってマグネシウムが選ばれた。フロントにラジエーターがないため、コクピットは前方寄りに位置する。このレイアウトは、一〇年ほど時代を先駆けるものだった。

特筆すべきは自然空冷エンジンのクランクが、宗一郎が絶対にゆずらなかったローラーベアリングの組み立て式ではなく、プレーンベアリングの一体式であったことだ。エンジン仕様も、それまでのマルチシリンダーV型一二気筒ではなく、大きなバンク角をもつV型八気筒であった。そうした基本構造の大幅な変更からは、自然空冷F1エンジンができるなら、ホンダの伝統的な技術を捨ててもかまわないという宗一郎の強い決意が見てとれた。

しかし、冷却の問題は、まったく解決していなかった。

シリンダーヘッドにもブロックにも、細かなフィンがつけられ、風を当てる面積を広げていたが、四三〇馬力／九五〇〇回転のハイパワー・エンジンを冷やすことはできなかった。クランク・ルームにも風を入れ、遠心分離機でオイルと空気を分けて、空気だけを吐き出すという複雑なシステムが開発されたが、それでも冷却性能は不足していた。しかし宗一郎は、オイルクーラーを取りつけることさえ許さなかった。あくまでも自然の風でエンジンを冷却させろと、それは絶対的な命令であった。だが、RA302のエンジン設計担当者たちは、密かにオイルクーラーのシステムをこしらえていた。そのシステムを持ってロンドンへ飛び、宗一郎の目が届かないところでオイルクーラーを装着しようと考えていた。

このホンダＲＡ３０２こそ、まぎれもない「走る実験室」そのものであった。

本田宗一郎はＲＡ３０２ができ上がると、すぐさまＦ１レースに出場させろと言い出した。予定していたモナコ・グランプリには間に合いそうもなかったが、一刻も早くグランプリにデビューさせるのだと言い続けた。

ＲＡ３０２は、組み立てあがるとすぐに荒川の直線テストコースを試走しただけで、羽田国際空港に運ばれ、あわただしい記者発表をすませて、そのままロンドンへ空輸されたのである。

ロンドンの中村良夫は苦しんでいた。空冷ＲＡ３０２の開発に時間と人材を食われ、このシーズンの本命マシンであるＲＡ３０１のテストが不足していた。そのために実戦で次々とトラブルを発生させて勝つチャンスを潰していたからである。このシーズンこそチャンピオンを狙っていたので、ＲＡ３０２がロンドンに運ばれてくると、ますます憂鬱になった。ＲＡ３０１の成熟を急ぎたかったので、ＲＡ３０２はお荷物以外の何物でもなかった。

本田宗一郎の絶対命令を無視することもできないので、ロンドン郊外のシルバーストーン・サーキットでＲＡ３０２の本格的なテストを開始した。名手サーティースがドライブしても、冒険的な自然空冷エンジンはすぐにオーバーヒートしてしまい、オイルを吹き上げ、まともには走らなかった。

オーバーヒートを起こす前のＲＡ３０２は、鋭い加速をみせ、シャープなハンドリング傾向で、ニューマシンらしい溌剌《はつらつ》とした動きをみせた。しかし、オイルクーラーを装着しても、冷却システムはあきらかにキャパシティ不足で、二、三周で絶望的なオーバーヒート状態になり、オイルを吹き出した。

「走らないのだから、マシンと対話することができない。対話ができなければ、セッティングができない。

私の知識と経験では、このマシンをレースで走れるようにセッティングすることは困難だと思う」

ＲＡ３０２から降りたサーティースは、率直な感想を語った。

結局、中村とサーティースは、このＲＡ３０２をレースに出すのは不可能だと判断した。それはグランプリのスポーツマンたちの当然の判断だった。ほんの数周で激しくオーバーヒートし、オイルを撒《ま》きちらすエンジンで、満足なマシン・セッティングさえできない。そんなマシンは危険きわまりないものであった。Ｆ１グランプリは、不安定なマシンを走らせる実験室ではないのだった。

しかし中村は、宗一郎の絶対命令にしたがって、ホンダ・レーシングチームのナンバー2ドライバーであるデイビッド・ホッブスを起用して、空冷ＲＡ３０２を七月七日のフランス・グランプリ主催者へエントリーの申し込みをした。ドライバーのホッブスに充分な説明をして、走らないマシンで危険性が高いことを納得させた。走ったとしても、どのみち二、三周でオーバーヒートして、リタイヤせざるをえない。

ところが、エントリー締切りを過ぎていたために、主催者のノルマンディ自動車クラブが参加申し込みを受理しなかったのである。中村は、仮にエントリーが認められても、最初から決勝レースを走らせる気はなかった。レースのスタートを切れるかどうか、それすらわからないマシンだ。予選で走れば、話題にはなるので、それで本田宗一郎もある程度は満足するのではないかと考えていた。エントリーが受理されなかったことは、むしろ幸運だと思った。

そんな頃、スイスを訪れていた宗一郎からロンドンの中村に電話があった。中村が「ＲＡ３０２を予選でデモンストレーション走行させるのはどうか」と提案すると「俺はそんなことを言っているんじゃない！」と宗一郎は怒鳴って電話を切った。

RA302のエントリーが受理されなかったことを知った本田宗一郎は、フランス・グランプリにはどんなことをしてでも出走させろと、あらためて研究所に命令した。

社長の絶対命令はフランス・ホンダへ伝達された。

フランス人のベテラン・ドライバーであるジョー・シュレッサーに、モータースポーツ専門誌『スポルト・オウト』の編集長であるジェラール・クロンバックから電話があったのは、六月下旬のことだった。クロンバックは言った。

「ホンダがフランス・グランプリにニューマシンをデビューさせるためにフランス人ドライバーを探しているので乗ってみないか」

四十歳になっていたシュレッサーにとって素晴らしいチャンスだった。プロドライバーになってから八年目にして、初めてトップ・チームから誘いをうけた。

RA302をフランス・グランプリにエントリーさせろ、という社長命令をうけたフランス・ホンダでは、四輪部長だったジャンピエール・ベルビーがこの件を担当することになった。ベルビーは二十八歳の有能なビジネスマンで、モータースポーツの熱狂的なファンだった。

ただちにベルビーは、フランス・グランプリの主催者であるノルマンディ自動車クラブとRA302のエントリーについての交渉を開始した。ホンダからのエントリーを一度は拒否したノルマンディ自動車クラブだったが、交渉上手なベルビーは、フランス人ドライバーを乗せるという条件を提示して懐柔し、エントリー申請を受理させてしまった。

ベルビーは、友人であるジャンピエール・ベルトワーズをＲＡ３０２に乗せようと考えた。二十九歳のベルトワーズは、オートバイ・レースで名をあげてカーレースに転向してきた売り出し中のフランス人Ｆ２ドライバーだ。ベルビーがベルトワーズに話をもちかけてみると、すでにフランスのマトラ・スポールとＦ１ドライバー契約を結んでいるので、ホンダには乗れないことが判明した。

次にベルビーが候補にあげたのは、プライベートのローラ・ＢＲＭでＦ２レースに出場していた二十八歳エリック・オッフェンスタッドだった。オートバイ・レースにも出場していたドライバーだが、彼が候補にあがったのは、この年からフランスで販売を開始していたホンダＮ３６０のディーラーを経営していたからである。ベルビーから電話で話を聞いたオッフェンスタッドは、ふたつ返事でＲＡ３０２のドライブを了承した。

ノルマンディー自動車クラブは、オッフェンスタッドをホンダＲＡ３０２でＦ１グランプリに出場させるというフランス・ホンダの提案について、アドバイサーのジェラール・クロンバックに意見を求めた。クロンバックは、一九六三年にホンダＦ１エンジンを搭載するチームをもとめてヨーロッパへやって来た中村良夫の水先案内人をつとめたことがあり、ホンダ・レーシングチームと懇意にしているジャーナリストであった。つまり自然空冷ホンダＲＡ３０２が、どのようなマシンであるかを正確に知っていた。

クロンバックの意見は、こうだった。

「気をつけた方がいい。オッフェンスタッドは大排気量のマシンに乗った経験がない。適任のフランス人ドライバーはジョー・シュレッサーだ。彼はル・マンで七〇〇〇ccのフォード・マークⅡ《ツー》にも乗っているし、充分な経験を積んでいるドライバーだ」

あわただしいドライバー選びの末、ジョー・シュレッサーが抜擢された。

ジョー・シュレッサーは、一九二八年（昭和三年）、フランス・リューヴィルで生まれた。子供の頃から機械が好きで、空軍でアフリカ勤務の兵役を終えると、会計機械製造のフランスのバロース社に入社した。給料を貯めて小型セダンのディナ・パナールを買い、かねてより興味を持っていたラリーに出場した。ロレーヌ地方のちいさなレースだったが、初出場、初優勝をやってのける。翌年になると、今度はサーキット・レースのパリ・カップに挑戦した。このレースでも優勝したのである。シュレッサーは、レーシングドライバーになりたいと思いレースに熱中した。結婚したばかりの妻アニーも熱心に応援した。

しかし、シュレッサーは、社交が苦手でスポンサーをみつけることができなかったので、レース資金はいつも不足していた。アニーが自分の結婚指輪を質に入れて資金を都合することさえあった。シュレッサーは二倍の給料がもらえるアフリカ・インド洋のマダガスカル共和国支店へ志願して転勤し、トライアンフTR2とメルセデス・ベンツ300SLを買うことができた。勝ちうるマシンを手に入れたシュレッサーは、一五回以上の優勝を獲得したのである。妻のアニーも、この二台のマシンでレースに出たり、ラリーでは夫のナビゲーターをつとめたりした。

三十二歳になったとき、ついにプロフェッショナル・ドライバーになる決意を固めた。全財産をはたいてフェラーリ250GTとクーパー・クライマックスF2を買った。トレーラーとそれを牽引するシトロエンを買うと、メカニックを雇うこともできなかった。しかしシュレッサーは、トレーラーにマシンを積みシトロエンを運転して、アニーを助手席に乗せヨーロッパ各国を走りまわった。週末になると賞金が高いスポーツカー・レースにフェラーリで出場して金を稼ぎ、フォーミュラ・レースにつぎ込んだ。目標は

F1ドライバーだった。

世界選手権のかかっていないF1レースから各国の地方選手権まで、チャンスがあればチームやマシンを選ばず、どんなレースにも出場した。賞金目当てでアメリカのストックカー・レースにまで出場する勇猛果敢なドライバーだった。フランスのフォーミュラ・ジュニアやGTカーのチャンピオンをいくつも獲得していった。戦闘力のないマシンに乗っても諦めず最後まで努力を続けて走るドライバーだった。

シュレッサーはファイターだった。ル・マン二四時間レースにフェラーリ・チームのマシンで出場したときは、ひどいクラッシュをして右膝を傷めたが、その次の週には右足をゴムバンドで固定してオーストリアのノンタイトルF1レースに出場している。

六〇年代中頃になると、フランス・フォードのチームと契約してACコブラやフォード・マークⅡを駆り、フランスとアメリカのスポーツカー・レースでクラス優勝をする活躍をみせていた。

ホンダRA302にフランス人ドライバーを乗せるなら、シュレッサーがいいという、クロンバックの推薦は妥当だった。ジョー・シュレッサーは、フランス人でF1をあやつることができる数少ないドライバーのひとりであることは間違いなかった。

シュレッサーは、フランス・ホンダからの連絡をうけると、夢のような話だと喜んだ。ホンダのニューマシンをドライブできる。こんな大きなチャンスをつかんだことはなかった。必ず完走をして、自分の実力をアピールしようと思った。

アニー・シュレッサーは、そのときのことをこう語っている。

「ホンダ・レーシングチームのRA302に乗れることになって彼はとても喜びました。絶対に乗りたい、大きなチャンスがきたと言っていました。彼を援助してくれていたフランスBPオイルが、ホンダのスポンサーであったシェルと競合するので、援助を打ち切ると言い出しても、ホンダに乗れるならかまわないとさえ言いました。しかし、サーティースが乗りたがっていないマシンだと知ってからは、少し不安になっていたようでした。オーバーヒート問題やサスペンションがセッティングできていないことが情報として伝わってきました。当時のトップ・ドライバーであったジム・クラークやグラハム・ヒルとは仲良くつきあっていたのですが、サーティースとは交際がなく、これ以上の情報が得られなかったのです。それでも、ルーアンは彼が得意とするコースでしたから、ホンダに乗ることを楽しみにしていました」

この年のフランス・グランプリの舞台であるルーアン・サーキットにホンダ・レーシングチームが到着すると、そこで中村は、RA302が正式にエントリーされていることを初めて知った。ロンドンに置いてきたはずのRA302は、東京から飛んできたホンダの技術者たちによってルーアンに向かって輸送中だった。中村は激怒し、レースを棄権すると言い出した。ジョン・サーティースが中村を説得した。これはホンダ内部の問題なのだ。グランプリを楽しみにしているお客さんたちには関係がない。しかもレースを棄権すればチャンピオンシップのシリーズ展開が不利になる。ひとつひとつのレースを大切にしなければチャンピオンにはなれない。

冷静さを取り戻した中村は、最終的に現実的な解決方法を選び、チームを二分割した。ホンダ・レーシングチームの主力スタッフをジョン・サーティースとRA301の担当にし、RA302は東京から飛んできた久米是志たちが中心になって担当することになった。

フランス・グランプリを取材する記者たちに囲まれ、空冷マシンについて質問攻めにされたジョン・サーティースは「まともに走れないマシンを、レースに出場させるのは恥ずかしいことだ」と言葉すくなくコメントした。

シュレッサーの推薦者であるクロンバックは実際にRA302を見て驚いた。どうやってこんな大きな空冷エンジンを冷却するのだろうかと思った。速いマシンに成長していくとは思えなかった。中村に、いくつか質問をしてみたが、満足のいく答えは得られなかった。

「RA302にはまだレース走行に耐えうるマシンではない。少しでも速く走るとエンジン温度が無限に上昇してしまうので、中速以下におさえて慎重に走ること」

中村は、通訳をつうじて、シュレッサーに指示を与えた。シュレッサーはフランス語しかできず、中村は英語とドイツ語をつかえたが、フランス語は話せなかった。

シュレッサーは「マシンの状況はだいたい理解している。アドバイスにしたがって、けっして無理はしない。ホンダでF1を走ることだけが喜びだ」と答えた。

予選は、サーティースが好調で、シュレッサーは三度もスピンをし、最後にはタイヤを破損してしまった。中村は、サーティース用に確保してあったとっておきのタイヤを、シュレッサーに渡した。

空冷RA302は、参加一八台中、一七位で予選を通過した。予選最後尾はエンジン・ブローのトラブルで満足に走らなかったマシンだった。

予選の二日間、シュレッサーは極端に口数が少なかったと、アニーは言う。

「彼はホンダのマシンについて何も言わなかった。私は彼のナビゲーターとしてラリーに出場したり、私自身がレースを走ったこともあるので、彼はいつもマシンやレースについて何でもよく話してくれたが、あのときは何も言わなかった。予選中にスピンしたことも、話してくれなかった。スタート前、彼が、どうやって走っていいのかわからない、というような居心地の悪そうな顔でコクピットに座っていたのをよく覚えています。ポーで開催されたレースに出場したときは、マシンのコンディションがあまりにもわるいので、出走をとりやめたことがありました。ジョーには、そういう勇気があったのです。なぜ、ホンダでは、スタートしたのでしょうか。私は、いまも疑問に思っています」

後にF1チームのオーナーとなるギィ・リジェは、シュレッサーの親友だった。彼は「ジョーのために、このチャンスを喜んでいるが、どうも嫌な予感がする」と友人に話している。

七月七日のフランス・グランプリは、雨のレースになった。

午後四時二〇分、F1グランプリがスタートした。

シュレッサーとRA302は、完走をめざして慎重にレース走行を始めたが、しかし、二台を抜いて一四位につけていた二周目、下りの右コーナーである通称「シ・フレール」でマシンコントロールを乱し、アウト側にふくらむような状態でコースアウトした。

そして高さ約三メートルの土手に激突した。はね飛ばされて宙を舞い、ひっくり返り、コース上に落下して発火した。

スタート直後だったので二〇〇リッターのガソリンを搭載していたホンダRA302は、一瞬にして激しい炎につつまれた。まるで爆発だった。マグネシウム合金製のRA302は激しく燃えた。

観客は逃げまどった。激突炎上で飛び散った火の粉をあびた一六人の観客が軽い火傷を負った。

レースは中断されなかった。燃え上がるホンダRA302のすぐ脇を何台ものマシンが走り抜けて、レースを続けた。それが当時のレースの掟だった。コースマーシャルは消火作業に手間取った。シュレッサーはマシンから脱出することができず、黒い煙とオレンジ色の炎を吹き出して燃えるRA302のコクピットのなかで焼け死んだ。

ピット前で、ラップチャートを書き込みながら取材をしていたクロンバックは、シュレッサーが戻ってこないことに気がついた。

「ジョーはどこ！　ジョーはどこなの！」

アニーが駆け寄ってきて、取り乱して叫んだ。

クロンバックは「戻ってきていない」と答える他に何も言えなかった。

シュレッサーの十歳のひとり娘は、父親に何事が起きたのかと脅えていた。

やがてピットからも、シ・フレール・コーナーの方角に黒い煙があがるのが見えた。

シュレッサーとRA302は、二度とピットに戻ってこなかった。クロンバックは、何が起きたのかを理解したが、それをアニーに告げることはできなかった。

レースは続行された。消火剤でゴーグルが汚れたジョン・サーティースはピットインしてゴーグルを交換した。それでも頑張り抜き、二位に入賞した。

レースが終わると、ジョン・サーティースは、記者たちに囲まれて、事故の原因について質問をうけた。

「私にはわからない。かわいそうなジョーだけが知っていることだろう。しかしプロフェッショナル・ドライバーとしての立場から言うならば、常に事故は避けられるはずであり、避けられなかったらオーバーペースであったという他はない」と答えた。

その夜、アニーは、友人とふたりで悲しい夜をあかした。泣き続け、発作的にホテルの二階の窓から飛び下りようとした。十歳の娘は、クロンバック夫婦の部屋で保護されていた。クロンバックの愛犬と疲れるまで遊び、眠りについた。翌朝、ギィ・リジェが自家用飛行機でアニーと娘をパリに連れて帰った。

フランスのスポーツ新聞『エキップ』は「シュレッサー死亡事故の原因はスリップ。ホンダのニューマシンは何度か横転して、満タンのガソリン・タンクが火を噴いた」との見出しで事故を報道した。「われらの最も傑出したドライバー」のタイトルをつけてシュレッサーの追悼記事を掲載した。

中村良夫は、事故処理に走りまわっていた。

最初に、ノルマンディ自動車クラブの事務所で、ホンダRA302の参加申し込み書を確認した。そこにはホンダ・レーシングチームに発給されているコンペティター・エントラントライセンス・ナンバーだけが書かれていて、チーム・マネジャーたる中村のサインはなかった。規則上、無効の申し込み書である。中村は、デイビッド・ホッブスとRA302のエントリー不許可を通知した書類を、ノルマンディ自動車クラブのオフィサーたちに見せた。だれも責任のある回答ができなかった。

スクラップとなったRA302は、検証のために警察へ引き渡されたが、それは形式的な証拠保全で、二日後に返却するとの連絡をうけた。警察から事故原因は発表されなかったが、フランス憲兵隊からは、モノコック・フレームの材料であるマグネシウム合金の材料成分について問い合わせがあった。

ホンダは遺族となったアニーたちへ手厚い見舞金をおくるなど最善をつくした。

ジョー・シュレッサーの葬儀は、パリのエトワール広場近くの寺院でとりおこなわれた。冷たい雨が降っていた。中村良夫とエンジン設計担当の久米是志は針のむしろに坐っているような気持ちで参列した。

葬儀が終わると、ふたりで酔い潰れるまで酒を飲んだ。

アニーは、夫の思い出を話すと大粒の涙を流す。

いまも知りたいことは、クラッシュ直後にシュレッサーが、意識を失っていたかどうかである。もし、意識があったとしたならば、体に火が燃えうつったとき、どんなに苦しかっただろうか。きっと意識はなかったはずだ。そう信じていたいと言った。

夫の死後、アニーは、ひとり娘に先立たれた。中央フランスのビシー市のちいさなアパートの二階に、ひとりで暮らしていた。それは孤独な生活で、親しい友人はこの町にはいない。安物のワインが、彼女の話し相手であり、やすらぎを得られる時間をもたらすのだった。夫がまさに命とひきかえに残していった遺産は悲しみのなかで消費してしまったのだろう。彼女の財産といえば、動かなくなったスクラップ寸前の日産チェリー一台と夫が獲得したいくつかのトロフィーと、その活躍を記録した何冊かのスクラップブックだけだった。


それでも本田宗一郎は空冷エンジン開発をあきらめなかった。

空冷F1のRA302は、その後も開発が続けられた。二号車は、ボディとモノコック・フレームをアルミニウムで作ることになった。鈴鹿サーキットでサーティースがテスト走行をおこない、そして九月のイタリア・グランプリに予備マシンとしてエントリーされ、プラクティスで走行している。しかし、もう二度とレースに出場することはなかった。

ホンダ・レーシングチームは、一九六八年（昭和四三年）年末、「F1グランプリ活動の一時休止」をロンドンで発表した。

ホンダの技術者たちは、企業体力をつけるために市販自動車の開発と公害対策エンジンの研究に全力を傾けることになったのである。粘り強くＦ１グランプリ活動を続けることは可能だったが、一刻も早くアメリカの公害対策法案マスキー法をクリアする低公害エンジンを開発する必要があった。

そのために、Ｆ１グランプリという「走る実験室」を、もうだれも必要としなかった。

第22章

孤立

一九七〇年（昭和四五年）、アメリカ連邦議会はマスキー法と呼ばれる大気浄化法を採択した。実施予定は一九七五年で、五年間の準備期間が設定されていた。

この法律には自動車エンジンから排気される有毒物質を、現行の規制よりさらに厳しく制限し一〇分の一まで減らすという条項があった。この規制に合致する自動車エンジンを五年間で開発することは不可能だと世界中の自動車技術者は思った。つまり五年後には、新型車を発売できなくなる。企業存亡の危機を感じたアメリカの自動車メーカーは、ロビー活動をつうじてマスキー法の条項変更を画策した。

日本政府はマスキー法規制実施に同調する予定であった。ヨーロッパ各国は足並をそろえることはなかったが、日本のメーカーが自動車の巨大市場であるアメリカで新型車が販売できなくなるとすれば、マスキー法に合致する排ガス対策技術の開発を避けては通れない状況であった。

マスキー法は自動車を生まれ変わらせる歴史的な法律となった。

自動車は、人類の利益のためだけに存在するモビリティではなく、地球自然環境ぜんたいのなかで共生をもとめられる持続可能なモビリティへの道を歩み出すことになった。それは自動車の歴史のなかで、革命ともよべる出来事であった。

本田宗一郎は、空冷エンジンの市販車H１３００の開発を押し進めていた。

ホンダの技術陣は、激しく葛藤しながらも、困難なH１３００開発にたちむかっていた。

一九六八年（昭和四三年）一〇月二一日、空冷エンジンを搭載したFWD4ドア・セダンのホンダ１３００が発表された。

一二九八cc直列四気筒のOHCエンジンは、DDAC方式とよばれた一体二重空冷方式で、まさに水のかわりに空気を流して冷却するシステムをもっていた。発売当初シングル・キャブ仕様は一〇〇馬力で、最高速度は時速一七五キロ、〇—四〇〇メートル加速は一七・二秒という高性能セダンであった。このスペックは一六〇〇ccクラスのGTもしくは二〇〇〇ccクラスのスポーティー・セダンに匹敵する数字である。価格は、スタンダードで四八万八〇〇〇円と、同クラスのセダンよりはやや高かった。

発表記者会見では、開発担当者から「開発にあたってはF1での経験が生かされた」とコメントされ、「具体的には、高速時の冷却風量、ドライサンプ方式、サスペンション・ジオメトリー、電装関係、ドライブシャフトの等速ジョイントなどのテスト・データが参考になった」と発表された。

そして、本田宗一郎は言った。

「いま現在、自由化だ、企業合併だ、業界再編成だと世間はいう。だが、自由化を前にして、われわれが、いまいちばんやらなければならないのは世界のどこにもないものを作ることだ。ホンダ永久のポリシーは、他人の真似をしないこと、独自の道を歩むことだ。それが技術開発の基本なのだ」

それから、お得意の空冷エンジン万能論をぶちあげて、こう続けた。

「空冷の泣きどころである騒音はおさえ込みました。空冷は、不凍液、防錆剤《ぼうせい》といったメンテナンスもいらない。ラジエーターもなければ、サーモスタット、ポンプ、ホースなど手のかかる部品がないのだから、故障の心配もないじゃないか。エンジンは、すぐ温まるからウォームアップは不要だ。飛行機の例を持ち出すなら、このウォーミングアップなしですぐに飛び立てることが敵機を迎えるのに重要な意味をもってくるのだが、自動車だって朝一〇分余計に寝ていられることはありがたいんじゃないかな……」

空冷エンジン小型自動車ホンダ１３００は、翌年にバリエーションを増やし、一一〇馬力仕様の2ドア・クーペを発売した。このクーペは最高速度一八五キロという高性能だった。

こうして本田宗一郎は、空冷エンジン路線市販車の本懐をとげることになった。

だが、「特許の固まり」といわれたほど斬新な技術を織り込んだこれらの空冷エンジン市販車は、美しいボディ・スタイルと素晴らしくスポーティーな走行性能を誇ったが、コストが高いばかりか生産性がわるく、いくつかの重要部品のクレームが連鎖的に発生し、商業的には失敗作となった。

しかも、排ガス対策問題に関しては、まったく絶望的な展望を持つことしかできなかった。この空冷エンジンでは、マスキー法をクリアする新世代の自動車を作ることは不可能だった。

しかし、それでも宗一郎の情熱は冷めることがなく、若手の技術者たちと一五〇〇cc空冷エンジンの試作研究に没頭していった。それは究極の空冷自動車用エンジン開発というべき研究で、古今東西のすべての内燃機関技術、すべての理論を投入した、マスキー法をクリアする空冷エンジンの徹底研究であった。本田宗一郎に空冷エンジン実用化を諦めさせるには、もうこれ以上できないところまで徹底的に研究を貫徹し、不可能であることを実証する以外に方法がなかった。

この一五〇〇cc試作エンジン研究は、やはり実用不可能という結果を出すことになり、ここにきて空冷エンジン路線は完全に行き詰まった。

「これだけやっても駄目なのか」

最後の最後に、宗一郎はそう言った。

それは技術リーダーとしての限界とさえ思われた。

本田宗一郎は孤立していった。

本田技術研究所でエンジンを担当する中核の技術者たちは危機意識を高めていた。きわめて困難な低公害エンジンの研究開発を進めるためには、どうしても水冷エンジンをベースにしなければならなかった。排ガスから有害物質を減らすためには、安定した熱のコントロールが可能な水冷エンジンがベストだったのである。

研究所のエンジン担当の設計者たちは、秘密の設計室にこもって水冷エンジンの設計図を描いていた。しかし、この設計室は宗一郎の知るところとなり、即座に閉鎖された。

そんな頃、ホンダRA302の空冷F1エンジンやH1300の市販空冷エンジンの設計責任者だった久米是志が、走り書きの辞表を残して失踪するという事件が起きた。

久米は、静岡大学工学部を卒業して一九五四年(昭和二九年)にホンダへ入社した。オートバイのレーシング・エンジン設計で頭角をあらわし、一一連勝を記録したブラバム・ホンダのF2エンジンやV型一二気筒F1エンジンRA302Eを手がけ、大ヒット作となったホンダN360の空冷直列二気筒エンジンも担当したすぐれたエンジン設計者であった。ホンダの三代目社長に就任する人物であるが、その頃は中心的なエンジン設計者だった。

だが、その久米も、ジョー・シュレッサーの事故死以来、深く悩む日々が続き、とうとう心労が限界を越えてしまったのである。羽田空港から目的のないまま四国へ飛び、室戸岬で空白の時間を漂っていた。

心が落ち着くと、改修中の寺の屋根瓦を運ぶ奉仕の仕事をして時間をやり過ごしていた。

やがて元気を取り戻した久米是志は、河島喜好のとりなしで本田技術研究所に復帰する。

宗一郎は、あらためて研究所に出勤した久米の顔を見ると、くったくのない表情で「おっ、元気そうだな。また一緒に頑張ろうや」と声をかけた。

しかし、この失踪事件を、副社長の藤沢武夫は重要視していた。研究所のエンジン技術者たちの話を聞きたいと伝えてきた。久米は、これをチャンスだと思い、苦労を共にしてきた同僚を集めて会議を開き、藤沢を説得する準備をととのえた。

会談の場所は、熱海の旅館が指定された。久米たちは、大判の紙に空冷エンジンの問題点を書き上げた説明文を手にして熱海へ飛んで行った。旅館に着くと、熱心に率直に、空冷エンジンの問題点を、藤沢武夫に説明し、水冷エンジン開発の必要性を訴えた。

説明を聞き終わると、藤沢が言った。

「よくわかりました。明日は研究所に戻って、いま言ったとおりのことを社長に説明してください」

藤沢は不思議なほど上機嫌で、夕食をふるまってくれた。久米は、食事をしながら、本田宗一郎にどのように説明しようかと考え続けた。食べ物の味は、まったくわからなかった。

久米たちが食事をしているときに、藤沢武夫は決意をかためて本田宗一郎に電話をしたという。聞いたばかりの水冷エンジンを開発しなければならない理由を伝えた。

するとと宗一郎は、たしなめるように言った。

「いや空冷でも同じことだ。できるんだよ。副社長に説明してもわからんだろうが」

藤沢は、ここが勝負どころだと思った。技術論争や経営方針の議論をする気はまったくなかった。

「社長は本田技研の社長としての道をとるのか、あるいは技術者として本田技研にいるべきだと考えられるか。どちらかを選ぶべきではないでしょうか」

宗一郎はしばらく黙っていたが、決断して答えた。

「俺は社長としているべきだろう」

「水冷をやらせるんですね」

藤沢が念を押した。

「そうしよう。それが良い」

と宗一郎は答えた。

翌朝、久米が出社すると、本田宗一郎が社長室で待っていた。腹を決めて、社長室へ入った久米は、吸わない煙草を持った宗一郎の手が小さく震えているのを見た。ヘビースモーカーの久米をおもんばかって宗一郎は吸わない煙草に火をつけていたのだが、その手が震えている。

「やっぱり空冷は駄目だと思います」

久米はただひたすら率直に口を開いた。

「そうか、思ったとおりにやればいいだろう」

本田宗一郎は、揺動をおさえた声で社長命令を伝えた。

藤沢武夫は最終的な決意を固めていた。

ハッピーエンドの物語を愛する藤沢は「世界の偉人の人生で好きなのは、最高に燃焼する直前まで」というロマンチストであった。宗一郎が革命的な情熱を燃やせば燃やすほど、藤沢は保守的な冷静さを保つ役割に徹してきた。

だから、いまこそ、本田宗一郎とホンダのために決意し行動を起こさなければならなかった。それは信頼しあった経営パートナーとしての決意だけではなかった。そこには友情もあった。仁も義も、信義もあった。ともに全力でホンダを経営してきた者だけが理解できる、最終的な決意であった。

後に、直接的な言葉でこう言っている。

「私が最後の幕引きまでしたのは、単に自分のためだけでなく、本田宗一郎を悲劇のヒーローにしたくなかったからですよ」

あるいはまた、こんな言葉も残している。

「脇役には、どうしても前面に出なければならない場面がある。それは主役に脚光を浴びせるときと、主役が傷つきそうになったときである。そのときこそ脇役は最大の演技力を発揮しなければならない。私は山師であり、舞台づくり、舞台まわしをやらせたら、天下一品ですよ」

藤沢武夫は、大団円《だいだんえん》のシナリオを書き、実行しなければならなかった。

第23章

社長退陣

技術者としての本田宗一郎の最後の挑戦課題は、世界初の低公害エンジンCVCC（Compound Vortex Controlled Combustion 複合渦流調速燃焼）の研究開発であった。

それは本田技術研究所の三人の技術者の報告から発足した通称AP研「大気汚染対策研究室」で始まった。すぐに研究室のメンバーは三〇名をこえた。一九六六年（昭和四一年）のことだった。

この研究に突入するとき、技術リーダーとしての限界を最終的に悟らされる議論に遭遇している。宗一郎はCVCC研究を、こう位置づけてスタッフに表明した。

「マスキー法は天の助けだ。いまや、世界中の自動車メーカーは低公害エンジンの開発で同時スタートを切る。こんなチャンスはない。それはすなわち、世界でいちばん後発のメーカーであるホンダが、この開発競争に勝てば世界一のメーカーとなることである」

だが、CVCC開発にかかわっていた若い技術者の桜井淑敏《さくらいよしとし》が、率直にこう反論した。桜井は一九八六年（昭和六一年）にホンダF1エンジンが初めてワールド・チャンピオンに輝いたときのF1エンジン開発総責任者になる人物であった。

「社長、お言葉ですけれど、それは間違っていると思います。僕は、このマスキー法案のことを調べてみましたが、低公害エンジン開発はホンダ一社の問題ではないと思います。公害をなくしていく努力は全人類のために必要な研究ではないでしょうか。ひとつの企業が世界一のメーカーになるために低公害エンジンを研究開発するのではなく、地球のこの空気をきれいにするために研究するのではないでしょうか」

宗一郎は返す言葉がなかった。

後に、このときの議論が勇退を決意した要因になったと語っている。

一九七一年（昭和四六年）二月、ホンダはＣＶＣＣエンジンの研究成果を発表した。

世界中の自動車技術者と世界中の自動車企業が不可能だと考えた、マスキー法規制に合致した低公害エンジンの研究開発に成功したのである。商品化は二年後の七三年だと同時に発表した。世界でいちばん若い自動車企業の、あっぱれな研究開発であった。ＣＶＣＣの技術は、トヨタ、フォード、いすゞ自動車、クライスラーに技術供与されることになる。

本田宗一郎は、地球の空気を、もうこれ以上汚さない、人類に貢献するエンジンを生み出した。

それは空冷エンジンへのこだわりで失った技術者としての自信と技術リーダーとしての信用を回復する成果だった。

そしてまた、ＣＶＣＣエンジンの開発成功は、本田宗一郎の技術者引退の花道となった。

研究発表から二か月後の四月に、株式会社本田技術研究所の社長を勇退し、四九年間続いた技術の現場から離れ、自動車技術者を引退したのであった。宗一郎は六十五歳になろうとしていた。

このとき、引退を直接進言した西田通弘は、自著でこう記録している。

西田は本田宗一郎に鍛え上げられ、藤沢武夫に育てられたホンダの役員だった。

「もう研究所には人が育ったと思うので、そろそろバトンタッチを考えていただけないでしょうか」

西田は言葉を選んで恐る恐る言ったという。

「よく言ってくれた。今日にでも辞める」

宗一郎は反射的にそう答えると、西田の手を握って涙を流した。

新しい世代がホンダの技術開発を担《にな》い、世界企業となったホンダを経営していく時代がやってきたのを、本田宗一郎は悟っていた。

その心境を、さっぱりとこう語っている。

「私は機械のエンジニアです。ところが、現在は、一方では電子工学から、もう一方はケミカルのほうのプラスチックの問題まで、いろいろはいってきている時代ですね。昔のものとはぜんぜん違った様相のものになっている。それに、この頃、新しく専門家がどんどんはいってきて、その専門家連中がしているディスカッションを聞いていると、私にはわからんことが多くてね。私も、もう六十五歳なんだから、いくら柔軟だといっても、進んだ新しい技術についていけないというのが本音ですね」

本田宗一郎は、本田技研工業の経営から退陣する決意も固めつつあった。それは藤沢武夫と語り合って到達していった境地であった。藤沢武夫もまた、本田宗一郎とともに、ホンダの経営から身を引こうと決意していた。

勇退のときは、一九七三年（昭和四八年）になった。

この経緯《いきさつ》を記録しているのも、西田通弘である。

年のはじめに、「私は退くつもりだ。そのことを本田さんに伝えてきてほしい」と、藤沢武夫は西田に

社長退任の1973年(昭和48年)、第4回ホンダ・アイディア・コンテストにあらわれた、ふたりの創業者、本田宗一郎と藤沢武夫。闘争ともいえる25年間の仕事から解放されたためか、おだやかでくったくのない笑顔をみせている。

1983年(昭和58年)9月に鈴鹿サーキットで開催されたホンダ創立35周年記念イベントに招かれた宗一郎。右は当時の社長・久米是志、ひとりおいて二代目社長の河島喜好。3人ともレースの現場で油にまみれて働いた経験がある。

依頼した。

西田は、本田宗一郎に面談して、その伝言を伝えた。

「それなら、私も辞める」

本田宗一郎は即答した。

藤沢武夫は、勇退が決定した後に、本田宗一郎とこんな会話を交わしたと記録している。


その後あるとき顔を合わせた。こっちへ来いよと、目で知らされたので、一緒に連れ立った。

「まあまあだな」と言われた。

「そう、まあまあさ」と答えた。

「幸せだったな」と言われた。

「本当に幸福でしたよ、心からお礼を言います」と言った私に「俺も礼を言うよ、良い人生だったな」

とのことで、引退の話は終わりました。


その後、藤沢武夫は、自らの失敗をあきらかにして、嘆《なげ》いてみせた。

なぜ、直接に本田宗一郎と話をしなかったのか。それは四半世紀もパートナーシップを組んできた経営者としての最大の失敗だった――。


一九七三年一〇月、本田宗一郎は、本田技研工業社長退任を発表した。

同時に、創立以来、無二のパートナーであった藤沢武夫も副社長を退任した。

この年、本田宗一郎は六十七歳、藤沢武夫は六十三歳であった。

古い世代の使命は終わった。新しい社長は四十五歳の河島喜好であった。

本田宗一郎は、言った。

「経営者は燃焼する炎である。しかも、その炎は、意欲的に燃え続けている。そんな炎が二十年、三十年と、いつまでも力強く燃え続ける道理はない」

本田技研工業株式会社は従業員一万八〇〇〇人、関連企業を合わせれば三万人の人びとが働く大企業に成長していた。


本田宗一郎は「退陣のごあいさつ」を社内に発表した。


思えば、随分苦労も失敗もあった。勝手なことを言ってみんなを困らせたことも多かったと思う。

しかし、大事なのは、新しい大きな仕事の成功のカゲには研究と努力の過程に九十九パーセントの失敗が積み重ねられていることだ。これがわかってくれたからこそ、みんな、がんばり合ってここまできてくれたのだと思う。

ホンダとともに生きてきた二十五年は、私にとって最も充実し、生きがいを肌で感じた毎日だった。

みんなよくやってくれた。

ありがとう。

ほんとうにありがとう。

それはさわやかな勇退となった。

一代で築きあげたオーナー会社の創業社長であったのに、親族に会社を譲ることはなかった。しかも後任の社長は四十五歳の若さである。

庶民は、再び三たび、みずから封建的な制度を破り、若い後継者を抜擢した本田宗一郎の良識と勇気を讃えた。

退任の日、こう言い残した。

「俺たちは祭りばかりやってきた。おまえら、真面目にやってくれ」

本田宗一郎は、だれにも真似のできない社長引退をやってみせた。

第24章

英雄死す

社長を退任し、終身の最高顧問となった本田宗一郎は、さっぱりとしてこう語っている。

「私は、人に迷惑をかけんうちに早く社長を辞めたんです。次の時代の人にすべてを任せ、若い人が徹頭徹尾納得できる仕事をやってもらおうと思ったからです。

なぜかと言やあ、会社は株主のものなんですね。皆さんがお貯めになった大切なお金を、この会社は見込みがあるというんで投資して下さったんだと思うんです。ですから世の中がどんどん進んできて、私らのような老人が時代に追いつけなくなると、株主さんに申し訳ないんです。だんだん年をとってボケてくるというのに、いつまでも社長でいるのは、私には耐えられないな。

いま、振り向いて、若い人たちの仕事ぶりを見ていると、ああ辞めてよかったな、とつくづく思います。それは自分がその現場にいちゃ分かりませんよ。会社を離れて、後を継いでくれた人たちが挙げる業績を見ていると、なるほどよかったな、もし俺がやっていたらこんなにうまく行っ《ママ》ていなかったかもしれない、と時にはゾッとすることもあるね」

あるいはまた、こんなふうにも言った。

「私が分かったふりをしていられたのは、創業社長として偉いということで、まわりが立ててくれたこともあるけれど、実際は馬鹿にしていますからね。早く辞めた方がいいですよ」

しかし、仕事の鬼であった宗一郎は、こんな逸話を残している。

本田技術研究所社長を退任した直後は、無意識に研究所へ出勤してしまうことが何日も続いた。いつものように朝六時に起き、寝たまま天井にセットしてあるテレビでニュースを見る。朝食をすませるとホンダS800を運転し、研究所へ向かった。そして、途中で引退したことに気がついて引き返してくる。そんな日々が半年ほど続いた。

無我夢中になって働くことが、三度の飯より好きな男にとって、引退生活ほど退屈な日々はなかった。じっと落ち着いて日向ぼっこでもしながら本を読んだり思索にふけるなんて、じれったくてできなかった。何かをしていなくては、気がせいて仕方がなかった。

「私は、昔から体を動かしていないと、どうもおさまらない質でね。アフリカのピグミー族みたいに、用がなくても移動し始めるんですよ」と言って、銀座一丁目のビルの二階に本田事務所を開設した。

社長を退任した翌年の一九七四年（昭和四九年）、宗一郎は、全従業員に直接お礼を言ってまわるという旅に出た。これは日本全国のホンダの工場、営業所、販売店など七〇〇か所をめぐる壮大な全国行脚《あんぎゃ》になったが、素晴らしく幸福な旅行だった。自家用へリコプターとクルマを使った一秒たりとも時間を無駄にしないハード・スケジュールがたてられ、六十八歳の宗一郎みずからハンドルを握り一日に四〇〇キロを走破することもあった。一日あたり約一五か所をまわり、二日に一度は若いホンダ従業員を集めて宴会を開く。工場だろうが販売店だろうが従業員全員と握手をした。それが油で汚れた手だと、そういう手が大好きなんだと汚れも気にせずに握手をした。販売店に寄ると、店にいた客を相手に頭をさげてセールスをし、それが本田宗一郎本人だと気がついた客を仰天させる。小型飛行機で北海道をまわったときは、天候不良のために女満別《めまんべつ》空港を飛び立ったまま行方不明になって大騒ぎになったこともあった。

この行脚は日本はおろか海外へも拡大され、三年間がかりの大イベントになってしまった。アメリカ・ホンダのオハイオ工場を訪れたときは、約一〇〇〇人の従業員全員と握手をしたために手を腫《は》れ上がらせてしまったというエピソードを残している。

各省庁や地方自治体の多くの公職を引き受けていた。新しい技術開発に成功した中小企業への銀行融資を保証する通商産業省研究開発型企業育成センターの技術審査委員長といった得意の分野の公職だけを選んでいたが、なかでもお気に入りは総理府売春対策審議会委員で、「この分野は立派な有識者だ」と冗談を言いながら六年間も委員を続け、会長までつとめた。ボーイスカウト連盟や日本ボクシングコミッションなど民間団体の顧問や理事も引き受けていた。

藤沢武夫や本田弁二郎とともに私財を投じて、若手工学研究者へ奨学金を出す「財団法人作行会」、文化文明の国際交流をめざす「本田財団」、交通と安全に関する研究をたすける「国際交通安全学会」、科学技術の振興のための「ブレーン・サイエンス財団」などを設立していった。こうした社会活動の肩書は三五ちかくあった。

宗一郎の財産は、ホンダの株や土地家屋が中心で数百億円といわれたが、「世間様が儲けさせてくれた金をぜんぶ使い切って死のうと考えている。本田財団もそのひとつ」と発言した。

政治的な運動には、妻のさちの絶対的な反対意見にしたがって、かかわらないようにしていたが、行政改革をめざす「第二臨調全国推進フォーラム」の代表世話人を井深大とともにつとめ全国遊説をした。一九七五年（昭和五〇年）の東京都知事選挙の候補者として名前があがったこともあった。懇意にしていた当時の自由民主党総裁である三木武夫から直々《じきじき》に依頼されて宗一郎もその気になりかかったのだが、ここでも妻のさちの強い反対によって、政治の世界に巻き込まれずに済んでいる。膨大な赤字をかかえた国鉄の総裁をやらせようという声があがったこともあった。

一瞬たりとも無駄な時間を過ごしたくない宗一郎は、周囲のすすめもあって趣味を持つことになったが、最初は陶芸をやりたいと言い出して、またもや妻のさちに反対されている。

「凝り性のあなたのことだから、やれ窯入《かま》れだとか、やれ窯出しだとか言って、そのたびにお客さんがみえて私は相変わらず忙しくなる。だからそれだけはやらないで、って。もっともな話なので、陶芸はあきらめて、絵を描くことにしたんです。絵なら下手でも何でも、自分ひとりでいいんだから、だれの手を借りないですむしね」

その絵は川合玉堂門下の日本画家である興津漁春《おきつぎょしゅん》に、基本から指導を受けた本格的な写生画であった。写生画ということもあって絵には、律儀な性格がそのまま出た。正確な縮尺で写生し、しっかりした構図で丁寧に描いた。長年かわいがっていた愛犬をモデルにしたときは、まるで数えたように体毛の一本ずつを丹念に描き込んだ。宗一郎の絵は現実を細かくそのまま見つめるところから出発していくものであった。

「私はこれまでガタガタと忙しい毎日を送って来たでしょう。その習慣が、いまだにちゃんと直っていないんですよ。自分の性分として。絵を始めてから、じっくり人生を考えるとか、まじめさとか、おとなしさが出て来たと思うんです」

元来、絵ごころがあったので、写生画の趣味に没頭した。クルマを運転してスケッチ旅行に出かけたりした。長男の博俊が同行することもあったが、ひとりでふらりと出かけるスケッチ旅行を好んだ。いったん絵を描き始めると熱中し食事をとるのも忘れて、丸一日中アトリエにした六畳間から出てこないこともあった。いつもスケッチブックを持参していて、ちょっとでも時間があくと写生をした。

たまに知人に絵を見せるときは「下手な俺の絵を見て目がおかしくなっちゃいけないから、目医者を待機させていますから」と照れ隠しの冗談を口にした。

最初は、図面のように正確だが、合理的なところばかりが印象に残る、いわば無機質な絵を描いていたが、描き続けているうちに自分の世界を表現できるようになってきた。あたたかみのある量感と生命力を感じさせる絵を描いた。宗一郎は北からのぞむ富士山を描くのが好きだった。

絵の趣味はマルク・シャガールとの交流も生んだ。このフランス画壇で活躍した夢幻世界の巨匠を語る宗一郎の発言は、技術者よりもアーチストに近いと言われた人物の言葉として聞くと興味深い。

「あのくらいの人になると、もうわれわれのような者が見る領域じゃないですね。本当の自分だけの世界。人には分からなくてもいいんだ、俺には俺の世界がある、という個性というか哲学というか、そういうものが滲み出ているんじゃないですか」

パリのシャガールの家を訪ねたとき、宗一郎は日本の書道の道具一式をプレゼントした。するとシャガールは筆を手にとって喜び、墨をすり出した。

「あんまり喜んでいるので、その場で一枚描いてくれるのか」と思って見ていると、シャガールは墨と筆を持ってアトリエに入ると、それっきり出てこなかった。その場の雰囲気が気まずくなり、シャガール夫人が恐縮すると、宗一郎は立ち上がり、喜び勇んでアトリエへ入っていくシャガールの形態模写をやってみせ、その場の空気をなごませた。

ゴルフなんて絶対にしない、と言っていた時期もあったが、晩年の宗一郎はゴルフを嗜《たしな》むようになった。敗戦直後に、戦争を賛美し推進した支配層や違法商売で儲けた闇屋成金たちが、料亭の床の間にゴルフバックを置いて宴会をしていたのを見て猛烈な抵抗を感じて以来、ゴルフを嫌悪していた。宗一郎に言わせれば、敗戦と貧困だけを残した責任があるはずの大人たちがのうのうと遊んでいる。ゴルフは、そういう人間のするスポーツだった。しかし適度な運動をすすめる医者のアドバイスを聞き入れ、友だちの誘いにのって、ゴルフクラブを握るようになった。

最初はいきなりコースに連れて行かれ、一八ホールのうち九ホールをまわったところで疲労困憊《こんぱい》してひっくり返った。これで宗一郎の負けず嫌いに火がついた。しゃにむに練習場に通い、パブリックのコースをひとりでまわって練習していたが、照れ臭さがとれると友だちと賑やかにコースに出るようになった。練習熱心で、ドライバーで二五〇ヤードも飛ばし、ハンディは一五まで上がっていった。もちろん、当然のことながら生来の技術者は、クラブの改造にも熱中し、次々と実験的なクラブを作っては試していた。経営難に陥っていたハワイのパールカントリークラブの経営権を買い取ったりもした。自分のゴルフボールには「これは私のボールではありません。本田」と印字していた。

UFO（未確認飛行物体）に凝ってしまった時は周囲をハラハラさせた。世界中から資料を集め、アメリカの宇宙衛星の打ち上げを何度も見学に行ったり、宇宙飛行士と交流をもったりした。

「UFOというものは、世界で大変不思議なもののように言われているけれど、何かわけがなきゃ、あんなものが飛ぶはずがないんで、それをちゃんと納得できるように説明して、もしできるなら自分で作ってみたいと思っているんですよ」と言い出していた。この言葉どおりに本気になられてはたまらないと周囲の人びとが困って止めた。

相変わらず、音楽が好きで、飲めば小唄や都々逸《どどいつ》、常磐津《ときわず》を歌った。得意だったアコーディオンや尺八はやらなくなっていたが、いつも音楽をそばにおいていた。運転しながら、美空ひばりや金沢明子の唄をカーオーディオで聴き、ときには口ずさんだ。

新しい物好きの宗一郎は、家庭用ビデオレコーダーが発売されるとすぐに手に入れていたが、それは必ずソニー製ベータマックス方式だった。ソニーの創立者である井深大は親友であり、そのソニー独自のベータマックスがいかに少数派になろうとも、VHS方式より技術的にすぐれているベータマックスの高性能を支持し、ソフトに不便し周囲の者を煩わせたとしても、友情を大切にしてVHSを使わなかった。

現役引退後の本田宗一郎は、気ままに、思いのままに、楽しく生きようと心がけていたようだ。

だが、ときに、ぽつりと「本当におもしろいのは仕事だけ」とひとりごとを言った。

あるときは「会社のことは口を出さないつもりだけど、ユーザーの立場でものを言うのもいかんかなあ」とつぶやいたこともあった。

宗一郎は本田家で使うクルマを近くのホンダ販売店で買っていた。頑固で口うるさい、あくまでも熱心なホンダユーザーのひとりであろうと努力していた。

ホンダの研究所や本社には、社長を退任してからもよく顔を出した。

「俺が行くと連絡すると準備が始まって仕事の邪魔になるから」と突然にあらわれ、さらなる大混乱を引き起こすこともあった。

研究所で視察したホンダ初のフルサイズセダンであるレジェンドの試作車が気に入らず、「世界最高級のセダンを作るのだ！」とボディを蹴飛ばしてへこませ、ハンマーでぶっ叩く、相変わらずの暴れん坊であった。このとき宗一郎が蹴飛ばしハンマーで叩いた部分を、後に技術解析してみると、そこは本当にボディの強度が足らない部分であったという逸話を残している。

ホンダが満を持して発売したスーパースポーツカーNSXの工場を見学したときは、これでフェラーリやポルシェに負けないスポーツカーを作ったとご満悦だったが、「この工場は特別に選ばれた従業員を集めてクラフトマンシップで進めていきます」との説明に、「俺は、この工場の従業員を特別扱いするのは反対だ。つまんねえ差別なんかすんな」と怒鳴った。

東京都新宿区西落合の自宅には仕事関係者を近づけない宗一郎だったが、正月だけは協力工場の社長連中が年賀に来るのを許していた。しかし、それも七十六歳になる一九八二年（昭和五七年）あたりから、「自動車屋が自動車をとめて、ご近所の方に迷惑をかけるなんてもってのほかですよ。それだけで、もう商売、落第ね」という理由で断るようになった。

その自宅は、敷地一〇〇〇坪の広さがあり、アメリカ人建築家によって設計された建坪一七〇坪の邸宅は、アルミ板ぶきの屋根の白壁で、明るい室内にしようとたくさんの大きなガラス窓がある。足が引っ掛からないように敷居が低く、日本間の欄間《らんま》は埃がたまるという理由から取り外してあった。広い客間には来客を困らせないようにトイレがふたつあった。

庭は雑木を自然のままに植えて、故郷の天竜の山を彷彿させるような造作になっていた。この庭には幅五メートル、長さ五〇メートルほどの人工の川が流れている。濾過《ろか》と酸素供給の装置をつけて、大量の鮎《あゆ》を飼っていた。七月になると親しい人びとを招いて、鮎釣りを楽しみ、釣った鮎をその場で料理して食べるというガーデン・パーティーを催した。このパーティーをさらに盛り上げようと、蛍の養殖をくわだて、蛍の幼虫が育つカワニナという巻き貝を飼った。ところが、この貝を狙って鼠《ねずみ》が住み着き、その鼠を狙って蛇があらわれるようになったために、蛇が大の苦手だった宗一郎は即座に蛍の養殖を中止した。そのかわりに養殖の蛍を放したり、虫籠に入れてお土産にした。

この庭には、宗一郎のたっての願いで植木職人が四苦八苦したあげくにようやく根づかせた白樺が生えている。また、「おいしい水を飲もう」と言い出して掘った地下一二五〇メートルの井戸がある。

世界各国を飛びまわるのも好きだった。七十歳になった頃に、ドイツで得意なスキーを楽しみ、スピードを出し過ぎて谷底に転落し、足を捻挫《ねんざ》している。七十四歳のときには、熱気球でアルプスを見物したが、操縦士にさらに高度を上げることをせがみ、海抜三〇〇〇メートルのアルプス山中に緊急着陸をする騒ぎになって、捜索のヘリコプターが飛んだ。七十六歳になっても元気いっぱいで、鈴鹿サーキットでホンダの当時最大排気量オートバイであるGL1100に飛び乗って走り、止めようとしたホンダのベテラン社員たちに、「危なくなんかあるものか。走り出せば、両手をあげて、あ、こりゃこりゃだ」と怒鳴り返した。七十七歳のときは、スイスでハンググライダー・チャンピオンとの同乗飛行を体験している。

八十歳になると、家族や後輩の意見にしたがい運転免許を返上して、ドライバーを引退した。六四年以上もステアリング・ハンドルを握り、走り続けてきた宗一郎が、運転をやめたのである。この頃になると、周囲の意見に耳を傾けるようになっており、タチの悪い当たり屋が出没しているから、というような理由でも納得するようになった。レジェンドをベースにしたリムジンのリアシートに乗って移動するようになったが、やはりことあるごとに運転をしたがった。

世界各国から勲章を授与され、多くの大学から名誉教授の栄誉がおくられたが、日本の通産省が勲二等瑞宝賞の授与を打診したときは「二等はいらない」と宗一郎は断っている。一九八一年（昭和五六年）に勲一等瑞宝章を授与された。

一九八九年（平成元年）にはアメリカ・デトロイトの「自動車の殿堂」に日本人で初めて入ることになった。八十三歳の本田宗一郎は、ヘンリー・フォードと肩を並べる世界的な自動車人となったのである。

晩年の最大の楽しみはホンダ・レーシングチームの活躍であった。

ホンダ・レーシングチームは、一九七九年（昭和五四年）にオートバイ・グランプリへ一二年ぶりに復帰し、続いて一九八〇年にヨーロッパF2シリーズにエンジン・サプライヤーとしてカムバックした。一九八三年にはとうとう一五年ぶりにF1グランプリへの再挑戦を開始する。オートバイにしろF2にしろ、宗一郎はレースの報告を聞きたがった。とりわけて、マシンがトラブルを起こしたと知ったときは、いつでも、どこからでも本田技術研究所に電話をかけてトラブルの原因を説明させた。

F1グランプリに再挑戦するようになってからは、レースがあるたびに研究所へ電話をしたり、直接やってくるようになった。研究所で若い担当技術者から、レースの報告を聞くときは、ほんとうに嬉しそうな顔をした。

もちろん、レースに負ければ「何で負けたんだ！　馬鹿野郎！　あんなドライバーはすぐに首を切れ！」と息まき、勝てば小踊りしそうに喜んだ。

ときには「ウイングなんて空気抵抗になるから必要がない」といった、お得意のまことに直観的な指摘をしてF1プロジェクトの技術者たちを困惑させたりしたが、ホンダのなかで、だれよりもレース結果に一喜一憂するのが本田宗一郎であった。

「私の幼き頃よりの夢は、自分で製作した自動車で全世界の自動車競争の覇者となることであった」と「宣言」している、この男にしてみれば、F1グランプリのタイトルは、現役時代に唯一とり逃がしたチャンピオンである。そのタイトルを、後継者たちが、獲得しようと戦ってくれるのは、なによりも嬉しいことだった。

しかし、ホンダ・レーシングチームには、厄介なジンクスがあった。それは宗一郎がレース現場のサーキットに来ると勝てない、というものだ。

宗一郎もこのジンクスを自覚していて「俺が行くと勝てないから」と現場には行きたがらなかった。そんな宗一郎が、F1グランプリ復帰後、初のレース観戦をしたのは、一九八六年（昭和六一年）であった。八十歳である。このシーズンは、ネルソン・ピケとナイジェル・マンセルのウイリアムズ・ホンダが一〇月のポルトガル・グランプリで早くもコンストラクター・チャンピオン獲得を決定し、ホンダF1エンジンに初のチャンピオン・タイトルをもたらした。宗一郎は大喜びをして、重い腰をあげる気になった。最終戦のオーストラリア・グランプリへ観戦に行くことになったのである。期せずして、このレースはピケとマンセルが、マクラーレンTAGポルシェのアラン・プロストと、ドライバー・チャンピオン決定を争うレースになった。ところが、レースがスタートすると二台のウイリアムズ・ホンダはタイヤ・トラブルを発生させて後退し、ドライバー・チャンピオンを獲得できなかったのである。

宗一郎は「勝負は時の運」と言って意気消沈するチームをなぐさめ、その夜のチーム・パーティーでは、チーム・スタッフを前にして「コンストラクター・チャンピオンだけで十分だ。みんなありがとう」と正座し頭を畳につけて感謝をあらわした。

翌一九八七年（昭和六二年）に鈴鹿サーキットで初開催された日本グランプリも観戦した。このときはウイリアムズ・ホンダのピケがワールド・チャンピオンを獲得するレースになったが、優勝はフェラーリのゲルハルト・ベルガーにさらわれてしまった。

ホンダF1エンジンの勝利を、その目で見るのは一九八八年（昭和六三年）の日本グランプリになった。マクラーレン・ホンダのアイルトン・セナが鈴鹿サーキットで勝ったのである。これでようやく厄介なジンクスをふりはらった。

宗一郎はセナのドライビングをこんな言葉で表現していた。

「F1グランプリでセナほど私を楽しませてくれたドライバーはいない。限界ぎりぎり危険なかぎりに近づきながら、すべてのリスクを計算し切っている」

アイルトン・セナは、初めて会った本田宗一郎にこう言われたという。

「もし、ちょっとでも困ったことがあったら、何でもいいから私に電話してぶちまけてほしい。私ができるだけ早くなんとかしてあげるから」

一九九〇年（平成二年）一二月、国際自動車スポーツ連盟（FISA）は、パリの本部で開催したF1ワールド・チャンピオンシップの表彰式に本田宗一郎を招待し、ゴールド・メダルを授与した。それまでFISAがゴールド・メダルを与えたのはフェラーリの創立者エンツォ・フェラーリだけだった。

本田宗一郎は、十七歳のときにアート・カーチスでレースに初出場して以来、死ぬまでレーシングな輝きをもとめて生きていた。それは命がけの勝負を果てしなく続ける、官能をゆさぶられる過激な快楽の日々であった。

そうした冒険的な人生を生きた精神は、若さの全面的な肯定となって、こんな言葉となった。

「俺はもう人生の着陸を考えているが、どんなに自分に言い聞かせても、操縦桿は上に引っ張る方が気持ちいい。若い者が大空に舞い上がり、安全に飛行するのを手助けしたいね。若者よ、目標を持ち、操縦桿を握りしめ、上げ舵《かじ》をとりなさい。若さはそのままずばりすぐれた価値である。若いということはそれだけで偉大な力なのだ」

エネルギーの固まり、タフネスの権化と言われた宗一郎も、無理に無理を重ねた人生の疲れから、七十歳を越えると肝臓がよわり黄疸《おうだん》を患った。糖尿病を併発し、脳血栓で倒れ、緊急入院をしていた。父の儀平は八十三歳、母のみかは九十四歳まで寿命をまっとうしている。長生きの家系だったが、さすがの宗一郎も老人らしい体の悩みを持つようになった。医者からは酒を止められていたが、酒をやめようとはしなかった。

とくに脳血栓は、宗一郎の肉体と精神に大きな打撃を与えた。病から立ち直っても、手足が少し不自由になり、同じことを繰り返し話したり、人の名前を間違えて言ったりするようになった。そうしたことを家人から指摘されると、「お、そうか。馬鹿につける薬はないか」とぼやいてみせた。

晩年の宗一郎が、いちばんショックをうけたのは藤沢武夫の死であった。

一九八八年（昭和六三年）一二月三〇日、七十八歳の藤沢武夫が心筋梗塞で急逝した。

通夜の席にやって来た本田宗一郎は、遺体の前に座り続け、黙って涙を流し、鼻をすすりあげていた。

1986年にホンダはアイルトン・セナ（1960-1994）との契約を発表。翌87年から93年までセナが所属したロータスとマクラーレンへF1エンジン供給をした。宗一郎はセナの気心を愛し、セナは世界チャンピオンを3回獲得した。

1989年に米国自動車殿堂は本田宗一郎を殿堂者とした。日本人初の栄誉であった。米国での企業活動がホンダを世界的な企業へと成長させたのだ。

しかし堪え切れなくなり、号泣した。藤沢武夫と共に生きた激動の三九年間を想って涙を流し続けた。だれもその哀《かな》しみを癒《いや》すことはできなかった。

その後、八十三歳の宗一郎は、訪米の途中にアメリカ・ホンダが建設したカリフォルニア州のテストコースを視察した。そのとき通過した広大なモハーベ砂漠で、突然にクルマを止めさせた。

大地に腰をおろし、「俺はここを動かんぞ」とひとこと言うと、太陽と空と荒れ地を前にして風に吹かれ瞑想《めいそう》を続けた。一九九〇年（平成二年）のことだった。

一九九一年（平成三年）、毎年七月に主催していた恒例の鮎釣りパーティーの中止が伝えられた。その直後、末期がん症状で、東京・御茶の水の順天堂大学付属病院に最後の入院をした。入院一〇日前には、ボーイスカウト維持財団の役員会に元気な姿をみせていた。その二か月前には、ある月刊誌の企画で対談をするために井深大をソニー本社に訪ね、威勢よく階段を駆け上がるほど元気だった。

「本当に死んだことがないから、わかんないけどね、私はこれまで何回も死にっぱぐれたことがあったので、死ぬことがそんなに大変だとは思っていないんです。だからね、私は、死ぬから辛いとは考えないと思う。死に対する恐怖がないんだと思います。ちょうど木がだんだんと枯れていって、枝が折れて、折れたところを見ると水分がなくなってカサカサになっているでしょう。人間の体もあんなふうになるんじゃないですか」

宗一郎は、そんなふうに自分の死をイメージしていた。

二週間の入院中も、宗一郎はもどかしさに苦しんだ。根っからの自由人には病院生活が苦痛だった。気分のいい日には「今日は調子がいいから、みんなでいいところへ行って、芸者をあげてワッとやろう」と言い出した。

宗一郎は、身体を動かしたいと願い続け、病室の外に出たいと言い続けた。じっとしていると、生きている気がしなかった。どこでもいい、ここではない、どこかへ行きたかった。

「いままで、いくら一生懸命にやっていても、死に際が悪かったら人生はオシャカだものね。野郎、死んだか。ま、死に際は悪くなかったな、とこの一言でいいんだ。お棺《かん》に入っちゃ、俺どうだったとテメエで聞いてまわるわけにもいかないからね」

最期が近づいて意識が朦朧《もうろう》となっても、何事かを考えて行動を起こしたいときの癖である貧乏ゆすりをした。「俺は浜松に帰る」とうわごとで言った。

最後の最後まで動くことをやめようとはしなかった。エネルギーは燃え尽きることがなく、ただ肉体だけが朽ち果てていく。それが本田宗一郎という男の死に際だった。

一九九一年、八月五日だった。

本田宗一郎は、前日から昏睡《こんすい》状態になっていた。それでも見舞い客に手を握って励まされると、弱々しい力で手を握り返していた。医師のみたてでは、死はまぬがれないが、まだ時間はあるという。

だが、朝一〇時をすぎると、容体が急変した。

病室には、妻のさちと長女夫婦がいた。

午前一〇時四三分である。

最期の言葉はなかった。

本田宗一郎は、最愛の妻にみとられながら、静かに永遠の眠りについた。

まるで真夏の太陽のようにギラギラと生命の炎を燃やし続けた、輝かしい男の人生が終わった。

エピローグ

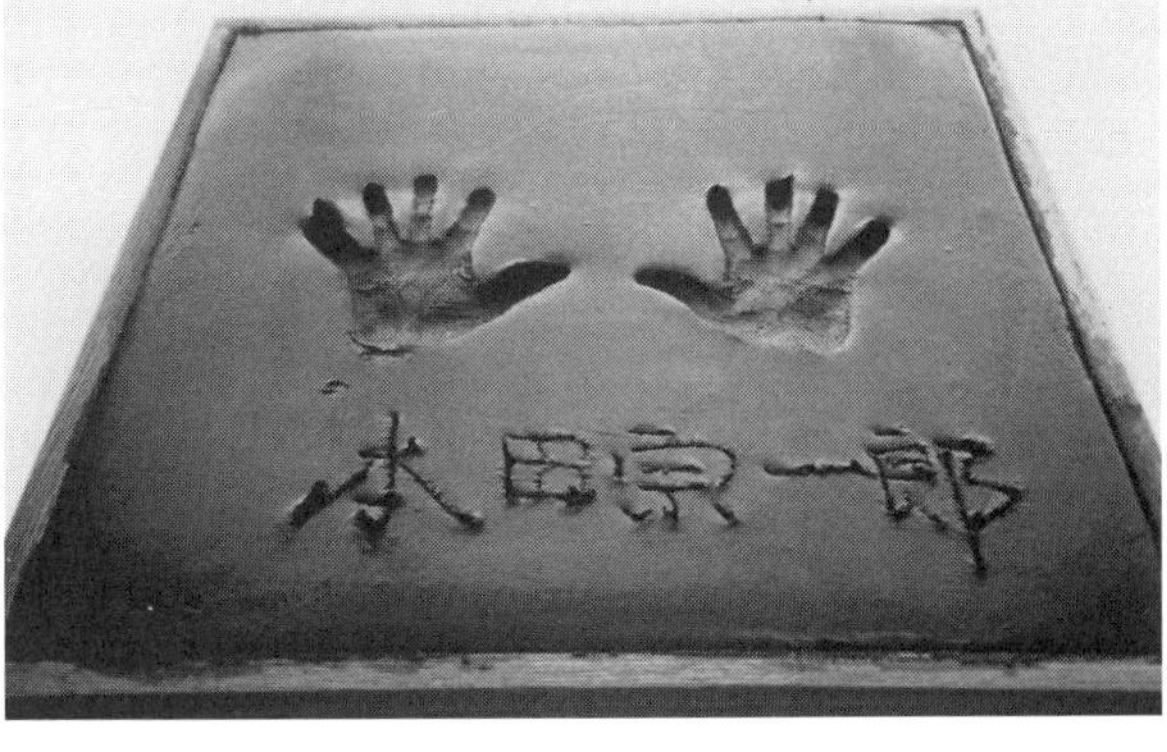

本田宗一郎の墓は富士山麓にある。

冬は冷たく乾いた風が吹くが、春になると見事な桜が咲き乱れる。夏になれば深い緑におおわれ、秋になると素晴らしい紅葉につつまれる。そんな美しい日本の自然のなかで本田宗一郎は眠っている。

墓は生け垣で囲まれているが、あっさりとした、いかにも清潔で飾りっけがない広々とした墓だ。入口正面に、苔《こけ》むした古い本田家の墓石がある。父親の本田儀平が生前に、自ら本田家と彫って用意していった墓石である。その墓石の前に立ってあるがままに右を見ると、モニュメントのような御影石《みかげいし》の墓石が目に入る。戒名はなく、家紋もない。「本田」とだけ掘られている。本田家は代々、曹洞宗天林寺の檀家であったが、この墓には宗教的な臭いがまったくしない。

本田宗一郎逝去の報が全世界に伝わると、各国の新聞やテレビ放送でそのニュースが流された。日本ではニュース速報として第一報がテレビ放送で報じられた。アメリカの高級日刊紙『ニューヨークタイムズ』は「日本政府に挑み、戦後の廃墟のなかから世界有数の革新的な自動車会社を作りあげた、自動車界の反逆児、死す」の書き出しではじまる追悼記事を掲載した。

本田家は、故人の強い意志を尊重して、近親者だけを集めて密葬をすませた。本田技研工業は社葬にかわる「お礼の会」を、ホンダの国内拠点がある東京、熊本、鈴鹿、浜松、埼玉、栃木で開催した。延べ六万二〇〇〇人の人びとが会場を訪れた。社葬をしないということは、本田宗一郎が二年も前に決めていたことである。「大々的な社葬をすれば交通渋滞の原因となって世間に迷惑がかかる。そんなことは自動車企業として、やってはならない」と言った。

日本政府は、正三位勲一等旭日大綬章を授与した。遺産総額は一八四億円で、側近たちは「ずいぶん残っていたな」ともらした。本田宗一郎の名で登録された特許は四七〇件あまりもあった。

八月のハンガリーF1グランプリでは、ホンダ・マールボロ・マクラーレン・チーム全員が喪章をつけてレースにのぞんだ。アイルトン・セナは、そのレースをポールポジションからスタートし、勝った。一九九一年のワールド・チャンピオンとなったセナは、永遠の眠りについた本田宗一郎に「Keep smiling on your face and in Peace」の言葉をおくった。

故郷の天竜では、一一月にオートバイの愛好家たち七〇〇人が集まり「本田宗一郎さんの八十五歳の誕生日」を祝うイベントを開催した。

本田宗一郎の墓を見ていると、「霊魂の世界なんて、ぜんぜん気になりませんね。焼いてしまった後はカルシウムになる」と、そんな陽気な声が聞こえてくるような気がする。なぜだか、その墓はとても心が落ち着く場所だった。

そこで、ひとりの男と出くわしたことがあった。

その人は、がっちりとしたスポーツマンふうの体格で、五十歳すぎに見えた。ごく自然に挨拶をかわすと、彼は「若いときにホンダのオートバイでレースをやっていました」と言った。

「いまは小さなレストランをやっていまして、レースでいただいたトロフィーを店に置いたりしているんですけれど、ゴルフのトロフィーだと思っているお客さんが多いのです。でもなかにはオートバイ・グランプリのトロフィーだとわかる方がいらっしゃいまして、そういう人たちとは、ついオートバイや自動車の話になる。そうすると私は、ホンダのクルマはいいんですよ、買って乗ってみれば、すぐにわかりますよって、セールスしている。私は自分の店をホンダの営業所だと思っているのです。

オヤジさんの思い出ですか。数かぎりなくありますね。浅間のレースのときに、オヤジさんと歩いていたら風が吹いてきて、オヤジさんの髪の毛がふわふわとしていたので、私はつい、社長の頭はほろびゆく草原ですね、と言ってしまったのです。そうしたら、オヤジさん、そんなことは俺の勝手だ、お前に言われる筋合いはないって、怒りました。一緒にいた河島さんに、口がすぎるぞ、と叱られました。私のような若造が、そういうことを言ってしまえる人だったですね、オヤジさんは。

技術者としては、神様みたいな人だった。ベンチ・テストで一万八〇〇〇回転でまわっているエンジンの音を聞いて、トラブルの原因をピタリと当てるのです。普通の人ではなかった。

浅間のレースで、オヤジさんの目の前で転倒してしまったことがあるんです。トップを走ってましてね、慢心があったんでしょう。レースが終わった後、しょんぼりしていると、オヤジさんが言ってくれました。お前は、スター性のある男だ、このレースの見せ場を作った、って。オヤジさんは、人の心がわかるんです。最初のマン島から帰ってきたときも、羽田空港まで出迎えてくれました。我われは命がけのレースをやってきた。そのことを、なんにも話していないのに、すっかりわかっているのです。ありがとう、よくやった、って握手してくれました。あのときの、オヤジさんの笑顔は忘れません。オヤジさんがいなかったら、だれがあんな厳しく激しいレースを真剣にやるもんですか。

自分のオヤジさんだと思ってました。心の底から、オヤジさんと呼んでました。チームのなかでは辛いことも多かったけれど、私の青春は素晴らしく楽しかった。青春万歳ですよ。

ホンダをやめてからも、オヤジさんには、むしょうに会いたくなるのです。でも、オヤジさんは偉くなったから、とてもじゃないけど会うチャンスなんてないですよ。会ってなにを話すというわけでもないのでしょうが、オヤジさんの顔を見たくなるのです。工場にいた頃は、会えば、おう元気か、なんて声をかけてくれましたから。

でも、いまはいいんです。こうして、いつでも好きなときに、オヤジさんに会いに来られますからね。オヤジさん、来ました、って声をかけて、おう元気か、っていう声が聞こえてきますよ。

嬉しいことがあったり、悲しいことがあったりすると、オヤジさんに会いに来ますね。近ごろじゃ、寂しくなると、オヤジさんに会いに来ることのほうが多くなってしまって。ここに来ると心が落ち着いて、寂しがっている場合じゃないぞ、もっとしっかりやれ、ってオヤジさんの声が聞こえてくる。さあ、また頑張ろうという気持ちになります」

かつてのグランプリ・ライダーの話を聞きながら、本田宗一郎という男は、男に惚れられる男だったのだと思った。

遠くから、富士スピードウェイを走るレーシングカーのエクゾーストノートが風にのって聞こえてきた。

大きくもなく、小さくもない、その高性能エンジンの音が、静けさを強調していた。

本田宗一郎の人生を追いかけて、天竜、浜松、朝霞、東京、鈴鹿、マン島と旅を続けてきて、ひとつだけ共通する強烈な印象を持った。それは、生まれ育った天竜でさえ、浜松にも、東京青山の本田技研工業の本社ビルにも、本田技術研究所にも、本田宗一郎がそこに生きていたと思える様子がない。あるのは走りさった後ばかりであった。

きれいさっぱり、跡形もなく、すべてを捨てて、本田宗一郎は人生の旅を続けてきたのである。

いま、本田宗一郎の魂は、富士山麓の墓で静かに眠っている。

もうこの場所から、どこかへ飛んでいくことはない。

あとがき

本田宗一郎氏が天寿をまっとうされてから、すでに三二年の時がすぎた。本田技研工業の創業社長を勇退し、商品技術開発と企業経営から手を退いたのは一九七三年（昭和四八年）だから、それは五〇年前ということになる。この現代日本の大人物、すなわちひとつの国で一〇〇年にひとりぐらいしか生まれてこない著しい人物が大活躍していたのは、半世紀も大昔の二〇世紀の後半なのである。だが、本田宗一郎氏の言葉は、いっこうに錆びついていない。錆びてないどころか、たったいまも日本社会を真正面から刺しつらぬいている。

一九五二年（昭和二七年）年頭に、四十五歳の本田宗一郎氏が発表した所感（本文三三二頁）は、当時の通商産業省（以降、通産省）官僚による日本の自動車産業保護政策のなかにおりこまれた輸入車を大幅に制限して日本の自動車産業を保護するという考え方を、「鎖国的措置」と批判し、その政策の法制化および施行に反対している。

その理由は断然シンプルで、日本のメーカーが生産する自動車製品が「安価で性能の優秀な製品」であれば、日本の多くの生活者たちは国産車を選ぶと主張している。そのためには「徒に輸入を制限して国内メーカーを甘やかすよりも、世界的工業水準において競争させ、苦労させて実力を養成する」しかないのだと断言する。「われわれの技術の進歩は為政者によって指導されるべきものではなく、自ら進んで獲得すべきである」の一文で終わるこの所感は、国家が国民の仕事を統制すべきではないと主張し、自主自立でいくのだと宣言している。

このときホンダは、創業四年目をむかえたばかりの従業員数約一五〇名資本金二〇〇万円のオートバイ・メーカーであったが、ドリームE型オートバイの人気が上昇中で月産五〇〇台を超す勢いにのっていた。この一九五二年春にカブF型を発売して、それは月産七〇〇〇台を超す大ヒット商品となり、本社を浜松から東京へ移転し、資本金を一五〇〇万円まで増資する。従業員数は一三〇〇人を越えた。そればかりか資本金の三〇倍にあたる四億五〇〇〇万円をかけて最新鋭の工作機械を輸入するという冒険的な設備投資をおこなった。戦後生まれのオートバイ・メーカーであるホンダが、地方の小企業から一気呵成に成長するときであるが、そのためにこのような設備投資をしてみせるところが新進気鋭のホンダの真骨頂であった。

なかんずく凄まじいのが、本田宗一郎氏の真っ向からの官僚批判である。いまも日本社会が完全なる官僚支配の社会であることを知らぬ人はいない。いわゆる天下りが、延々と批判されてはいるが、いっこうになくならないところをみれば、官僚支配がいかに強力な既得権益になっているかがわかる。そのような官僚たちを真っ正面から批判する本田宗一郎氏の度胸に驚く。官僚たちを揶揄する経営者はいるだろうが、それは予定調和のなかで許される程度のことだ。権力をもつ官僚たちに仕返しされれば民間企業はひとたまりもない。

だが、本田宗一郎氏は公然と批判した。追い込まれていたからである。通産省の官僚たちの政策が法制化されてしまえばホンダは企業合併を強制されるおそれがあり、次の成長段階ともくろんでいた四輪自動車製造への道を閉ざされる可能性がきわめて高かった。だからこそ本田宗一郎氏は言うべきことは、はっきりと言った。しかもその反論の言葉はわかりやすい。官僚たちの言葉を使わず、庶民の言葉で説明した。

「自分の商売を邪魔すること、上から抑えつけようとしたものに対してはあくまで抵抗したね。また民間も悪いんですね。何かあると、ひとつご指導を、とこう言う。自分の商売を官庁の人に指導されるような人はやめてもらったほうがいいな」（本文三二四頁）。

この主張は弱肉強食の自由競争讃歌ではない。本田宗一郎氏の言わんとすることは、産業を統制することは国民の自由を奪うことになりかねず、それは人権を奪い、自主自立する力を抑えつけてしまうことだ。そのことを主張するために「苦労」という言葉を使うところが本田宗一郎氏らしい。

「何か発明しようと思って発明する馬鹿がいたらお目にかかりたい。自分が困ったときに、それを解決するために知恵を出すのが発明と言って差し支えないでしょう。困らなきゃ駄目です。人間というのは困ることだ。絶体絶命に追い込まれたときに出る力が本当の力なんだ。人間はやろうと思えばたいていのことができる」（本文一三二頁）。

これは裸一貫の本田宗一郎氏の人生哲学であった。困難から逃げ出さずに、自分ひとりで平然と立ち向かうからこそ、理想が実現できる。それが「苦労」するということだ。誰かに保護されていては、いつまでたっても自主自立という生き方ができない。政治家などハナから信用せず、人権と自由が自主自立の礎だとした。

この自主自立の生き方は、いまこそ日本人ひとりひとりにつきつけられた人生選択になっているのではないか。二〇一一年の東日本大震災と原発事故は、家族的な国家というフィクションを崩壊させた。国際経済においても、多国籍企業から始まるグローバリゼーションの時代が二〇〇八年のリーマンショックで破綻してから、地域ブロック経済の時代へ移行した。この世界潮流が日本が直面する全産業の空洞化の危機を深めていった。商工業にたけた穏やかな人びとがくらす東洋の島国というお伽噺のような日本はもうどこにもない。そのとき必要なのは個々人の自主自立だ。自分の頭で考えぬき、議論する仲間を持ち、自分の生活と権利を守ることだ。

二〇世紀に大活躍した本田宗一郎氏の言葉は、二一世紀においても言葉の力を失っていないどころか、それがそのまま生きた言葉として存在しているというのは、こういうことである。本田宗一郎氏の言葉は「名言集」などという言葉の床の間におさまるようなものではない。

そのことは本田宗一郎氏の人生を取材というかたちで追った私が実感したことである。しかし追うといっても、この大人物は、どこまでも遠くへ、ありったけの力と速度で走り続けるから、取材者としては時間をかけて腰をすえて追わなければならなかった。私が見たかったのは本田宗一郎氏の素顔であり、賞賛というスポットライトを当てられた偉人の顔ではない。それがために二年間の基礎取材を積み重ねることになった。時間をかければ大人物がわかるとは思いもしなかったが、しかしその二年間は苦痛ではなかった。この「戦後日本社会のヒーロー」の生活と仕事を取材資料によって見つめることは刺激的であり、つねに興味をそそられた。

本田宗一郎氏にまつわる取材資料を読んでいて、私は何度も微笑んだものだ。ときに思わず声を出して笑った。自宅の応接間にある文学や美術の全集を「この本はね、俺はいっさい読まないんだ。ただの飾りです」（本文三一二頁）。あるいはカミナリ族の責任はメーカーにあると問われて「酔っぱらいがいるからといって、酒屋が非難されちゃたまらんですよ」（本文二三七頁）と答える。ニュートン力学を展開して反論するエリート技術者にむかって「ニュートンなんて二〇〇年以上も昔の学者じゃねぇか」（本文三四五頁）と怒鳴り返す。

叩き上げの職人親方である本田宗一郎氏は仕事となれば、朝から晩まで猪突猛進で打ち込む。全力で汗と油にまみれて働く。それが毎日続く。行動し考えることを停止しないから、アイデアが湯水のごとくわいてくる。失敗を恐れず、成功するまでやめないという仕事のやり方だ。そんな無我夢中のときは、近寄り難い迫力をたたえていた。本田宗一郎氏のそのような仕事ぶりは、私ごとき小物にも想像にかたくない。しかしこの大人物のとてつもない人間的魅力が発揮されるのは、へらずぐちを叩いたときなのだと私はひとりごちたものだ。

本田宗一郎氏のどういうところが偉大なのかと質問されたとき、私はいつもこう答える。

この大人物は差別を許さなかった。貧困であった幼少の一時期に、貧しい身なりをあげつらわれて差別をうけている。そのときから差別される痛みを知った人間として、耳あたりがいいだけの一般論ではなく、差別される側からの「自由と平等」をつねに主張した。

本書は、六回の改稿をへたものです。最初に書いた原稿は一九九三年に『PLAYBOY日本版』（集英社）に七回連載した。この連載原稿をもとにして書き改め一九九四年に『本田宗一郎伝　世界が俺を待っている』（集英社）を上梓した。二〇〇一年に改稿し、『定本　本田宗一郎伝』として三樹書房版になった。さらに三度改稿し、そしていま、読者のみなさまへ四訂版『定本　本田宗一郎伝』をお届けいたします。

三〇年ちかくも、この一編とむかいあうロングセラーになったのは、ひとえに読者のみなさまのおかげです。また、よき取材協力者および編集者をえて、それが可能になった。心よりお礼を申し上げます。

本田宗一郎氏の魂に感謝の祈りをささげます。ありがとうございました。

二〇二三年春　中部　博

取材協力・資料提供・制作協力（敬称略）

秋鹿方彦　渥美義郎　雨宮正一　新井勇　飯田佳孝　伊藤徳一　伊藤正　太田祐一
大村美樹雄　小川文夫　加藤年男　加藤忠八郎　神杉進　河島喜好　坂井由一　桜井淑敏
笹竹幸次　佐藤充弥　佐野彰一　沢根好孝　鈴木喜一　鈴木淳三　曽根章吉　高橋国光
田中禎助　谷口尚己　坪井与一　中川和夫　中島静子　名倉博子　早見功司　原沢俊夫
牧野价司　増田秀雄　増田雅司　三宅紀明　森泰助　山口正己　林信次　土屋一正
Annie Schlesser　Eric Offenstadt　Gérard Crombac　Johnny Rives　John Surtees
Lionel Froissart　柴田久仁夫　中村良夫　永山清峰　渡辺康治　寺田敏彦　松本総一郎
橋本久美子　松岡洋三　太田一明　石野康治
清水雅晶　村松康生　今井鈴人　奥﨑裕司
編集：小林謙一　木南ゆかり　山田国光

アート金属工業株式会社　学校法人ホンダ学園　株式会社アート商会
株式会社本田技術研究所　本田技研工業株式会社　ホンダコレクションホール
有限会社流風社

主要参考資料

ざっくばらん　本田宗一郎　自動車ウィークリー社　1960
スピードに生きる　本田宗一郎　実業之日本社　1961
得手に帆をあげて　本田宗一郎　わせだ書房新社　1962
私の履歴書　第6巻　本田宗一郎他共著　日本経済新聞社　1962
俺の考え　ブームを作る経営の秘密　本田宗一郎　実業之日本社　1963
経営のこころ　第10集　本田宗一郎他共著　日刊工業新聞社　1974
技術人精神　本田宗一郎他共著　ダイヤモンド社　1977
私の手が語る　本田宗一郎　講談社　1982
本田宗一郎　おもしろいからやる　本田宗一郎／田川五郎　読売新聞社　1984
本田宗一郎は語る　不常識を非真面目にやれ　本田宗一郎　講談社　1985

HONDA商法　三鬼陽之助　光文社　1966
本田宗一郎　佐貫亦男　旺文社　1968
ミスター・ホンダ！　ソル・サンダース　田中統吾／中山晴康訳　コンピュータ・エージ社　1976
ホンダの原点　脇役に徹した藤沢の経営学　山本治　自動車産業研究所　1977
ホンダ商法の秘密　壮絶藤沢武夫語録　秀英書房　1979
本田宗一郎　男の幸福論　梶原一明　PHP研究所　1982
語りつぐ経営　ホンダとともに30年　西田通弘　講談社　1983
人間紀行　本田宗一郎との100時間　城山三郎　講談社　1984
本田宗一郎の一日一訓“得手に帆をあげて”進め　梶原一明　KKロングセラーズ　1984
本田宗一郎「一日一話」“独創”に賭ける男の哲学　PHP研究所編　PHP研究所　1985
本田宗一郎の育てられ方　上之郷利昭　講談社　1986
経営の神髄　第2巻　針木康雄　講談社　1987
わが友　本田宗一郎　井深大　ごま書房　1991
本田宗一郎の「人の心を買う術」　城山三郎／河島喜好他共著　プレジデント社　1991
ホンダ神話は崩壊したか　日本経済新聞社編　日本経済新聞社　1991
終わりなき走路　本田宗一郎の人生　池田政次郎　東洋経済新報社　1991
本田宗一郎グラフィティ　夢の轍　池田政次郎／本田宗一郎　プレジデント社　1992
技術と格闘した男・本田宗一郎　NHK取材班　日本放送出版協会　1992
本田宗一郎が教えたこと　三鬼陽之助　第一企画出版　1992
本田宗一郎　思うままに生きろ　梶原一明　講談社　1992
もう一人の本田宗一郎　本気で怒り、本気で泣いた男　原田一男　ごま書房　1992
本田宗一郎　F1伝説　イブ・デリスブール／福田素子訳　徳間書店　1993

本田宗一郎と藤沢武夫に学んだこと　「主役」と「補佐役」の研究　　西田通弘　PHP研究所　1993
人間　宗一郎　　間瀬明編／本田博俊監修　エス・イー・エル・インターナショナル　1993
本田宗一郎　潰れてたまるか！　坂崎善之　大和出版　1998

松明は自分の手で　ホンダと共に25年　　藤沢武夫　産業能率短期大学出版部　1974
経営に終わりはない　　藤沢武夫　文藝春秋　1986
走り屋一代　　田中健二郎　八重洲出版　1969
石田退三語録　　石田退三　構成・池田政次郎　大成出版社　1971
日本の母たち　　三枝佐枝子　中央公論社　1973
ふるさと　車と歩いた昭和の足跡　　牧野价司　私家版　1990

グランプリ1　南に西に北に　　中村良夫　二玄社　1969
グランプリ2　わが仲間たち　　中村良夫　二玄社　1970
グランプリレース　ホンダF1と共に　　中村良夫　山海堂　1979
ひとりぽっちの風雲児　私が敬愛した本田宗一郎との35年　中村良夫　山海堂　1994
世界自動車図鑑　アルバート・L・ルイス／ウォルター・A・マシアーノ　徳大寺有恒訳　草思社　1980
オートバイ・グラフィティ　ジャパニーズ・バイク・ヒストリー　　中沖満　CBS・ソニー出版　1985
浜松モーターサイクル戦後史余談　加藤幸男　私家版　1988
グランプリレース　栄光を求めて1959～1967　　秋鹿方彦編　三樹書房　1989
ホンダ・スポーツ　S360～S800M　　小林彰太郎他共著　三樹書房　1990
バイクと人生　　沢根好孝　静岡新聞社　1991
日本の技術 11　オートバイの王国　　出水力　日本産業技術史学会監修　第一法規出版　1991
ホンダ／サーキットの覇者　　クリストファー・ヒルトン　佐藤耕士訳　ソニー・マガジンズ　1992
HONDA F1 I　1964-1968挑戦の全記録　　グラフィック社編集部編　グラフィック社　1992
ホンダN360ストーリー　小さな巨人　　吉田匠他共著　三樹書房　1992

HONDA F1の原点～第1期F1技術者のヨーロッパ紀行～　　丸野冨士也　三栄書房　2015
昭和史〔増補版〕　　金原左門／竹前栄治編　有斐閣　1982
値段史年表　明治・大正・昭和　　週刊朝日編　朝日新聞社　1988
『新青年』読本全一巻　昭和グラフィティ　　『新青年』研究会　作品社　1988
日本史分類年表　　桑田忠親／村上直　東京書籍　1989
江戸東京年表　　大濱徹也／吉原健一郎編著　小学館　1993

本田技研工業株式会社社史　創立7周年記念　本田技研工業株式会社　1955
本田労組15年史　　本田技研労働組合　1973
ホンダの歩み　1948～1975　　本田技研工業株式会社　1975
アート金属六十年小史　ピストンと共に　　アート金属工業株式会社　1978
Mr. HONDA FOREVER　故本田宗一郎最高顧問追悼集　本田技研工業株式会社　1991
語り継ぎたいこと　チャレンジの50年　本田技研工業株式会社 1999
ホンダ月報　　本田技研工業株式会社
ホンダ社内報　　本田技研工業株式会社

静岡民友新聞　1917（大正6年）5月
モーター　　極東書院　1913年（大正2年）～1938年（昭和13年）
モーターファン　1948年（昭和23年）～1973年（昭和48年）
1952年1月号　新しい年への期待　1952年の私見
1959年6月号　座談会　国産車国際レースに初参加
1960年5月号　世界選手権第3報　日本陣営の横顔
1967年6月号　Road　Test　ホンダN360
モーターサイクリスト　1951年（昭和26年）～1973年（昭和48年）
1958年2月号　第2回浅間火山レース出場選手座談会　マン島を目指すもの

1959年7月号　特報TTレース　ホンダ、メーカーチーム賞をさらう
1959年8月号　特集59年TTレース　ホンダ・チーム座談会
文藝春秋　1955年10月号　バタバタ暮らしのアロハ社長　本田宗一郎
1985年6月号　企業トップの「わが決断」「世界のホンダ」が二度泣いた話
東海展望　1956年9月号　郷土に光り掲げた人々　本田宗一郎氏
財界　1958年6月15日号　ライバルは語る　東京発動機社長赤司大介　本田技研社長本田宗一郎
1963年8月15日号　日本を世界に売出した人々　ホンダ・スポーツは“世界の情婦”　邱永漢
1970年5月1日号　財界放談室　堤清二対談13　本田宗一郎　うまいものは一人で食べる“ホンダ商法”
1983年1月11日号　針木康雄の“いじわる”問答31　本田宗一郎の「仕事」から「女」まで引き際の美学
1991年9月10日号　スピード狂・本田宗一郎の奇想天外な教訓　三鬼陽之助本田さんの「うまい寿司」　五十嵐英明
週刊明星　1959年7月26日号　楠トシエ・本田宗一郎対談　世界を駆ける夢
朝日ジャーナル　1959年12月27日号　人間面接16　本田宗一郎
1962年9月16日号　経済インタビュー　オートバイ・ブームの弁　本田宗一郎
1962年12月23日号　素顔　トヨタ自動車取締役会長　石田退三氏
経済往来　1960年7月号　この人による日本産業史8　オートバイと共に走る　本田宗一郎
人間専科　1960年9月号　カミナリ族元祖・本田宗一郎　三鬼陽之助
サンデー毎日　1961年7月30日号　人物現代史　スピードおやじ一代記
1979年10月7日号　告別のとき　トヨタ王国を築きあげた石田退三氏
週刊現代　1962年5月27日号　特集　長者番付変り種三人男
週刊文春　1962年11月5日号　酒と女とオートバイと　世界を駆けるカミナリ族の大親分・本田宗一郎氏の一週間
文芸朝日　1963年3月号　人生放談　運は練って待てと言いたい　本田宗一郎
宝石　1969年12月号　頑固オヤジ本田宗一郎との変な友情　本田博俊
週刊サンケイ　1971年5月3日号　三鬼陽之助のトップ対談68　本田宗一郎氏　世界市場のつぎは公害制覇へ驀進!
1979年10月18日号　トヨタの大番頭　故石田退三氏に学ぶ　カネの貯め方使い方
人と日本　1971年10月号　石田退三の時局放談　金のある奴が勝つのさ!
小説宝石　1972年1月号　本田宗一郎氏のざっくばらんな友　吉田信美
中央公論　1972年8月号　私の企業責任論　大気汚染と自動車　本田宗一郎
週刊朝日　1973年9月7日　本田・藤沢対談　後継者のテストドライブはOK!
1979年2月23日号　にんげん往来
現代　1978年4月号　新田次郎・本田宗一郎対談　あいまいさの効用
1986年3月号　本田宗一郎・さち　太っ腹女房とダダっ子亭主の五十年　水野泰治
1991年10月号　＜特別メッセージ集＞「本田宗一郎サン」の生き方っていいな
1993年1月号～3月号　短期集中連載　誰も書かなかった本田宗一郎　軍司貞則
PLAYBOY　1984年3月号　プレイボーイ・インタビュー　本田宗一郎
内燃機関　1991年1月号　アート金属工業におけるピストンの研究開発
アエラ　1991年8月29日号　本田宗一郎さん死去　おれは死ぬかもしらん　爪に込めた人生への思い
エスクワイヤ　1990年3月号　本田宗一郎　作るヒトは輝いていた。インタビュー＆構成　本田靖春
1991年12月号　父・本田宗一郎の思いで、本田博俊。インタビュー＆構成　本田靖春

※本文中に引用させていただいた参考資料の一部は現代仮名遣い及び現代漢字に改め、必要に応じてルビをふりました。

中部　博

（なかべ・ひろし）

1953年東京都生まれ。
週刊誌記者、テレビ司会者のジャーナリスト時代をへて
ノンフィクションの書き手となる。日本映画大学非常勤講師。
主な編著書に『暴走族100人の疾走』（第三書館）、
『1000馬力のエクスタシー』『自動車伝来物語』
『光の国のグランプリ』（以上集英社）、
『スバル・メカニズム』（三樹書房）、
『炎上』（文藝春秋）
『スーパーカブは、なぜ売れる』（集英社インターナショナル）
代表作の『いのちの遺伝子 北海道大学遺伝子治療2000日』（集英社）は、
台湾・時事出版社によって中国語版が出版された。
最新作は『プカプカ 西岡恭蔵伝』（小学館）。

定本　本田宗一郎伝
2023年7月23日　4訂版第1刷発行
著　者　　中部　博
発行者　　小林謙一
発行所　　三樹書房
URL https://www.mikipress.com
〒101-0051　東京都千代田区神田神保町 1-30
電　話　　東京 03(3295)5398
振　替　　東京 00100-3-60526
印刷／製本　　モリモト印刷
組　版　　ヴィンテージ・パブリケーションズ

©Hiroshi Nakabe ／ MIKI PRESS 2023, Printed in Japan
乱丁本、落丁本はお取り替えします。

本書の全部または一部、あるいは写真などを無断で複写・複製（コピー）することは、法律で認められた場合を除き、著作者及び出版社の権利の侵害になります。個人使用以外の商業印刷、映像などに使用する場合はあらかじめ小社の版権管理部に許諾を求めて下さい。

三樹書房の刊行書

ホンダオートバイレース史
浅間レースからマン島TTまで
中沖 満 著

ホンダが1961年にマン島の世界グランプリ
2クラスで優勝を果たすまでの挑戦の記録。

四六判上製／定価2640円（本体2400円＋税）

ホンダ S2000
リアルオープンスポーツ開発史
塚本亮司　唐木 徹 他共著

エンジンやデザインなど各部門の担当者21名が
写真資料等とともにその開発経緯を詳細に解説。

B5判上製／定価4950円（本体4500円＋税）

ホンダ NSX
ホンダ初のミッドシップ・スポーツカー開発史
上原 繁 著

6年に及ぶ開発の経緯を開発総責任者自らが語る。
デザイン画やモックアップモデルなども収録。

B5判上製／定価5500円（本体5000円＋税）

ホンダ CBストーリー
進化する4気筒の血統
三樹書房 編集部 編／小関和夫 他共著

当時の開発担当者たちの貴重な証言を含め
歴代CBシリーズの足跡を紹介、その全貌に迫る。

A5判上製／定価3080円（本体2800円＋税）

ホンダ リトルカブ
開発物語とその魅力
三樹書房 編集部 編

開発チーム自らが語った開発秘話や貴重な証言を掲載。
歴代の特別仕様車全モデルのカタログも収録。

A5判並製／定価1980円（本体1800円＋税）

戦前日本の自動車レース史
1922（大正11年）－1925（大正14年）
藤本軍次とスピードに魅せられた男たち
三重宗久 著

国内外の史料をもとに、戦前日本の自動車レース
黎明期の足跡をたどり、新たな事実をあぶり出す。

A5判上製／定価4950円（本体4500円＋税）

日本の自動車レース史
多摩川スピードウェイを中心として　1915－1950
杉浦孝彦 著

多摩川スピードウェイで開催されたレースを中心に
未発表写真や報道資料を駆使して、その軌跡を紹介。

B5判上製／定価4180円（本体3800円＋税）